儒家文明论坛

（第八期）

儒家文明省部共建协同创新中心　编
主　编　徐庆文
副主编　裴　滕　于晓雨

山东大学出版社
SHANDONG UNIVERSITY PRESS
·济南·

图书在版编目(CIP)数据

儒家文明论坛.第八期 / 徐庆文主编.—济南：
山东大学出版社，2022.8
ISBN 978-7-5607-7431-2

Ⅰ.①儒…　Ⅱ.①徐…　Ⅲ.① 儒家—文集
Ⅳ.①B222.05-53

中国版本图书馆 CIP 数据核字(2022)第 065529 号

责任编辑　李　淼
封面设计　王秋忆

出版发行　山东大学出版社
社　　址　山东省济南市山大南路 20 号
邮政编码　250100
发行热线　(0531)88363008
经　　销　新华书店
印　　刷　济南巨丰印刷有限公司
规　　格　710 毫米×1020 毫米　1/16
　　　　　15.75 印张　320 千字
版　　次　2022 年 8 月第 1 版
印　　次　2022 年 8 月第 1 次印刷
定　　价　66.00 元

《儒家文明论坛》第八期

编委会

编辑说明

儒家思想和墨家思想是中华优秀传统文化的核心及重要组成部分，在战国时期被称为“世之显学”，是诸子百家中最有理想、最有抱负也是最讲道德的思想体系。儒墨两家学派对于忠孝、仁义、慈爱等都有不同的看法，对整个社会发展都设计出了自己的方案。儒墨两家思想一致百虑，对立互补，相反相成。2020年7月11～12日，山东大学、滕州市人民政府、儒家文明省部共建协同创新中心、中国墨子学会主办，山东大学儒学高等研究院、滕州墨子研究中心承办了“儒墨会通与国家治理”儒学全球论坛（2020）、第八届墨子文化节、第十三届国际墨子鲁班学术研讨会。本次会议旨在辨识儒墨两家学说精义，会通两家思想，促进儒学研究和墨学研究交流合作，开辟儒墨学派兼容创新。这对于推动中华民族优秀传统文化的创造性转化和创新性发展，特别是对国家治理及当今人类命运共同体构建具有重要的启示意义。本书即是这次会议的论文集。会议收到的论文中，有的已经在其他地方发表，有的作者不同意收录此文集中，我们尊重作者意见，没有收录。

儒家文明省部共建协同创新中心

2021年4月15日

目　录

CONTENTS

儒墨会通与国家治理

儒墨思想及传统文化

中华文化资源与人类共同命运

儒墨会通与国家治理

仁爱与兼爱异同论

李存山

《吕氏春秋·不二》篇云："孔子贵仁，墨翟贵兼。"孔、墨所"贵"不同，也就是儒、墨两家具有不同的价值取向。这种不同主要表现为儒家崇尚仁爱，墨家崇尚兼爱。儒家的仁爱与墨家的兼爱都是主张"爱人"，这是两家共有的人本主义思想，但是两家在"爱人"的方式、道德的起源以及人性论和天道观等方面存在着差别。虽然在中国历史上主要是儒墨相"非"，但是在当今的新时代我们也应重视儒墨互补的一面。

一、"爱有差等"与"兼以易别"

儒家的仁爱是以孝悌为本始，即《论语·学而》记载孔子的弟子有若所说："君子务本，本立而道生。孝弟也者，其为仁之本与!"这里的"本"不应理解为西方哲学意义上的"本体"（若理解为"本体"，就是把孝悌的亲亲之情"实体"化了，而误以为仁爱或仁道是"分有"乃至局限于血缘情感），而应理解为本始或根源。儒家的仁爱是以孝悌的亲亲之情为本始，由此而产生仁道（"本立而道生"），而仁道也就是普遍的爱人并且兼及爱物。这也就是孟子所说"君子之于物也，爱之而弗仁；于民也，仁之而弗亲。亲亲而仁民，仁民而爱物"（《孟子·尽心上》）。因此，儒家的仁爱是"爱有差等"，在亲亲、仁民与爱物之间有着亲疏远近的不同，故而所爱的方式便有着情感之厚薄与所爱之先后的差别。儒家之仁爱的最高境界是"以天地万物一体"，而在此"一体"中又有着差等之序，这在儒家看来就是"道理合该如此"①。

墨家之"非儒"，首先批评儒家的"亲亲有术（杀）"（《墨子·非儒下》），即批评儒家的"爱有差等"，而主张"兼以易别"（《墨子·兼爱下》）。墨家的"兼以易别"，其本意是要以"兼相爱交相利"来取代"别相恶交相贼"。《墨子·兼爱中》云："然则

① 王阳明《传习录下》谓："禽兽与草木同是爱的，把草木去养禽兽，又忍得。人与禽兽同是爱的，宰禽兽以养亲，与供祭祀，燕宾客，心又忍得。至亲与路人同是爱的，如箪食豆羹，得则生，不得则死，不能两全，宁救至亲，不救路人，心又忍得。这是道理合该如此。"

兼相爱交相利之法将奈何哉？子墨子言：视人之国若视其国，视人之家若视其家，视人之身若视其身。”“兼相爱交相利”就是不分别人与我，视他人之身、家、国，就像自己之身、家、国一样，要同等地爱之、利之。在墨子看来，人世间的一切祸害都是由分别人与我的“不相爱”而产生的。墨子说：

> 诸侯不相爱则必野战，家主不相爱则必相篡，人与人不相爱则必相贼，君臣不相爱则不惠忠，父子不相爱则不慈孝，兄弟不相爱而不和调。天下之人皆不相爱，强必执弱，富必侮贫，贵必敖（傲）贱，诈必欺愚。凡天下祸篡怨恨其所以起者，以不相爱生也。是以仁者非之。（《墨子·兼爱中》）

就墨子所谓“仁者非之”的内容看，这些也是儒家所要“非之”的。其中特别是“父子不相爱则不慈孝，兄弟不相爱而不和调”，这更是儒家主张孝悌首先要反对的。然而，儒家之孝悌是从亲亲之情开始，而墨家的父子慈孝、兄弟和调仍然是以“兼相爱交相利”为理据。

在墨家的思想中，实行兼爱者名为“兼士”，不实行兼爱者名为“别士”。别士与兼士的言行截然不同：

> 别士之言曰：“吾岂能为吾友之身若为吾身，为吾友之亲若为吾亲？”是故退睹其友，饥即不食，寒即不衣，疾病不侍养，死丧不葬埋。……兼士之言不然，行亦不然。曰：“吾闻高士于天下者，必为其友之身若为其身，为其友之亲若为其亲。然后可以为高士于天下。”是故退睹其友，饥则食之，寒则衣之，疾病侍养之，死丧葬埋之。（《墨子·兼爱下》）

在这里，儒、墨之分歧在于墨家肯定“为吾友之亲若为吾亲”，即把自己之亲与朋友之亲同等看待；而儒家则首先是爱己之亲，即首先是“老吾老”“幼吾幼”，然后才可“以及人之老”“以及人之幼”。至于墨家所肯定的对待朋友要“饥则食之，寒则衣之，疾病侍养之，死丧葬埋之”，儒家实也同样如此；所谓对待朋友“饥即不食，寒即不衣，疾病不侍养，死丧不葬埋”，这绝不是儒家的仁者所为。

在《墨子·兼爱下》有一段儒、墨相非的对话。“别士”（儒家）之“非兼者”曰：“意不忠[1]亲之利，而害为孝乎？”意思是说，如果把自己之亲与他人之亲同等地看待，那不是不利于自己之亲，有害于孝亲吗？墨子对此之“非”的反驳是：

---

① “忠”当为“中”（zhòng 众），符合的意思。参见王焕镳：《墨子校释》，浙江文艺出版社 1984 年版，第129页。

> 姑尝本原之孝子之为亲度者。吾不识孝子之为亲度者，亦欲人爱利其亲与？意欲人之恶贼其亲与？以说观之，即欲人之爱利其亲也。然即吾恶①先从事即得此？若我先从事乎爱利人之亲，然后人报我爱利吾亲乎？意我先从事乎恶人之亲，然后人报我以爱利吾亲乎？即必吾先从事乎爱利人之亲，然后人报我以爱利吾亲也。然即之交孝子者，果不得已乎！（《墨子·兼爱下》）

这段话的大意是：孝子为自己之亲着想，是愿意别人“爱利”自己之亲，还是愿意别人“恶贼”自己之亲呢？当然是愿意别人“爱利”自己之亲。那么，我应该先从何做起呢？是不是我应先“爱利”别人之亲，然后别人就回报而爱我之亲呢？还是我先“恶”别人之亲，然后别人就回报而爱我之亲呢？那当然是我必先“爱利”别人之亲，然后别人才能回报而“爱利”我之亲。这样就成为“交孝子”，即相互为孝子，“我对别人的父母亲尽孝，别人也对我的父母亲尽孝”。②

从上述儒、墨相非的对话看，墨家绝不是反对孝亲，故孟子所说“墨氏兼爱，是无父也”（《孟子·滕文公下》），这种批评是言之太过了。但墨家把“兼”与“别”的分歧也说得过于绝对化了，儒家的“爱有差等”是一种“别”，但这种“别”只是以孝悌为仁之本始，由亲亲而仁民，由仁民而爱物，由“老吾老”“幼吾幼”而“及人之老”“及人之幼”，这种“别”绝不是对待朋友“饥即不食，寒即不衣，疾病不侍养，死丧不葬埋”，更不是“先从事乎恶人之亲”。墨子在“非儒”中对“兼”与“别”采取的“是不俱当，不俱当，必或不当”（《墨子·经说上》）的排中律论证方式，并不适合于儒家伦理。

二、道德情感与道德功利

儒家以孝悌为仁之本始，即以家庭成员之间的“亲亲”之情感为道德的始源。人之初生，是生长在父母亲的怀抱中，人最初是在父母亲的抚育中体验人与人之间那种温暖且真挚的道德情感的。人与人之间的普遍之爱即仁爱，是从这种道德情感的“推恩”、扩充和升华而来的。

《诗经·小雅·蓼莪》有云：“父兮生我，母兮鞠我。拊我畜我，长我育我。顾我复我，出入腹我。欲报之德，昊天罔极。”这生动而真切地表现了父母对子女的养育之恩和子女对父母的报恩之情。

《论语·阳货》记载孔子与弟子宰我讨论“三年之丧”，宰我问：“三年之丧期已久

---

① “恶”（wū 乌），意为“何”。参见王焕镳：《墨子校释》，浙江文艺出版社 1984 年版，第 129 页。

② 参见王焕镳：《墨子校释》，浙江文艺出版社 1984 年版，第 129 页。

矣！君子三年为礼，礼必坏；三年不为乐，乐必崩。旧谷既没，新谷既升；钻燧改火，期可已矣。”这是从“三年之丧”的功利得失来考虑，而孔子则以“食夫稻，衣夫锦，于女（汝）安乎”作答：“女安，则为之！夫君子之居丧，食旨不甘，闻乐不乐，居处不安，故不为也。今女安，则为之!”“予之不仁也！子生三年，然后免于父母之怀。夫三年之丧，天下之通丧也；予也，有三年之爱于其父母乎?”孔子并不是从丧礼之规范，更不是从功利之得失来论证“三年之丧”的合理性，而是从心之“安”与“不安”来讲是否应有“三年之丧”。而“安”与“不安”便是诉诸内心真实的道德情感，儒家之仁爱即以这种真实的道德情感为根基。

孟子说：“人之所不学而能者，其良能也；所不虑而知者，其良知也。孩提之童，无不知爱其亲也；及其长也，无不知敬其兄也。亲亲，仁也；敬长，义也。无他，达之天下也。”（《孟子·尽心上》）“良知”“良能”之说有孟子的性善论的预设，而“孩提之童，无不知爱其亲也；及其长也，无不知敬其兄也”，这在正常的家庭环境中也有儿童道德发生的经验之证明。这里的“亲亲，仁也；敬长，义也”，衡之以孝悌为仁之本始，笔者认为可理解为“亲亲，仁之本也；敬长，义之本也”，即如果仅仅是“亲亲”“敬长”还不是仁义，只有将“亲亲”“敬长”扩充、升华，使此血缘亲情的爱成为“达之天下”的普遍之爱，才是真正的仁爱。①

孟子说：“老吾老，以及人之老；幼吾幼，以及人之幼；天下可运于掌。……故推恩足以保四海，不推恩无以保妻子。古之人所以大过人者无他焉，善推其所为而已矣。”（《孟子·梁惠王上》）“推恩”就是血缘亲情的扩充、升华。“推恩足以保四海”，相当于孟子说的将“四端”扩而充之，“苟能充之，足以保四海”；“不推恩无以保妻子”，相当于孟子说的“（四端）苟不充之，不足以事父母”。可见，仅仅是“老吾老”“幼吾幼”并不是儒家的真仁爱，只有由此“推恩”而“及人之老”“及人之幼”，乃至“达之天下”的普遍之爱，才是儒家的真仁爱。在这里，“老吾老”“幼吾幼”仍然是很重要的，因为这是“推恩”的本始，如果没有“老吾老”“幼吾幼”，也就没有后面的“及人之老”“及人之幼”。

孟子说：“仁者以其所爱，及其所不爱。”（《孟子·尽心下》）对于“陌生人”来说，这本是人之所“不爱”的，但由亲亲之情的“推恩”、扩充和升华，便达到道德情感与道德理性的交融，达到了“仁民而爱物”的道德普遍性。

汉儒韩婴引《传》曰：“爱由情出谓之仁，节爱理宜谓之义，致爱恭谨谓之礼，文礼谓之容，礼容之美，自足以为治。”（《韩诗外传》卷四）这符合先秦儒家的本义，其中“爱由情出谓之仁”，充分说明了情感在儒家道德中的本始或根源的地位。

---

① 参见拙文《“四端”与“四德”及其他——读〈孟子〉辨义四则》，《中原文化研究》2015年第5期。

与儒家以孝悌为本、“爱由情出”不同，墨家把“兼爱”等同于仁、义，而“兼相爱”的实质就是“交相利”。墨子说：“仁人之所以为事者，必兴天下之利，除去天下之害，以此为事者也。”（《墨子·兼爱中》）又说：“万事莫贵于义”（《墨子·贵义》），“义者正也。何以知义之为正也？天下有义则治，无义则乱。我以此知义之为正也”（《墨子·天志下》）。“今用义为政于国家，人民必众，刑政必治，社稷必安。所以为良宝者，可以利民也。而义可以利人，故曰：义，天下之良宝也。”（《墨子·耕柱》）墨家对是否为真仁义的判定就是其能否为社会兴利除害，义之所以为“良宝”，就是因为其“可以利民也”，这在墨家的“三表法”中就是“发以为刑政，观其中国家百姓人民之利”（《墨子·非命上》）。

墨子说：“兼即仁矣，义矣。”（《墨子·兼爱下》）墨子把“兼”等同于仁、义，而“兼”之合法性（正当性）就在于“天下之大利”，即所谓“今吾本原兼之所生，天下之大利者也”，“今吾将正求兴天下之利而取之，以兼为正”，“此圣王之道，而万民之大利也”（《墨子·兼爱下》）。质言之，墨家的“兼相爱”，其实质是“交相利”，墨家的价值取向可归于社会功利主义。

儒家重视义利之辨，而墨家强调义利之合，两家之相同是都排斥个人的自私自利，而分歧在于，儒家认为道德有其内在价值，仁义、人伦是人之所以为人者，礼乐是社会文明与人伦秩序的体现和必需，人类的道德生活高于“饱食煖衣”的物质生活；而墨家则认为道德有其功利价值，道德生活也属于社会之公利，而社会之公利最根本的乃是人民的衣食富足。

墨子说：“民有三患，饥者不得食，寒者不得衣，劳者不得息，三者民之巨患也。”（《墨子·非乐上》）墨家兼爱的主旨首先就是要解除这三患，使“民无饥而不得食、寒而不得衣、劳而不得息”（《墨子·尚贤中》）。墨家主张“节用”（反对奢侈浪费）、“节葬”（反对“厚葬久丧”）和“非乐”（反对“弦歌鼓舞，习为声乐”），其理由都是首先要解除民之三患，把使人民衣食富足的社会功利作为道德判断的根据。墨家道德的功利主义既有人民性的特点，又有质朴、狭隘的局限性。

墨家学派的主体可能是一批工匠之士。《论语·子张》记载子夏说：“百工居肆以成其事，君子学以致其道。”在墨家的队伍中可能大多是工匠与学者（士人）的结合。在中国传统士农工商的四民结构中，墨家学说更多带有“工”阶层的特点。[①] 这在先秦时期尤为可贵，但在秦以后受社会历史发展的局限，农、工、商阶层都失去了直接的学术

① 《史记·孟荀列传》记载：“盖墨翟宋之大夫，善守御，为节用。”《墨子·贵义》记载：“子墨子南游使卫，关中载书甚多。”子墨子曰：“……翟上无君上之事，下无耕农之难……”《韩非子·外储说左上》有云：“墨子为木鸢，三年而成，蜚一日而败。……墨子曰：‘吾不如为车輗者巧……’惠子闻之曰：‘墨子大巧，巧为輗，拙为鸢。’”《墨子·公输》记载：“公输盘为楚造云梯之械成，将以攻宋。”子墨子曰：“臣之弟子禽滑釐等三百人，已持臣守圉之器，在宋城上而待楚寇矣。”从这些记载看，墨子本人就是一个博学的工匠之师。

思想表达的条件和能力，而儒家所处的士阶层则成为农、工、商等社会整体利益的代言人。

三、“性善”与“习染”

儒家重视个人的道德修养和社会教化，故注重对人性论的阐发。孔子提出“性相近也，习相远也”（《论语·阳货》）。中国古代哲学所谓“性”，是指人与生俱来或生而即有的本性，而“习”则是指人后天习行、习染。孔子作为中国历史上开办民间教育、主张“有教无类”的伟大教育家，提出“性相近，习相远”，已经足以为其教育事业提供人性论的依据。“有教无类”，人皆可教，故而孔子说的“性相近”当是指人的性善相近，或人之初皆有向善发展的可能；而“习相远”则是强调人之后天接受教育和自我修习向善的重要。

孟子明确提出了性善论，他以“孩提之童”无不知爱亲、敬长为人的“良知”“良能”，又提出“四端”之说，以人所固有的恻隐之心、羞恶之心、辞让之心、是非之心为仁义礼智“四德”的发端。因为“仁义礼智根于心”（《孟子·尽心上》），“非由外铄我也，我固有之也”（《孟子·告子上》），所以这为儒家的道德修养和社会教化的天然合理性提供了充分的人性论证明。

墨家注重“兼相爱，交相利”，即人际关系中的互爱互利，对社会成员的要求是“兼以易别”。因此，墨家更重视社会交往中的正当性，其人性论的基础有“染丝”之喻，即更重视社会交往中的习染。墨子见“染丝者”而叹曰：

> 染于苍则苍，染于黄则黄。所入者变，其色亦变；五入必[①]而已，则为五色矣。故所染不可不慎也。（《墨子·所染》）

这段话在《吕氏春秋·当染》篇有大致相同的记载，其中“染丝者”作“染素丝者”。丝本来是白的，它成为什么颜色，是被“所染”决定的。墨子以此比喻人的天生基质和后天变化，他认为人也有“所染”：舜、禹、汤、武因为“所染当”，同好人交往，所以成为“天下之仁义显人”；桀、纣、厉、幽因为“所染不当”，受坏人的影响，所以成为“天下不义辱人”（《墨子·所染》）。国君与士皆因“所染”不同，而后果各异。至于民众的道德风俗，更是由社会的经济、政治状况所决定：“时年岁善，则民仁且良；时年岁凶，则民吝且恶。”（《墨子·七患》）“世不渝而民不易，上变政而民改俗，存乎桀、纣而天下乱，存乎汤、武而天下治。”（《墨子·非命下》）从“所染”说

---

① “必”，读为“毕”。参见孙诒让撰，孙启治点校：《墨子间诂》，中华书局 1986 年版，第 11 页。

可知，墨子认为人性是可善可不善的，善恶是后天社会生活、社会交往的产物。因为重视“所染当”，所以这也更有利于增强墨家团体的组织性和纪律性。

四、“天理”与“天志”

儒家重视道德修养和社会教化，其天然的合理性在于人性之善，而“天命之谓性”（《中庸》），“尽其心者知其性也，知其性则知天矣”（《孟子·尽心上》）。这里的“天”主要是义理之天的含义，到了宋代就是理学家所谓的“天理”。因为“天命之谓性”，“性即理也”，所以儒家道德的合法性（正当性）不仅根源于人性之善，而且可上达于“天理”。如果说“天理”具有超越性，那么人性之善就是“内在性”，天理与人性的辩证关系可以称为“内在而超越”。

墨家注重社会的互爱互利，人为什么应该互爱互利？这在墨家的思想中必诉诸社会功利的得失，而其合法性（正当性）的根源更在于具有超越性的“天志”。墨子所谓“天志”，就是以“天”为最高主宰的神，它有“欲义而恶不义”的道德意志。在人世间，庶人、士、大夫、诸侯、三公等都要“尚同”服从于天子，而天子之上还有天神，它对天子的善恶予以赏罚，此即墨子所说“天之为政（正）于天子”（《墨子·天志上》），“天子为善，天能赏之；天子为暴，天能罚之”（《墨子·天志中》）。在墨子看来，“义果自天出”，天神的意志就是“仁义之本”，而天子必须“顺天意”以从事于“义政”，“顺天之意，得天之赏”，“反天之意，得天之罚”（《墨子·天志中》）。这样，“天”的道德意志及其对善恶的赏罚就成为社会秩序和正义的维护者。墨子说：

> 顺天意者，兼相爱交相利，必得赏；反天意者，别相恶交相贼，必得罚。（《墨子·天志上》）
>
> 天之意，不欲大国之攻小国也，大家之乱小家也；强之暴寡，诈之谋愚，贵之敖贱，此天之所不欲也。（《墨子·天志中》）
>
> 天亦不辩（辨）贫富、贵贱、远迩、亲疏，贤者举而尚之，不肖者抑而废之。（《墨子·尚贤中》）

可见，墨家所主张的“兼爱”“非攻”“尚贤”“尚同”等，其合法性（正当性）都是根源于“天志”。这也就是墨子所说“我有天志，譬若轮人之有规，匠人之有矩”（《墨子·天志上》），“置立天志，以为仪法”（《墨子·天志下》）。

墨家不仅讲“天志”，而且讲“明鬼”：

> 故鬼神之明，不可为幽间广泽、山林深谷，鬼神之明必知之。鬼神之罚，不可

为富贵众强、勇力强武、坚甲利兵，鬼神之罚必胜之。（《墨子·明鬼下》）

鬼神之所赏，无小必赏之；鬼神之所罚，无大必罚之。（《墨子·明鬼下》）

鬼神之明智于圣人，犹聪耳明目之与聋瞽也。（《墨子·耕柱》）

对于人世间善恶的赏罚，“鬼神之明”是无所不知，无所不能，明察秋毫，大小不爽。因此，在墨家的思想中，人世的祸福完全是为自身行为的善恶而受到“天”“鬼”的赏罚所决定。也因为此，墨家有“非命”之说，反对儒家的“以天为不明，以鬼为不神”，“以命为有”（《墨子·公孟》），提出“贫富寿夭”等被“时命”所决定的思想。

五、儒墨的相通与互补

儒家讲“天志”，特别是其“天之为政（正）于天子”，“天子为善，天能赏之；天子为暴，天能罚之”的思想，其根源在《尚书》的思想中就已有之①，而在汉代董仲舒的思想中，所谓“屈君而伸天”（《春秋繁露·玉杯》），“灾异”“谴告”，“其德足以安乐民者，天予之；其恶足以贼害民者，天夺之”（《春秋繁露·尧舜不擅移汤武不专杀》），“更称号，改正朔，易服色者，无他焉，不敢不顺天志”（《春秋繁露·楚庄王》），“天志仁，其道也义，为人主者，予夺生杀，各当其义”（《春秋繁露·天地阴阳》）等，更把天能赏善罚恶的思想继承而发扬之。董仲舒虽然也重视义利之辨，有“正其道不谋其利，修其理不急其功”之说（《春秋繁露·对郊西王越大夫不得为仁》），但他也有云：“天常以爱利为意，以养长为事……王者亦常以爱利天下为意，以安乐一世为事……”（《春秋繁露·王道通三》）“圣人之为天下兴利也，其犹春气之生草也……其为天下除害也，若川渎之泻于海也……”（《春秋繁露·王道通三》）“古之圣人，见天意之厚于人也，故南面而君天下，必以兼利之。”（《春秋繁露·诸侯》）这其中也融入了墨家的义利统一思想。

儒家的“泛爱众”（《论语·学而》）、“博爱之谓仁”（韩愈《原道》），与墨家的兼爱都是讲“爱人”的道德普遍性，故在历史上儒家既有对“兼爱”一词的忌讳，也有将其纳入儒家之说，如汉儒公孙弘在对策中说“致利除害，兼爱无私，谓之仁”（《汉书·公孙弘传》），董仲舒也曾说“天覆无外，地载兼爱，风行令而一其威，雨布施而均其德，王术之谓也”（《春秋繁露·深察名号》）。宋代的理学家张载提出“性者万物之一源，非有我之得私也”，循此而讲“惟大人为能尽其道，是故立必俱立，知必周知，爱必兼爱，成不独成”（《正蒙·诚明》）。在不否认孝悌为仁之本的前提下，儒家的仁爱

---

① 如《尚书·多方》云：“天惟时求民主，乃大降显休命于成汤，刑殄有夏。……乃惟成汤克以尔多方简，代夏作民主。”《尚书·召诰》云：周之取代商，是由于“皇天上帝，改厥元子”。《尚书·蔡仲之命》云：“率乃祖文王之彝训，无若尔考之违王命。皇天无亲，惟德是辅。”

是可与墨家的兼爱相通的，故取“兼爱”之名也可义顺而无碍。

理学家程颐在与杨时讨论《西铭》时曾说：

> 《西铭》明理一而分殊，墨氏则二本而无殊。（自注：老幼及人，理一也；爱无差等，本二也。）分殊之蔽，私胜而失仁；无分之罪，兼爱而无义。分立而推理一，以止私胜之流，仁之方也。无别而迷兼爱，至于无父之极，义之贼也。（《二程文集》卷九《答杨时论西铭书》）

这段话中的“分殊之蔽，私胜而失仁”，“分立而推理一，以止私胜之流，仁之方也”，对于理解儒家的孝悌为本与普遍之仁爱的关系具有重要意义。

杨时在回复程颐的信中也讲了他所理解的“理一而分殊”：

> “古之人所以大过人者无他，善推其所为而已。”“老吾老以及人之老，幼吾幼以及人之幼”，所谓推之也。孔子曰：“老者安之，少者怀之”，则无事乎推矣。无事乎推者，理一故也。理一而分殊，故圣人称物而平施之，兹所以为仁之至，义之尽也。何谓称物，亲疏远近各当其分，所谓称也。何谓平施，所以施之其心一焉，所谓平也。（《龟山集》卷十六《答伊川先生》）

这段话的大意还是讲儒家的“分立而推理一，以止私胜之流，仁之方也”，但也讲到“孔子曰：‘老者安之，少者怀之’，则无事乎推矣。无事乎推者，理一故也”。这里的“无事乎推”，似乎表明除了“分立而推理一”之外还有另一种直接从道德的普遍性讲起的道德言说方式，其根据是有普遍性的“理一”。[①] 墨家的兼爱就不是从“分立”讲起，其根据是有超越性的“天志”，这也许类似于古希腊的柏拉图伦理学是从“至善”的理念讲起，而基督教伦理学则是从“上帝爱人”讲起。儒家伦理的“分立而推理一”，自然有其道德发生论的合理性，而在道德的普遍性维度上，儒家的仁爱与墨家的兼爱，乃至与柏拉图的“至善”理念和基督教的“上帝爱人”，也是有相通之处的。一者是从“分殊”而推出“理一”，一者是从“理一”而衍绎出“分殊”，这两种道德的言说方式也许并不完全排斥，而是可以互补的。

（作者单位：中国社会科学院哲学所）

---

① 参见拙文《程颐与杨时关于〈西铭〉的讨论》，冯天瑜主编：《人文论丛》第2辑，武汉大学出版社2017年版。

从后果论看儒墨会通的一个可能*

方旭东

长久以来，墨家被看作功利主义（Utilitarianism）①，而儒家则被视为反对功利主义。笔者认为，儒家固然不是墨家的那种功利主义，但就其强调以后果作为判断行为是否善的依据这一点而言，儒家与墨家都可说是后果论（Consequentialism）。②众所周知，边沁（Jeremy Bentham，1748～1832）、密尔（J. S. Mill，1806～1873）等人的古典功利主义（Classic Utilitarianism）是后果论的典范形态，承认墨家为功利主义，即意味着承认墨家为后果论③，所以本文重点放在说明儒家思想是后果论上。

---

* 本文写作受惠于与西南财经大学段江波教授的讨论，宣读于山东大学儒学高等研究院主办的“儒墨会通与国家治理”学术会议（济南，2020），论文第一部分以“孔子论利”为题演讲于上海交通大学举办的“温故何以知新论坛”（在线，2020），林安梧教授、伍晓明教授多有切磋，在此一并鸣谢。

① 中国学者中，可能最早是梁启超在1904年发表的《子墨子学说》一文中将墨子思想与边沁、密尔的功利主义进行比附的，不过他用的是“实利主义”一词。胡适1917年提交给哥伦比亚大学的博士学位论文 *The Development on the Logical Method in Ancient China*（《先秦名学史》）使用了Utilitarianism这个术语去称呼墨家。冯友兰1923年提交给哥伦比亚大学的博士学位论文 *A Comparative Study of Life Ideals*（《天人损益论》），有一章“Utilitarianism：Mo Tzu”。冯友兰在其出版于1930年的《中国哲学史》（上册）当中用“功利主义”这个中文名词去命名墨子哲学。西方学者如葛瑞汉（Angus C. Graham）、史华慈（Benjamin Schwartz）等人将墨家思想（Mohism）视为功利主义的一种形式（a form of Utilitarianism）。关于墨子功利主义在英语世界的著作出版情况，可参见聂韬《墨子“功利主义”思想研究的英语书写》（《四川师范大学学报》[社会科学版] 2015年第3期）。需要指出的是，中英文学界也不乏反对视墨子为功利主义者的声音，如郝长墀（《墨子是功利主义者吗？——论墨家伦理思想的现代意义》，《中国哲学史》2005年第1期），Dennis M. Ahern（“Is Mo Tzu a Utilitarian?”，*Journal of Chinese Philosophy*，1976，3 [2]），David E. Soles（“Mo Tzu and the Foundation of Morality”，*Journal of Chinese Philosophy*，1999，26 [1]），Daniel M. Johnson（“Mozi's Moral Theory：Breaking the Hermeutical Stalemate”，*Philosophy East and West*，2011，61 [2]）等人。他们的论文发表后，都引来相应的反驳。本文主要关注儒家的后果论问题，对此方面的争论不予置评。

② 后果论有多种形式，如果要举出其基本特征，一般认为，可能就是“某些规范性属性只取决于结果”（certain normative properties depend only on consequences）这一点。参见 Walter Sinnott-Armstrong 为《斯坦福哲学百科》（*Stanford Encyclopedia of Philosophy*）撰写的“后果论”词条，https：//plato. stanford. edu/entries/consequentialism/，First published May 20，2003；substantive revision Mon. Jun. 3，2019。

③ 事实上，方克涛（Chris Fraser）为《斯坦福哲学百科》撰写的“墨家”（Mohism）词条就说墨家哲学提供了“一种松散而复杂的后果论形式”（a loose yet sophisticated form of consequentialism），参见 https：//plato. stanford. edu/entries/mohism//＃ethics，First published Mon. Oct. 21，2002；substantive revision Sep. 22，2020。

说儒家是后果论，完全可以想见它所激起的不解乃至反对之声。对儒家思想稍有了解的人都很容易想到孔子“罕言利与命与仁”（《论语·子罕》），“君子喻于义，小人喻于利”（《论语·里仁》），孟子讲“王！何必曰利？亦有仁义而已矣”（《孟子·梁惠王上》），等等。本文将对这种刻板印象质疑问难。通过对孔子、孟子经典文本的分析，笔者将证明，儒家与墨家在义利观上的相同之处远远超过人们想当然所以为的不同。文章第一部分讨论孔子，第二部分讨论孟子，结语部分顺带讨论一下董仲舒。

一、义、利互训：孔子义利观再检讨

关于“子罕言利与命与仁”，其中“罕”字义为“稀”“少”，对此一般不会有什么异议，关键在怎么理解“利”字。如果把“利”理解为某种不好的东西，“罕言”就带有避而不谈的意味，但这样一来，“子罕言利与命与仁”就不好讲了，因为孔子当然不认为“仁”是不好的东西。为了解决这个困难，有人在句读上做文章，如金人王若虚《误谬杂辨》、清人史绳祖《学斋占毕》都认为这句应读为：“子罕言利，与命，与仁。”① “与”在这里作“赞许”解。

然而，即便这样处理，也并不能说明孔子是出于何种心理而对“利”“罕言”，换言之，不能说孔子“罕言利”就是因为他厌恶或鄙夷“利”。其实，不需要费这样的周章，像旧注那样解释就很好。何晏说：

> 罕者，希也。与，及也。利者，义之和也。命者，天之命也。仁者，行之盛也。孔子以其利、命、仁三者常人寡能及之，故希言也。（《论语注疏》卷九）

这个解释的关键在于将“利”说为“义之和”，这样它就与“命”和“仁”匹配，这三样东西都不是常人所能及（“常人寡能及之”），所以孔子不轻易许人（“希言”）。整个解释晓畅明白。

“利者，义之和”，这个说法不是何晏的创造，而是《易传·文言》对“元亨利贞”之“利”的解释。邢昺疏：

> 云“利者，义之和也”者，《乾卦·文言》文也，言天能利益庶物，使物各得其宜而和同也。此云“利”者，谓君子利益万物，使物各得其宜，足以和合于义，法天之利也。（《论语注疏》卷九）

---

① 转引自杨伯峻译注：《论语译注》，中华书局2006年版，第99页。

《乾卦·文言》关于“利”的解释，除了“利者，义之和也”，还有一句“利物足以和义”。邢昺结合“利物足以和义”对“利者，义之和”做了疏通，“利益庶物”“利益万物”是对“利物”的解释，“和合于义”是对“和义”的说明。

《乾卦·文言》对“元亨利贞”的解释，亦见《左传》襄公九年穆姜所引。① 刘宝楠认为“利者义之和”“利物足以和义”云云，“此相传古训，故此注本之”。② 他还博引古书，力证“义之和”乃“利”字本义。

> 利与不利，古人皆质言之。人未有知其不利而为之，则亦岂有知其利而避之弗为哉？利所以为义之和者，和犹言调适也。义以方外，若但言义不言利，则方外而不能和，故利为义之和。《周语》曰：“言义必及利。”韦昭曰：“能利人物，然后为义。”此即“利物足以和义”之谊，此即“利”字最初之谊。③

值得注意的是，刘宝楠这里引《国语·周语》有关“义”“利”之说，原文还有“利制能义”一语。④ 如果说《乾卦·文言》论“义”“利”是以“义”来解释“利”，那么，《周语》论“义”“利”是用“利”来解释“义”。综合两种史料可知，古人以“义”“利”互训。

就“子罕言利与命与仁”这一章而言，根据“义”“利”可以互训的原则来理解“利”，如上所论，大体无误。然而，孔子又有“君子喻于义，小人喻于利”（《论语·里仁》）之说，如果“义”“利”互训，孔子又何必分君子小人而为言？

---

① 穆姜曰：“亡。是于《周易》曰：‘《随》，元亨利贞，无咎。’元，体之长也；亨，嘉之会也；利，义之和也；贞，事之干也。体仁足以长人，嘉德足以合礼，利物足以和义，贞固足以干事。然，故不可诬也，是以虽《随》无咎。今我妇人，而与于乱，固在下位。而有不仁，不可谓元；不靖国家，不可谓亨；作而害身，不可谓利；弃位而姣，不可谓贞。有四德者，《随》而无咎。我皆无之，岂《随》也哉？我则取恶，能无咎乎？必死于此，弗得出矣！”（《春秋左传注疏》卷三十《襄公九年》，北京大学出版社 1999 年版，第 871 页）

② 参见刘宝楠撰：《论语正义·子罕第九》，中华书局 1990 年版，第 319 页。

③ 刘宝楠撰：《论语正义·子罕第九》，中华书局 1990 年版，第 320 页。许慎《说文解字》曰：“利，铦也。刀和然后利。从刀，和省。”《易》曰：“利者，义之和也。”段玉裁注：“上云刀和然后利者，本义也。引《易》者，引伸之义也。”（段玉裁撰：《说文解字注》，中华书局 2013 年版，第 180 页下）无论“利”字本义为何，可以肯定的是，汉代之后，对“利”的解释就离不开“义之和”了。

④ 原文如下：“晋孙谈之子周适周，事单襄公，立无跛，视无还，听无耸，言无远；言敬必及天，言忠必及意，言信必及身，言仁必及人，言义必及利（韦昭注：能利人物，然后为义。《易》曰：利物足以和义），言智必及事，言勇必及制，言教必及辩，言孝必及神，言惠必及和，言让必及敌；晋国有忧未尝不戚，有庆未尝不怡。襄公有疾，召顷公而告之曰：‘必善晋周，将得晋国。其行也文，能文则得天地。天地所胙，小而后国。夫敬，文之恭也；忠，文之实也；信，文之孚也；仁，文之爱也；义，文之制也；智，文之舆也；勇，文之帅也；教，文之施也；孝，文之本也；惠，文之慈也；让，文之材也。象天能敬，帅意能忠，思身能信，爱人能仁，利制能义（韦昭注：以利为制，故能义也），事建能智，帅义能勇，施辩能教，昭神能孝，慈和能惠，推敌能让。此十一者，夫子皆有焉。……’顷公许诺。及厉公之乱，召周子而立之，是为悼公。”《周语下第三》载：“晋孙谈之子周适周，事单襄公。”（《国语集解》，中华书局 2002 年版，第 88～89 页）着重号为引者后加。

刘宝楠注意到这个问题，他解释，孔子之所以那样说，是鉴于小人对“利”字的理解与君子不同：

君子明于义、利，当趋而趋，当避而避。其趋者，利也，即义也；其避者，不利也，即不义也。然而，急君父之难，赴蹈水火而不顾其身，虽有似于不利而亦趋之，则以合乎义，即为利也。视不义之富贵如浮云，禄之以天下弗顾也，系马千驷弗视也，虽有似于利而亦避之，则以不合乎义，即为不利也。若小人则反是。故其所谓利，或君子所视为不利；而其所视为不利，或君子所视为义，所视为利也。君子知利不外义，故喻于义；小人知利不知义，故喻于利。时至春秋，君子道微，故夫子罕言利，则以其理精微，人或误习其说，而惟知有利，不复知有义矣。至战国，而孟子且辞而辟之，岂特如夫子之罕言哉？此解经说文字所当知世变也。①

也就是说，孔子罕言之“利”与小人“喻于利”之“利”，字同而义异。比刘宝楠（1791～1855）稍早的焦循（1763～1820）则认为，这两个“利”字用法相同，而与“利者义之和”的“利”有所区别，后者以“利物”言，前者以“利己”言。焦循谓：

言有古今之不同，赖圣贤发明之。文王系《易》，以利为重，其时所谓利，以利物言，故孔子赞之云：“利者，义之和也。利物足以和义。”盖至孔子时所谓利，其以为利己，于是以“放利而行”为利，故孔子罕言利而以义为利。②

可以看到，焦循对孔子罕言利的解释与传统说法不同。他提出，至孔子时，人所谓“利”是利己之利，孔子本人对利的理解追随古人，以义为利，也可以说以利为义，所以孔子平时尽量避免说到“利”字（“罕言利”）。易言之，“子罕言利”的“利”字是世俗所用的“利己”之“利”。这个解释的问题在于如何协调全句“子罕言利与命与仁”？

比较下来，似乎还是旧注引《易传》“利者义之和”来解释“子罕言利”更服帖。不过，出于前述原因，“义”“利”可以互训这一点，并不能很好地解释“君子喻于义，小人喻于利”章。无论对“君子”“小人”做何理解，都改变不了“喻于义”与“喻于利”是区别对待的事实。归根结底，如果“利”是一个好东西，小人关心利、精通利（“喻于利”），又有什么不妥呢？

不能不承认，这里存在某种张力：一方面肯定“利”有积极价值，另一方面又暗示

① 刘宝楠撰：《论语正义·子罕第九》，中华书局1990年版，第320页。

② 焦循撰：《孟子正义·滕文公章句下》，中华书局1987年版，第418页。

不应当把注意力放在“利”上面。关心“义”、从“义”而行，与关心“利”、由“利”而行究竟有什么本质差别呢？

朱熹等人认为，孟子关于“何必曰利”的论述很好地解答了这个问题。朱熹本人在《论语集注》中对“利”的解释没有采用旧注。关于“喻义喻利”章，他以惯用的“天理”“人欲”一对概念去对应“义”跟“利”：

> 喻，犹晓也。义者，天理之所宜。利者，人情之所欲。①

对于“子罕言利”章的“利”字，《论语集注》没有具体解释。② 这让读者弄不清楚这两章的“利”字含义是否相同。如果两章的“利”字都作“人情之所欲”解，也就是说，君子也未尝不欲利，那么，何以单说“小人喻于利”？事实上，当时就有人向朱熹提了这样的问题：“君子之所为，固非欲其不利，何独以喻利为小人乎？”对此，朱熹以胡宏（五峰）之说应之，云：

> 胡氏言之悉矣。（胡氏曰：义固所以利也，《易》所谓“利者义之和”者是也。然自利为之，则反致不夺不餍之害；自义为之，则蒙就义之利而远于利之害矣。孟子之告梁王，意犹是也。）③

孟子之告梁王，就是《孟子·梁惠王上》第一章“王！何必曰利？亦有仁义而已矣”。我们留到下一节讨论，这里对孔子的义利说做一小结。

根据以上对《论语》诠释的讨论可知，“子罕言利”的正解，不是说孔子厌恶或鄙夷“利”所以不愿挂齿，而是说作为“义之和”的“利”像“命”与“仁”一样，一般人很难达到，所以孔子不轻易许人。关于“君子喻于义，小人喻于利”，如果要把“利”解释为“利己”，从而与“义”相对，这就与“子罕言利”章难以统一，在坚持两章“利”字用法一致的前提下，即仍然肯定“喻于义利”章的“利”具有正面价值，借助

---

① 朱熹撰：《论语集注》卷二，《四书章句集注》，中华书局 1986 年版，第 73 页。

② 朱熹对这一章的解释主要引了二程的话：“罕，少也。程子曰：‘计利则害义，命之理微，仁之道大，皆夫子所罕言也。’”（《论语集注》卷五，《四书章句集注》，中华书局 1986 年版，第 109 页）按二程理解，孔子罕言“命”与“仁”，是因为这两个话题或微妙或重大，所谓“命之理微，仁之道大”，不好随便开口。至于孔子为何罕言“利”，与旧注看法不同，二程认为，那是因为孔子考虑到如果对“利”谈得过多，会妨碍人们对“义”的追求。但是，何以“计利”则“害义”？二程在这里没有进一步解释。这个问题要等到胡宏才有下落，详下正文所论。有意思的是，刘宝楠对孔子“罕言利”的解释采取了与二程解释孔子罕言“命”同样的说法：“夫子罕言利，则以其理精微。”（《论语正义·子罕第九》，中华书局 1990 年版，第 320 页）

③ 朱熹：《四书或问·论语或问》卷四《里仁第四》，《朱子全书》第六册，上海古籍出版社、安徽教育出版社 2002 年版，第 694 页。

孟子的相关说法，可以合理地解释孔子何以将“喻于义”和“喻于利”分属“君子”“小人”。对《论语》这两章诠释的梳理，还有一个收获，那就是认识到《乾卦·文言》“利者，义之和”“利物足以和义”的重要性。鉴于包括《乾卦·文言》在内的《易传》被认为是孔子所作，我们没有理由在研究孔子义利说时只讨论《论语》，而将《乾卦·文言》撇下。①

从“利者，义之和”“利物足以和义”之说发展出义、利互训的做法，与墨子的“义可以利人”的思想颇有辉映之处。如《墨子·耕柱》篇载：

> 子墨子曰：“和氏之璧、隋侯之珠、三棘六异，此诸侯之所谓良宝也。可以富国家，众人民，治刑政，安社稷乎？曰：不可。所谓贵良宝者，为其可以利也。而和氏之璧、隋侯之珠、三棘六异，不可以利人，是非天下之良宝也。今用义为政于国家，人民必众，刑政必治，社稷必安。所为贵良宝者，可以利民也，而义可以利人，故曰：义，天下之良宝也。”

二、交相利：重审孟子义利观

孟子平生“辟杨墨”，根据这一点，人们很自然地认为，如果墨子是功利主义者，那么孟子就不可能是。尤其是《孟子》开篇就是著名的“何必曰利”章。

然而，问题并没有这么简单。我们先来看《孟子》原文：

> 孟子见梁惠王。王曰：“叟不远千里而来，亦将有以利吾国乎？”孟子对曰：“王何必曰利？亦有仁义而已矣。王曰：‘何以利吾国？’大夫曰：‘何以利吾家？’士庶人曰：‘何以利吾身？’上下交征利而国危矣。万乘之国，弑其君者，必千乘之家；千乘之国，弑其君者，必百乘之家。万取千焉，千取百焉，不为不多矣。苟为后义而先利，不夺不餍。未有仁而遗其亲者也，未有义而后其君者也。王亦曰仁义而已矣，何必曰利？”（《孟子·梁惠王上》）

很多人根据这段话认定孟子反对功利。实际上，孟子反对的是“言利”（“曰利”），而并非“利”本身。“未有仁而遗其亲者也，未有义而后其君者也”，说的就是仁义能够

---

① 当然，研究孔子的义利说，除了这里所说的《易传》，还应当包括更多经典，比如《左传》成公二年就记了这样一段重要的孔子之言：“既，卫人赏之以邑，辞。请曲县、繁缨以朝，许之。仲尼闻之曰：‘惜也，不如多与之邑。唯器与名，不可以假人，君之所司也。名以出信，信以守器，器以藏礼，礼以行义，义以生利，利以平民，政之大节也。若以假人，与人政也。政亡，则国家从之，弗可止也已。’”（着重号为引者后加）

带来利。朱熹也认为，“此言仁义未尝不利”①。二程指出，孟子所反对的，毋宁是“专以利为心”：

> 君子未尝不欲利，但专以利为心则有害。惟仁义则不求利而未尝不利也。当是之时，天下之人惟利是求，而不复知有仁义。故孟子言仁义而不言利，所以拔本塞源而救其弊，此圣贤之心也。②

“君子未尝不欲利”，这是明确肯定对利的需要是人的一种普遍现象，无论君子还是小人都不例外。朱熹解《论语》“喻义喻利”章“利”字为“人情之所欲”，跟二程所说是同一思路。因为利是好的，所以人不分君子、小人都想要（“欲”），只是君子与小人的做法及结果有所不同：君子是“不求利而未尝不利”，小人则是“惟利是求”而“有害”。也就是前揭胡宏说的“（君子）自义为之，则蒙就义之利而远于利之害”，“（小人）自利为之，则反致不夺不餍之害”。朱熹同样认为，“（君子）循天理，则不求利而自无不利；（小人）殉人欲，则求利未得而害已随之”③。

于是，经过宋儒的解释，君子与小人的区别就不在于是否把利作为欲求对象，而在于他们追求利的手段不同并且结果也不同。不妨说，小人是“直线”性的求法，君子是“曲线”性的求法；小人是身受利之害，君子是不为利所害；小人是有心求利而得不偿失，君子是无心求利而无往不利。

这种情况，也许就是人类“求利”一事上存在的某种“怪圈”（crop circle）。无论孟子的真实意图是什么，他告诉梁王的，就是这个“怪圈”。

设若梁王被孟子说服，那么，他应该怎么做呢？他无须放弃自己对利的追求，而只用改变手腕或策略，不要再像从前那样把利作为口号（曰利）（征利），而要学会满嘴仁义（曰仁义而已）。之前的梁王可以说是“头脑简单的”（naive）功利主义者，之后的梁王则可能变成了“老谋深算或深思熟虑的”（deliberated）功利主义者。

我们不能确定孟子本人究竟是怎么想的，但他在梁王面前发表的这篇谈话，听上去无异是在说：作为国君，你一定要在臣民当中倡导行仁行义的风气，一旦臣民成为仁义之人，你就会从他们那里受益无穷。

注意，这里孟子并没有要求梁王自身成为仁义之人，他陈述的只是他所相信的如下事实：“未有义而后其君者。”翻成现代语言，就是仁义的臣民是其国君可靠的利的来源。当然，结合《孟子》其他地方的论述，我们知道，孟子也希望国君实行仁政，让他

① 朱熹撰：《孟子集注·梁惠王上》，《四书章句集注》，中华书局 1986 年版，第 201 页。

② 此为朱熹《集注》所引，参见《四书章句集注》，中华书局 1986 年版，第 202 页。

③ 朱熹撰：《孟子集注·梁惠王上》，《四书章句集注》，中华书局 1986 年版，第 202 页。

的人民从中受惠。

王如施仁政于民，省刑罚，薄税敛，深耕易耨，壮者以暇日，修其孝悌忠信，入以事其父兄，出以事其长上。可使制梃以挞秦楚之坚甲利兵矣。（《孟子·梁惠王上》）

焉有仁人在位罔民而可为也？是故明君制民之产，必是仰足以事父母，俯足以畜妻子；乐岁终身饱，凶年免于死亡。然后驱而之善，故民之从之也轻。（《孟子·梁惠王上》）

虽然孟子是从王的角度论述行仁政的好处，但从这些论述我们不难推知，王施仁政于民，对民来说，就意味着从中受益（利），如刑罚得到减免（省刑罚），赋税得到减轻（薄税敛），产业大到可以赡养父母妻子，正常年份丰衣足食，年成不好也能免于死亡，等等。

一方面，仁义的臣民给君（王）带来利；另一方面，施行仁政的王会给他的人民带来更多福利。可以说，他们之间也是一种“兼相爱，交相利”的关系。君、民关系的这种交互性尤其体现于孟子关于君、民同乐的论述：

臣请为王言乐：今王鼓乐于此，百姓闻王钟鼓之声，管籥之音，举疾首蹙额而相告曰：“吾王之好鼓乐，夫何使我至于此极也？父子不相见，兄弟妻子离散。”今王田猎于此，百姓闻王车马之音，见羽旄之美，举疾首蹙额而相告曰：“吾王之好田猎，夫何使我至于此极也？父子不相见，兄弟妻子离散。”此无他，不与民同乐也。今王鼓乐于此，百姓闻王钟鼓之声，管籥之音，举欣欣然有喜色而相告曰：“吾王庶几无疾病与？何以能鼓乐也？”今王田猎于此，百姓闻王车马之音，见羽旄之美，举欣欣然有喜色而相告曰：“吾王庶几无疾病与？何以能田猎也？”此无他，与民同乐也。今王与百姓同乐，则王矣。

…………

乐民之乐者，民亦乐其乐；忧民之忧者，民亦忧其忧。乐以天下，忧以天下，然而不王者，未之有也。（《孟子·梁惠王下》）

如果王与民同乐，民（百姓）就会祝福他；如果王不与民同乐，民（百姓）就会怨恨乃至诅咒他。同乐的结果就是统治能够稳定长远，怨恨的极点就是人民揭竿而起。虽然孟子立论的出发点是劝王行仁政、王道，但他揭示的这种“一报还一报”的道理，与墨子所言并无二致。如《墨子·兼爱中》篇载：

夫爱人者，人必从而爱之；利人者，人必从而利之；恶人者，人必从而恶之；害人者，人必从而害之。

总之，《孟子》“何必曰利”章不是在劝人放弃功利（“利”），而是告诉人们一个“秘密”：要想得到利，就必须学会迂回，先行仁义，而后利就自然出现。这是就个体的一般情况而言，就君民关系来说，国君从百姓的仁义中获利，百姓则从国君的仁政中获利。在对“交相利”原理的认识上，孟子并不亚于墨子。

三、结语

以上，我们结合历代注疏，对反映孔、孟义利观经典文本的含义做了辨析，所得出的结论与人们长久以来习以为常的看法完全相反。可以看到，无论是孔子还是孟子，对利都没有价值歧视，都肯定人对利的需求，并且以利来规定义。从表面看，孔、孟强调仁义，仔细研究，则可以发现孔、孟所说的“仁义”或“仁政”，其主要内容就是利。后世对儒家之所以形成反功利主义的印象，在一定程度上是受汉代董仲舒“正其谊不谋其利，明其道不计其功”的影响。

按，此语出自《汉书·董仲舒传》，原作“仁人者正其谊不谋其利，明其道不计其功”，《春秋繁露》所载略异：“仁人者正其道不谋其利，修其理不急其功。”① 已有论者指出，“不急其功”与“不计其功”意思大不相同，而董仲舒的本意应是前者。② 笔者认为，更重要的是，董仲舒所说“不谋利”“不计（急）功”这些话是针对“仁人”而论的。换言之，这个思想是孔子“君子喻于义，小人喻于利”的延续。此外，对于孟子所言“求利”之“怪圈”，董仲舒也心领神会，他同样对比了君子（诸如原宪、曾、闵）与“小人”（即小民）的不同做法及后果，认为小人“忘义殉利”，结果给自己招致灾祸。《春秋繁露》载曰：

天之生人也，使之生义与利。利以养其体，义以养其心。心不得义不能乐，体不得利不能安。义者，心之养也；利者，体之养也。体莫贵于心，故养莫重于义，义之养生人大于利。奚以知之？今人大有义而甚无利，虽贫与贱，尚荣其行以自好，而乐生，原宪、曾、闵之属是也；人甚有利而大无义，虽甚富，则羞辱大，恶恶深，祸患重，非立死其罪者，即旋伤殃忧尔，莫能以乐生而终其身，刑戮夭折之民是也。夫人有义者，虽贫能自乐也；而大无义者，虽富莫能自存；吾以此实义之

① 苏舆撰，锺哲点校：《春秋繁露义证》，中华书局 2015 年版，第 262 页。

② 参见李泽厚：《中国古代思想史论》，人民出版社 1985 年版，第 151 页。

> 养生人大于利而厚于财也。民不能知，而常反之，皆忘义而殉利，去理而走邪，以贼其身，而祸其家，此非其自为计不忠也，则其知之所不能明也。[①]

董仲舒认为，小民的问题在于他们的无知（“其知之所不能明”），小民对“利”的理解太过狭隘，只知物质之利（即通常所说的财货），不知精神之利，所谓“精神之利”，包括可以养心之义。

在这里，董仲舒没有说明为什么小人对物质之利的追求会给他们带来灾祸。其实，孟子关于“不夺不餍”的论述已经说得再明白不过。所以，理性的功利主义者必然是交相利，而不是像小人这种只顾追求一己之利的“头脑简单的功利主义者”。儒家与墨家一样，都不喜欢“头脑简单的功利主义”，而欣赏“深思熟虑的功利主义”。

（作者单位：华东师范大学哲学系）

① 苏舆撰，锺哲点校：《春秋繁露义证》，中华书局 2015 年版，第 257～258 页。

“逃墨归杨　逃杨归儒”的理论和现实逻辑

宋大琦

春秋战国是一个社会结构发生剧烈变化、思想空前活跃的时代，因此产生了诸子百家，如天上繁星一样闪烁，后来儒术独尊成为太阳，道家在阳光暂隐之时扮演月亮，而群星之光明相形暗淡矣。儒家取得主导地位尽管有先发优势，但也是在与其他各家的论战中逐渐取得的，孟子与杨、墨之论战是其中的重要事件。论战中孟子提出一个重要命题：“逃墨必归于杨，逃杨必归于儒。”（《孟子・尽心下》）这一论断不仅是逻辑及价值之论，也成为其后历史事实，其中必然有现实的甚至是人性的原因。探讨其中根由，不但对理解历史有学术意义，对今天人们社会生活的选择尤其是传统文化的复兴也大有裨益。

一、儒、杨、墨是在什么层次上争论

春秋战国百家并出，互有攻讦，在诸家之中，孟子对杨、墨两家攻击犹甚，视他们为自己的主要理论对手。孟子为什么只把杨、墨视为主要对手，而对兵、农诸家相对轻视呢？墨家势大似乎应是一个原因，但看不到杨朱之学在当时势大的证据。孟子对杨朱危害的描述，可能只是对理论可能性的预期，而不是对现实情况的反映，其争议应有更深的理论原因，非仅学派利益的冲突。今天看来，诸子面对同样的社会环境，然而诸子的问题未必完全一样，尽管对当时现实问题的解决是其中重点，但是有些主张集中于解决富国强兵的眼前问题，这些派别可以称为重“术”派，而另一些派别着眼点则更为长远，想解决人类社会中一些更根本的矛盾。我们看到农家、兵家和法家等着眼的是“术”，富国强兵之术，他们的理论是缺乏哲学基础的，至多是把局部经验夸大为普遍原理；他们的理论也很容易被更大的理论整合进去，作为他者的一个技术性分支。事实上也是如此，兵、农此后进一步向专门技术方向发展，放弃了他们在公共领域的发言权利。法家保留了公共领域的有效发言，一度取得主流地位，但终被儒家组合，也成为一个技术性的部门，只不过是公共领域的技术部门。杨、墨两家虽盛极一时，后来却没有保留下来，汉至清帝国的主流学术中均不见两者踪影，多见作为旁门左道偶或一现。这说明两者与作为帝国意识形态的儒学之间有一种微妙的关系，它们可能是不并立、不兼容的，也可能是因为深层的同质性，彼此完全消融在一起，然后以其中一者的名义，以新的面目出现。杨、墨、儒的理论基础都是人性论、人该怎样活着这个层次的问题，而在实现目的技术问题上，它们都有兼收别家的能力。也就是说，他们之间才是真正的竞争对手，而兵、农、法与他们的关注点不在一个层次，无法形成深层对抗。这里要特别注意一下法家。法家在春秋和战国早年范围比较宽泛，重视法律手段的务实政治家很多都被后人视为广义的法家，如子产、管仲，但是战国末年之后，法家越来越专注于为君主一人利益服务，部分丧失了其公共性。法家这一转变与其缺乏基础理论部分或者说价值主导部分，而技术性又非常发达是有关系的，这样它很容易在寻找基础根据的时候被俘获，成为别家学派或政治力量的形而下部分。孟子曰：“不志于仁而求富之，是富桀也……不志于仁而求为之强战，是辅桀也。”（《孟子·告子下》）法家在战国末期和秦时完全沦为君权的工具，失去自己的价值追求是其注定命运，汉以后转向更专门化的“法律家”，成为儒学政治形态的一个技术部门，也是其注定命运。

道家未成为儒家的主要理论对手与农家、兵家有异曲同工之处，道家主要关心的是自然本身及人与自然的关系，过于形而上，儒家主要关注人与人的关系，比较形而下，两者基本领域不发生重叠。儒与墨、杨同时集中注意力于“形而中”，在人性如何、人为什么活着、个人与社会的关系这样相近层次、相近话题上可以消融和互相吸收，但是难以在保留各自特质的情况下组合，所以论战不休，并且在消融、吸收对方过程中完善自己、改变自己。

二、墨、杨归儒的理论和现实逻辑

孟子与杨、墨之间，从孟子的视角来讲，实质是杨朱和墨家分别站在极端利己和极端利他的两端，而孟子站在两者之间。就仁义立场来讲，三者有共同点，但是三家仁义的标准不同，相同的基点是“爱”，不同之点是爱谁、怎么爱等。孟子批判杨、墨说：

> 圣王不作，诸侯放恣，处士横议，杨朱、墨翟之言盈天下。天下之言不归杨，则归墨。杨氏为我，是无君也；墨氏兼爱，是无父也。无父无君，是禽兽也。公明仪曰：“庖有肥肉，厩有肥马；民有饥色，野有饿莩，此率兽而食人也。”杨墨之道不息，孔子之道不著，是邪说诬民，充塞仁义也。仁义充塞，则率兽食人，人将相食。吾为此惧，闲先圣之道，距杨墨，放淫辞，邪说者不得作。作于其心，害于其事；作于其事，害于其政。圣人复起，不易吾言矣。昔者禹抑洪水而天下平，周公兼夷狄，驱猛兽而百姓宁，孔子成《春秋》而乱臣贼子惧。《诗》云：“戎狄是膺，荆舒是惩，则莫我敢承。”无父无君，是周公所膺也。我亦欲正人心，息邪说，距

诐行，放淫辞，以承三圣者，岂好辩哉？予不得已也。能言距杨墨者，圣人之徒也。（《孟子·滕文公下》）

孟子批判墨、杨无父无君是从推到极端的角度讲的。从爱己、为己的角度讲，孟子应认同杨朱；从爱人、利他的角度来讲，孟子应认同墨子。但是二者走了两个极端。“庖有肥肉，厩有肥马；民有饥色，野有饿莩，此率兽而食人也”，既不是墨家的主张，也不是杨朱的主张，从理论本身来讲，二者都不应受到这样的指责，事实上，在仁义作为基础价值这一问题上，三家有共同性，道家、法家在弃仁绝义。蒙文通说：“盖仁义为三古以来之教，杨、墨、孟、荀、公孙龙、告子之徒皆归本于仁义，而义各不同。”① 正因为三家都支持仁义，孟子才更有道理讲：你们这样非但达不到仁义，反而是仁义的大敌。如果我们把君、父在当时的历史场景下向人类社会更广泛的想象归类，可以发现，以今天的社会状态对照，父代表的并不是父的个人地位和利益，而是家庭、家族立场和利益，还原到当时的历史场景，家庭而非个人才是最被公认的利益单位；同时，君代表政权，代表社会的公共性。墨家在极端强调公共性的时候，将公共性从个体中割裂出来，脱离了公共性的依托。孟子说：“杨子取为我，拔一毛而利天下，不为也。墨子兼爱，摩顶放踵利天下，为之。”（《孟子·滕文公下》）杨朱爱己而不及人，推到极端自私自利；墨子兼爱而无亲，失去爱人的基础。相比而言，杨朱反而是离儒家立场相对更近的，因为爱己是仁之始，爱己未必爱人，但不爱己必定不能爱人。儒家伦理是一个以自我为中心由近及远的推及过程，越亲近的人，伦理关系越为重要，所谓“父子天合，君臣义合”，“为父绝君，不为君绝父”。爱己乃推及他人之先决条件，一个人的家国之爱由近及远，由家及国，爱己者未必有君，但必先有父。公共角色和亲情伦理之间发生不可兼顾的冲突时“窃负而逃”。王安石语涉杨、墨时说：“为己是学者之本也，为人是学者之末也。学者之事必先为己为我，其为己有余，则天下事可以为人，不可不为人。”② 可以说，爱己、为己是儒学的起点，推爱及人、博济天下是儒学前进的方向。儒与墨之争是无差别兼爱还是差等之爱，儒与杨之争是仅仅爱己还是推己及人，儒家在杨朱和墨家之间执两用中。在后人眼中，有人认为儒家与杨朱更近一些，有人认为儒家与墨家更近一些，在不同的文本之中会得到不同的证据。比如影响巨大的《礼记·礼运》大同篇（也有人说该篇是墨家思想窜入），由大同看来，儒家是近墨的，但由小康看来，儒家的现实追求并不是大同而是小康，大同只作为一个照亮现实的灯塔。后世康有为作《大同书》秘不示人，就是认为理想主义应更多地停留在思想家的头脑中，而不是急于变成社会运动。理论彻底时，就会在逻辑上产生说服力，但是同时也就会与实际

① 蒙文通：《先秦诸子与理学》，广西师范大学出版社 2006 年版，第 110 页。

② 《临川先生文集》卷六十八《杨墨》，王水照主编：《王安石全集》第五册，复旦大学出版社 2016 年版。

生活产生严重冲突，因为社会生活无论在实际样态上还是理论背景上都是各种情形并存的，任何一种数学式的精确设计都剔除了复杂变量因素因而必然在复杂现实面前碰得头破血流。为己与为人之间、个体性与公共性之间存在矛盾，这对儒家来讲并不是一个非此即彼的难题，儒家恰恰讲求成人成己，即作为入世哲学，它在“成人”的过程之中才能成就自己，建功立业、成圣成贤，“自了”被后世儒生视为道家、佛家的人生观。在逻辑上讲，儒家在墨家面前是偏于杨朱立场，而在杨朱面前偏于墨家立场，两者各自把理论发展到一个极端，儒家讲求执两用中，在纯粹逻辑上似乎二者难以兼顾，但在实践中恰恰是它的长处。我们看到孟子描述的“逃墨则归杨，逃杨终归儒”的现象，恰好是一个理想主义者在理想破灭后走向另一个极端，否认高尚、逆反宏大叙事，走向原始基点“我”的过程。然而鸟兽不可与同群，绝大部分人终归要在社会中生活，无法超凡脱俗，最后仍要与社会和解，在保持一定理想情怀的情况下持现实主义，须求其平衡点而守之。这里杨扩而归儒是一个人生的进步，由小我超越为大我，实现更高的人生境界，比较顺畅，而墨直接归儒却是不顺畅的，因为从逻辑上看，墨家之自我是比儒家之自我更大的、以集体人格为指向的大我，是主体人格的极限扩张乃至与他人之间的权界被消除，故墨家很难直接回头向低归儒。只有理想破灭，被打落在地之后，先归杨，再归儒。一般意识中，杨朱无疑就是利己主义的代名词，但是杨朱的意义并不仅在于利己主义，其强烈的个体主义蕴含着向不同方向展开的可能性，如独立意识、自我担当。杨朱爱己，但未能及人；墨家兼爱，而不能爱一人。墨家是另一条道路，有强烈宗教及整体主义意味的道路，其高度集权和组织化的生活、政治实践方式严重侵犯乃至取消个人自由。孟子的批判并不自杨朱始，而是自墨家始，逃墨而归杨，逃杨而归儒，也就是说杨朱比墨家距儒家更近一些。既然由逃墨而归杨，说明逃人并非一开始就是利己主义者，而是先胸怀着兼爱理想的墨家信奉者，一个理想主义者为什么逃墨？显然是在以墨家的手段去追求理想的过程中遭受到了重大的挫折，这种挫折不仅是技术上的，而且是心灵上的，致使其怀着逆反愤懑的心情而投入另一个极端——杨朱的怀抱。这是一个理想主义受到挫折、怀疑颓废而又重新奋起的、困而知之的过程。孟子辟杨、墨生活逻辑大于理论逻辑。

三、儒、杨、墨之争在现代的回声

所有的历史都会重复两次，第一次是正剧，但第二次未必就是闹剧，甚至第三次、第四次也仍然是一本正经的严肃剧目，人们从历史中学到的唯一的东西就是什么也没学会。一些历史学家不断地从历史中总结教训，而另一些历史学家不断地在历史中找材料证明自己的伟大。逃墨归杨，逃杨归儒这出剧目，不断地在历史中重演，而人们却总是好了伤疤忘了疼，放弃直走中道，必左右碰壁而后方知中和之利。中道与极端之争不但是历史，在今天仍有其强大的现实意义，甚至在互联网消灭各种小众观点，将社会意识向两端极化的背景下，这种争论比过去有更为重大的意义。

民国以来，作为社会保守力量或压舱力量的儒家式微，杨、墨以现代面目轮番登场，将中国政治极化演绎得几乎淋漓尽致。先是作为整体主义的马克思主义、国家主义等从德、日、俄传入中国，自由主义从英、美传入中国。英、美自由主义本带有中道色彩，亦为晚清改良派官员和知识分子所乐于接受，然而清朝覆灭以后，知识分子在个人人生观上走向更具卢梭特色的个人主义，在政治立场上更多地走向国家主义。小共同体在历史的变迁和人们有意识的推动下解体，孤立的个人与国家主义结合，民粹主义与极权主义结合，演出了百年以来历史的一出出活剧。这场仍未终结的大戏中部分戏码仍是以杨、墨的面目上演的。

从梁启超开始，杨朱开始挂上"个人主义""个体意识""个人本位"等具有西方思想背景的新标签，梁启超将之与西方文艺复兴的个性解放对比，张扬个体权利意识；1916年谢无量出版中国第一部《中国哲学史》，使用"利己主义"和"享乐主义"等西方概念来概括杨朱；胡适在其《中国哲学史大纲》中，用"为我主义"阐述杨朱思想，指出"存我""为我"是生物事实，并有扩展到爱群、爱人的潜质。新中国成立之后，学者对于人性的解放、个人主体意识继续持肯定的态度，其中对杨朱研究最有代表性的是侯外庐和刘泽华。侯外庐引用普列汉诺夫的观点说，唯物主义者"事实上是以个体的个人利益为出发点"，而"以个人利益为出发点"的意思，只是说明了"人是一个感觉体并且只是一个感觉体"的命题。所以"个人利益并不是一条道德诫命，而只是一件科学事实"，而杨朱恰恰体现了这种唯物主义精神，"思、孟派的圣人之徒是伦理上神化的人，而杨朱派的圣人则是科学上人化的人"。① 基于此，侯外庐给予杨朱非常高的褒奖，但是他对儒家人性论的批判却并不公正，儒家神化的人性仅指向个别圣贤，甚至仅仅是一个虚设的榜样，而对于芸芸众生的生物本能并非没有重视和尊重。刘泽华通过对杨朱"贵己"和"为我"两个概念的分析，得出了杨朱思想的核心是"个人本位论"。"贵己"本于"因自然"，但是"杨朱并不主张把人融化在自然之中，他认为人是独立的实体，人与其他事物相比，人自身是第一位的"，"他的用意是在说明己是一个自然的独立存在物，己的价值高于一切"，这就又在很大程度上回到了胡适。②

从民国到现在，肯定和揶扬杨朱个体主义精神的思想者集中于这样一种思路：自保、贵我是人的本能，这就是生物意义上的人性，它先于道德。对人的先天道德假定是不科学的，但不等于对人的道德（利他）要求就是错误的。温和的解释，杨朱之为我是

---

① 参见侯外庐：《中国思想通史》第一卷杨朱部分，人民出版社2011年版，第313页。

② 以上详细梳理参见曹峰：《20世纪关于杨朱的研究：以蒙文通、郭沫若、侯外庐、刘泽华等人为中心》，《社会科学》2019年第9期。

人之为人的起点，但不是终点，可以发展出爱人的道德。胡适的相关论述最为全面适中。胡适解释王安石论杨朱时说：“一个人在最初的时候应该为自己，在为自己有余的时候，就该为别人，而且不可不为别人。”“因此个人主义并不是可怕的，尤其是年轻人确立一个人生观，更是需要慎重的把自己这块材料培养、训练、教育成器。”“人最可贵的是个人的个性。这些话，便是最健全的个人主义。一个人应该把自己培养成器，使自己有了足够的知识、能力与感情之后，才能再去为别人。”讲孔子论尧舜之道时说：“孔子这一席话，也是以个人主义为起点的。自此可见，从十九世纪到现在，从现在回到孔子时代，差不多都是以修身为本。修身就是把自己训练、培养、教育好。因此个人主义并不是可怕的，尤其是年轻人确立一个人生观，更是需要慎重的把自己这块材料培养、训练、教育成器。”① 尽管民国学者批儒批孔十分激进，但胡适这一由个体性上建立现代生活的路数，实际上是由杨归儒的。但革命实践比学者的思想更为激进，个体主义思潮方兴即艾，集体主义、国家主义才是时代的主潮。在小共同意识及宗法思想被抛进垃圾堆后，中国人并未在个体主义上建立起现代公民社会，而是先迅速堕入一盘散沙，然后又被抟成一人，领袖之使集体，如身使臂，如臂使指，有人说这就是救亡压倒启蒙，然而亡国危机解除之后，也迟迟不见启蒙重新开始。观望中国曾经的历史和世界历史都可以得出：理想主义，不论是表现为集权的理想主义、表现为“白左”的理想主义，还是两者特征兼有的理想主义，都很难在受到挫折时直接退回一步，退回仍能远望理想的现实主义，更大的可能是走向另一极端。百年来的中国思想和政治实践中确实有杨朱和墨家争胜的影子，从政治上来说，显然是墨家取得了胜利。但是墨家式的胜利并不是常道的胜利，而是一种高组织、高动员、高激情的胜利，正如春秋时墨家由盈满天下而速归沉寂一样，今天的墨家式理想也给很多人带来涉入很深后的失落和破灭。

（作者单位：山西省社会科学院儒学研究中心）

① 参见胡适：《人生有何意义》，北京理工大学出版社 2016 年版，第 1～2 页。

理学新语境构设的经典

——作为程门儒墨两种视域解读文本的《西铭》

王新春

《西铭》曾为程门师徒程颐与杨时分别以儒墨两种视域予以解读。二人解读及其论辩，对于深化儒墨精神的研究及其会通转化仍具重要意义。本文谨就作为程门儒墨两种视域解读文本的《西铭》的生命哲学底蕴及二人的解读与论辩做一番粗浅的探讨，并借以纪念张载诞辰1000周年。

一

众所周知，通过长期研读儒家经典和通盘检视儒释道三家的识见，更借助耳闻目睹的见闻之知和大其心的深切生命体悟，张载撰写了张贴于双牖两侧的被其分别命名为《订顽》与《砭愚》的两篇重要文献，前者位于牖之西侧而被程颐改名为《西铭》，后者位于牖之东侧而被改名为《东铭》。两篇文献相较，前者的影响力远远超过后者。这篇极具影响力总计253字的文献，借易学的语境，成功构设了独特的理学新语境：

> 乾称父，坤称母；予兹藐焉，乃混然中处。故天地之塞，吾其体；天地之帅，吾其性。民吾同胞，物吾与也。大君者，吾父母宗子；其大臣，宗子之家相也。尊高年，所以长其长；慈孤弱，所以幼其幼。圣其合德，贤其秀也。凡天下疲癃残疾、茕独鳏寡，皆吾兄弟之颠连而无告者也。于时保之，子之翼也；乐且不忧，纯乎孝者也。违曰悖德，害仁曰贼；济恶者不才，其践形，唯肖者也。知化则善述其事，穷神则善继其志。不愧屋漏为无忝，存心养性为匪懈。恶旨酒，崇伯子之顾养；育英才，颍封人之锡类。不弛劳而底豫，舜其功也；无所逃而待烹，申生其恭也。体其受而归全者，参乎！勇于从而顺令者，伯奇也。富贵福泽，将厚吾之生也；贫贱忧戚，庸玉女于成也。存，吾顺事；没，吾宁也。①

① 张载：《正蒙·乾称篇第十七》，《张载集》，中华书局2006年版，第62～63页。

在各家理学语境构设的过程中，作为经学的易学资源与语境，每每发挥了举足轻重的根源性作用。张载《西铭》理学语境构设过程中易学所发挥的作用，即具有典范意义。

“十翼”之后，在一种象数义理互诠互显的学说架构与理路下，圣典化的《周易》经传敞开了一个人置身于其中且具有至关重要意义的以天、地、人三才之道为核心的流转无穷、生化日新的整体天人宇宙图景，开显了阴阳消息的道之理和万物内在的性命之理。如果说在洋溢礼乐文化基本精神的经学大语境下，汉代易学着力阐扬挺显了易学的道之理，那么，借重易学资源和语境的宋后理学语境与体系的构设者则集中诠显挺立了易学的性命之理，从而实现了易学由道之理向性命之理的重大转向，也就水到渠成地促成了儒学的心性论重大转向，营造了作为儒学崭新形态的理学的语境。

借助易学的语境，基于易学的整体天人宇宙图景，《西铭》首先瞄准天、地、人三才的格局，从性命之理的视域出发，以作为个体之“我”的生命自觉契应三才中人的角色，继而以“我”置身整体宇宙大化所获性命本然之所是，正定自己的身份认同，从而重构三才格局与三才关系，在易学已有人值地位，接通地而顺应柔刚地道，厚重低调谦卑而作地人，值人位，接通人而遵循仁义人道，居仁由义守正不苟而作人人，值天位，接通天而顺应阴阳天道，大气恢宏包容而作天人理念的基础上，最大限度地落实人的至关重要的意义，于是“我”之为“我”获得了基于性命之理的生命大语境。

《易传·说卦传》曰：“乾，天也，故称乎父。坤，地也，故称乎母。震一索而得男，故谓之长男。巽一索而得女，故谓之长女。坎再索而得男，故谓之中男。离再索而得女，故谓之中女。艮三索而得男，故谓之少男。兑三索而得女，故谓之少女。”《易传》在二分的视野下，认为宇宙万象可划分为阴阳两大类，而由阴阳两种符号（--、—）涵摄符示；在八分的视野下，认为宇宙万象可划分为八大类，而由八卦的符号系列涵摄符示。在此八分视野所构设的语境中，乾卦所表征的天和坤卦所符示的地，与八类物象间具有了终极的宇宙亲缘关系，从而构成一宇宙大家庭。《西铭》接续这一语境，以直接明快的笔触陈言：“乾称父，坤称母；予兹藐焉，乃混然中处。故天地之塞，吾其体；天地之帅，吾其性。”作为一鲜活感性生命存在的人，读圣贤之书，蒙《周易》这类圣典之沾溉，应有明本、思本、念本的生命本原意识，立定正大人文生命价值自觉，明确自己的身份角色认同。在易学的语境下，终极言之，人置身于浩瀚无涯、大化流行、日新不已的整体大宇宙中，置身于天、地、人三才的基本格局下。作为被名之曰人之类的成员之一的每一生命个体，要有一个清晰的“我”的生命自觉，有一个类的与天地构成三才格局的“人”的身份认同，有一个基于这一认同所采取的作为一个“人”的生命角色承当。放眼“我”所置身于其中的以三才为基本格局的整体大宇宙，天为“我”的造化之父，地为“我”的造化之母。“我”相对于天地就具有了终极大宇宙亲缘性，“我”

成为一与天地构成终极大宇宙亲缘关系的生命存在。旷观宇宙而转视作为这样一种感性生命存在的“我”，从肉体存在的外观着眼似显渺小，而这一似显渺小的“我”就与天地浑然无间、一体无隔，处于它们之中。构成天地并充塞于天地之间的是阴阳之气，而正是此气形成了“我”的身体。天地有决定其之所以为天地者，此即天地之性，而这一天地之性在天地造化“我”的同时也被赋予了“我”，成为“我”之所以为“我”、“我”之所以为人的本然之性。因此，流行充满于天地间的气与天地之所以为天地的天地之性并非仅仅外在于“我”而构成“我”所面对的世界，并非与“我”的生命不具备内在实质性关联，恰恰相反，它们更内在于“我”的生命存在之中，直接构成了“我”作为一鲜活感性生命存在之整体的形下与形上之一体两面。“我”与天地、与天地之气、与天地之性间，正是因后者对于前者的终极大宇宙根源性意义而彼此形成了牢不可破的内在深层终极大宇宙亲缘，相即难隔。基于这一亲缘，“我”的应然生命自觉是亲和认同而非疏离整体大宇宙，父以视天，母以视地，将流行充满于天地间的气视为与形体之“我”无甚二致的“我”的形体，将天地之性视为“我”的本然之性。“我”的生命成了天道性命相贯通、三才三而通贯为一的生动鲜活注脚，“我”的生命存在即此而成了天道性命相贯通、三才三而通贯为一的存在。三才关系之本然，“我”之为“我”之本然，遂借由“我”的此等生命存在而豁显。《易》的语境所开示的就是这一切：“《易》一物而三才备：阴阳气也，而谓之天；刚柔质也，而谓之地；仁义德也，而谓之人。……《易》一物而合三才，天地人一，阴阳其气，刚柔其形，仁义其性。”① 三才的此等三而通贯为一，才有所谓与“我”相关的性命之理：“阴阳、刚柔、仁义，所谓‘性命之理’。”②《易》不再单单是那一部书，更是借“我”的鲜活感性生命存在所昭示、所敞开的一切。

会通五子思想而最终集理学思想之大成的朱子敏锐地揭示：“‘吾其体、吾其性’，有我去承当之意。”③ 蔡仁厚先生亦言：“‘吾其体’‘吾其性’，犹言‘吾其以为体’‘吾其以为性’。‘吾其’二字，实有觌体承当之意。”④ 可谓中其肯綮。常人的生命意识自觉每每与家庭家族认同意识相连，借生己养己者与自身之血缘关系，确立起“父”、“母”与“我（子）”三种角色，形成家庭家族认同，“我”的生命存在自觉也就随之出现。《西铭》则超越常人的上述家庭家族意识，而彰显终极大宇宙意识，又反转回来借家庭家族认同意识下的血缘亲缘，审视、理解、诠释大宇宙意识下天地以其生化涵育而与“我”所构成的根源与派生关系，从而将这种关系解读为与上述家庭家族中父母与子

① 张载：《横渠易说·说卦》，《张载集》，中华书局2006年版，第235页。
② 张载：《横渠易说·说卦》，《张载集》，中华书局2006年版，第235页。
③ 《朱子语类》卷九十七，《朱子全书》第十七册，上海古籍出版社、安徽教育出版社2002年版，第3312页。
④ 蔡仁厚：《宋明理学·北宋篇》，台湾学生书局1995年版，第86页。

的血缘亲缘相通的大宇宙亲缘，于是大宇宙意识就被家庭化，成为一基于终极大宇宙亲缘的宇宙大家庭意识。而常人的家庭家族认同意识，也就被升华为一种终极大宇宙认同意识。“我”的生命意识自觉，相应地由基于常人的家庭家族认同意识，升华转进为基于此终极大宇宙认同意识。认同意识的升华，生命意识自觉根基的转进，与其说是一种一般认知意义的，毋宁说是一种内在深度识见意义的，更毋宁说是一种境界意义的。有此升华和转进，“我”的生命意识自觉中，就由对于父母的家庭家族神圣庄严承当，升华转进为对于天地的更其神圣庄严的宇宙大家庭承当。有此承当，“我”的直接生身之父母与“我”的终极大宇宙根源性意义的天父地母不仅在“我”的生命存在中本然而实然地接通为一，而且更为“我”认同承当起通而为一。王夫之所谓：“父母载乾、坤之德以生成，则天地运行之气、生物之心在是，而吾之形色天性，与父母无二，即与天地无二也。”①

二

基于上述承当，“我”被置于了宇宙大家庭的语境。从此，对于“我”的理解，必须基于这一基本大语境。在此语境下，“我”的生命存在向整个宇宙大家庭全方位开放，宇宙大家庭也随之成为“我”生命终极安顿、价值充分实现之归依，宇宙大家庭的成员与“我”构成了生存生命共同体。“我”的生命承当、角色认同在此生存生命共同体下的具体落实，遂成为问题的下一重要环节。

就此，《西铭》进而指出：“民吾同胞，物吾与也。”在终极大宇宙视域下，所有人之生命存在皆与“我”毫无二致地以天地为终极之源，禀天地之气而有其体，禀天地之性而有其性，从而皆不仅归属于三才中的人之一才，而且更成为三才三而通贯为一，真正落实出大宇宙性命之理底蕴的存在，因而他们同样皆属“我”所认同承当的父天母地之子，于“我”而言，即有了同胞之意涵。于是伴随“我”的家庭化的大宇宙认同意识，他们又成为“我”所认同承当的宇宙大家庭的同胞。人之外的万物，衡之以同样的大宇宙视域，它们与包括“我”在内的所有人一样，形体与性命亦由天地造化所成，于是在“我”所认同承当的宇宙大家庭中，它们进而也被认同承当为与“我”相即难隔的友伴。

在常人的生命意识自觉和家庭家族认同意识下，相同父母血缘下的兄弟姐妹方被认同为同胞，人之外的万物则大有被工具价值化的倾向。基于共同的终极大宇宙亲缘，视天下万民为“我”的同胞，天地万物，譬之花草树木、各类动物为“我”的友伴，这一民胞物与观所昭示的同样是一种更为厚重的内在深度生命识见和更为高远的生命境界。

---

① 王夫之：《张子正蒙注》卷九，《船山全书》一二，岳麓书社1998年版，第354页。

于是血缘纽带意义上的家庭家族既被包容于其中，更被基于终极大宇宙亲缘性纽带推廓开来，终至全然包容了天下万民和天地万物，以此而完整撑开了为“我”所认同承当的无限充实有致的宇宙大家庭。

接续、会通并创造性地转化夏商周三代乃至孕育于其前的礼乐文化传统，由孔子所开创的儒家学派，自先秦时代起，就渐次形成了通贯天人的整体天下意识和基于这一意识的强烈家国天下担当。《西铭》在易学的语境下，将这一天下意识和家国天下担当与大宇宙意识和宇宙大家庭认同承当意识会通整合，确立起“我”的生命价值应然担当和作为这一担当的庄严角色，正定起其他人相对于“我”而为“我”所认同并承当的角色，称：“大君者，吾父母宗子；其大臣，宗子之家相也。尊高年，所以长其长；慈孤弱，所以幼其幼。圣其合德，贤其秀也。”

礼乐精神是通贯天下的正大根本精神，礼乐制度是基于礼乐精神的根本制度，人文伦序即此而确立。同时，呼应《礼记·乐记》“乐者，天地之和也。礼者，天地之序也。和，故百物皆化；序，故群物皆别。乐由天作，礼以地制。过制则乱，过作则暴。明于天地，然后能兴礼乐也”① 之论，张载进一步认为：“生有先后，所以为天序；小大、高下相并而相形焉，是谓天秩。天之生物也有序，物之既形也有秩。知序然后经正，知秩然后礼行。”② 秩序是天地造化所成大宇宙存在之本然，宇宙大家庭就是一个通体秩序化的存在。秩序与秩序化的存在，是天道性命相贯通后天地人物性命之理的具体展现，是性命之理在各式生命存在之中本然表现后的结果。基于这种性命之理的秩序就是礼。大宇宙，宇宙大家庭，本来就是一彰显着秩序与礼的价值及蕴涵的存在，人们完全可以而且本来应该以秩眼序眼礼眼观此宇宙，观此家庭。秩序与礼成为大宇宙、宇宙大家庭天道性命相贯通后各个人、物生命存在息息相联、通一无隔下的本然关系格局与本然存在方式。秩序与礼因之具有了表征大宇宙、表征宇宙大家庭之本然的宇宙本体论意涵。在此意涵下，秩序与礼彰显为崇高的宇宙价值。既然秩序与礼根乎天道性命贯通后的天地人物的性命之理，属于此性命之理具现为天地人物生命存在之方式与关系格局的本然样态，那么，秩序与礼反过来又成为性命之理、性命、生命存在的内在必然要求：“礼所以持性，盖本出于性，持性，反本也。凡未成性，须礼以持之，能守礼已不畔道矣。”③ 作为三才三而通贯为一、具有性命之理高度生命价值意识自觉的现实生命存在的“我”，基于上述的宇宙大家庭认同承当，在了悟并标举秩序与礼为崇高宇宙价值的同时，必然认同并标举秩序与礼为神圣人文价值，进而将宇宙价值与人文价值统合为一，将自己认同承当的宇宙大家庭基于正大性命之理的现实礼乐秩序化作基本价值诉求。

---

① 郑玄注，孔颖达疏：《礼记正义》，《十三经注疏》，中华书局 1980 年版，第 1530 页。
② 张载：《正蒙·动物篇第五》，《张载集》，中华书局 2006 年版，第 19 页。
③ 张载：《经学理窟·礼乐》，《张载集》，中华书局 2006 年版，第 264 页。

性命之理与生命亲缘密切相关。为唤起人们对于秩序与礼的生命价值认同，张载特别强调对于生命亲缘意识的唤醒。他说："管摄天下人心，收宗族，厚风俗，使人不忘本，须是明谱系世族与立宗子法。宗法不立，则人不知统系来处。古人亦鲜有不知来处者，宗子法废，后世尚谱牒，犹有遗风。谱牒又废，人家不知来处，无百年之家，骨肉无统，虽至亲，恩亦薄。"① 亲缘意识的唤醒，无疑是对生命存在本真的唤醒，是对一个人作为真正称得上人的生命存在的召唤。他不仅致力于血缘之亲缘意识的唤醒，更致力于终极大宇宙亲缘意识的唤醒。在他看来，基于血缘之亲缘的生命意识自觉，构成"我"的生命存在重要场域的"我"的家庭家族，有着父母子女兄弟嫡庶的上下长幼之序，有着嫡长子对于家庭家族的直接承续。这是在此场域下性命之理所展现的秩序与礼的具体体现。基于终极大宇宙亲缘的生命意识自觉，构成"我"的生命存在终极场域而为"我"所认同承当的宇宙大家庭，同样也应当有着全新宇宙亲缘下的父母子女兄弟嫡庶的上下长幼之序，有着嫡长子对于家庭的直接承续。这又是在此场域下作为性命之理内在必然要求的秩序与礼的应然落实。落实的结果，天为父、地为母，自不待言；基于天下意识而统御天下的尊贵的君王，应被认同为接通天地、奉天承运而平治天下的父天母地的嫡长子；众位大臣，应被认同为此一嫡长子家里的管家；除此之外的年长者和孤儿弱子，应被认同为父天母地生化的众子中的年长者与孤弱者；那些赢得"圣人"称号的人，应被认同为与父天母地的德性亦即天地之性完全契合的人；那些被称为贤者的人，应被认同为父天母地所生化出的众子中的优秀人员。有此认同，"我"即宜在本与自己的生命存在通一无隔的整个宇宙大家庭场域内通体敞开自己的生命，推极对于血缘生身父母的敬畏感恩孝事善待，而最大限度地敬畏感恩孝事善待父天母地；推极基于血缘长幼的悌道，而最大限度地尊崇善待君王及其大臣；推极基于血缘的悌慈，而最大限度地善待年长者、慈爱孤弱者。如此，"我"以自己的生命存在，肯定彰显敬畏善待了天地、君王、大臣、年长孤弱者以及整个宇宙大家庭本身的内在价值；如此，"我"得以接通天地，接通君王、大臣、年长孤弱者，乃至接通整个宇宙大家庭，激活自己生命存在方式之本然，引动"我"与宇宙大家庭诸成员关系格局之本然的落实，迈向生动诠释着秩序与礼的崇高宇宙价值和神圣人文价值、无愧于三才之一的人的角色承当的理想人格与理想人生。这种理想人格与理想人生的表率，就是此所云圣贤。"我"的努力方向，自然应当是希贤希圣。

这无疑是一种报本反始的生命情怀。它与《荀子·礼论篇》所言"礼有三本：天地者，生之本也；先祖者，类之本也；君师者，治之本也。无天地，恶生？无先祖，恶出？无君师，恶治？三者偏亡，焉无安人。故礼上事天，下事地，尊先祖而隆君师"，

① 张载：《经学理窟·宗法》，《张载集》，中华书局2006年版，第258～259页。

是相通的。由此所召唤的是人的报本感恩之心。这是接续夏商周及其之前的礼乐文化传统下中华古老而绵长的历史文化语境所涵育的心。

三

在报本反始的生命情怀和报本感恩之心下，《西铭》最终构设了一种生命的人文价值语境，昭示了"我"在此语境下所应过的生活。这一语境与这一生活，与礼、与仁更与孝密不可分。

依《西铭》之见，宇宙大家庭中的弱势群体，其生命存在也应纳入"我"的生命存在的关怀之域："凡天下疲癃残疾、茕独鳏寡，皆吾兄弟之颠连而无告者也。于时保之，子之翼也；乐且不忧，纯乎孝者也。"天下那些老态龙钟、衰弱多病、身体残疾、孤苦伶仃、老而无妻无夫之人，从终极大宇宙亲缘的视域体认之，那么，就会发现，他们与"我"一样，都是父天母地之子，于"我"有同一宇宙大家庭的兄弟手足之义在。作为兄弟手足的他们，处在困顿不堪、无处诉说的生存境遇。与生存境遇相对好的人对比，他们的不幸是显而易见的。这些弱势群体，其生命存在本身的内在价值，同样是不容置疑、不宜蔑视的。用心呵护善待他们，是敬畏感恩善待父天母地，敬畏善待性命之理，敬畏善待秩序与礼的崇高宇宙价值与神圣人文价值的题中应有之义。只有在用心呵护善待这些孤立无助的弱势群体成员的过程中，才会更深层真切地体会到人之生命存在乃至一切生命存在的神圣庄严的内在价值。父母对于每一子女，都是无一例外的无条件呵护疼爱的。深度体会父母对于子女的这一呵护疼爱之情，并尽心呵护善待为自己认同为兄弟手足的弱势群体中的成员，也是"我"之作为父天母地之子这一宇宙大家庭角色身份认同承当下的子对父母的翼助。将此呵护善待不单纯从受施者那里去理解，反而更从为人子而替父母分忧的角度进行理解，识见更为宏阔，境界更为高远，担当更为恳挚深切。翼助父母，乐此不疲，无怨无悔，达致一种乐的最高生命境地，一种接通父天母地、接通整体宇宙大家庭的彻然通体生命之乐，就是一种纯粹的对于父天母地孝的表现。这是作为现实生命存在之"我"对于自己生命存在方式之本然、对于自己生命存在终极场域关系格局之本然及内中所昭示出的秩序与礼的价值的自觉庄严承当与付出。借此承当与付出，"我"完成了与性命之理相契合、与生命存在之本然相一致的应然自我之实现，成就落实起带有终极意义的父天母地孝子的角色。做父天母地的孝子，就是面向宇宙大家庭的"我"的终极人格角色期许。有这样的承当与付出下的角色期许，上述对待天地、对待万民万物、对待君王大臣、对待年长孤弱者、对待弱势群体成员的种种姿态与作为，显然即都具有了孝的意涵，皆属于敬事父天母地本身与翼助父天母地的孝的各式具体表现。在以往儒学的语境下，这都属于人生价值应然，而在《西铭》所构设的理学新语境下，一切人生价值应然，都被解读为具有了终极超越的宇宙论论域下的宇宙亲缘意义上的孝的意蕴。这无疑也是对以往儒家孝的思想的终极宇宙论升华，它不仅令孝具有了终极超越的宇宙论根基，也令其获得了终极宇宙论的意义。这无疑也令《孟子·万章上》“大孝终身慕父母”的主张与期许获得了全新的更为厚重的意涵。

“我”之可以被解读为涵摄于终极宇宙论下的孝的意蕴的对于宇宙大家庭所有成员的上述善待，实际上也是对孔子以来儒家所标举的仁的理念与价值的践行与生动诠释，因而既可以孝而观之，也可以仁而视之。仁的基本内涵，就是在相即不离、内在一体无隔的可以呼之曰存在间性之自觉下，对于构成这一存在间性关系的存在，彼此本身内在价值的正视肯定与善待。既肯定善待自己存在本身的内在价值而善待自身，也正视肯定与善待与己构成存在间性关系的其他存在本身的内在价值而善待其他存在。存在间性是“我”与宇宙大家庭所有成员关系之本然，因此“我”的仁爱善待涵摄所有成员。当然，如前所言，这是来自性命之理的内在必然要求：“性者万物之一源，非有我之得私也。惟大人为能尽其道，是故立必俱立，知必周知，爱必兼爱，成不独成。彼自蔽塞而不知顺吾理者，则亦末如之何矣。”① 天地之性是一种来自大宇宙的终极至善之性，就是天地之德，也可以呼之曰一终极至善的仁德，属仁之体；禀此至善之性之德的“我”，既有了守望这一至善之性之德的价值自觉，也有了以此为体开出善待之用的价值自觉。孝与仁合观，“我”的基于性命之理的人生应然之道，即可称之为仁孝之道：“仁人孝子所以事天成身，不过不已于仁孝而已。”②

善待之仁，乃是基于“我”与宇宙大家庭所有成员的秩序与礼的存在间性而具体推出的，“我”所认同、守望的秩序与礼，也就灌注了善待之仁的内在精神：“天体物不遗，犹仁体事无不在也。‘礼仪三百，威仪三千’，无一物而非仁也。”③ “我”的善待，要遵循秩序与礼，合乎礼仪节度之要求；“我”之守望、遵循秩序与礼，也要以善待之仁为价值支撑。这就既有了仁孝之合一，也有了仁礼之合一。有此仁与礼的合一，也就决定了善待之仁推出的过程中有着礼序的亲疏差异，不可能与墨家所讲的兼爱相混同。前文张载所言“爱必兼爱”之“兼爱”，指的是爱的善待之周遍性，而非墨家无差别之爱。就此，程颐所做的理一分殊的理解大致而言是到位的，而其弟子杨时流于墨家兼爱的担心则是过虑性误解：“《西铭》之为书，推理以存义，扩前圣所未发，与孟子性善养气之论同功，岂墨氏之比哉？《西铭》明理一而分殊，墨氏则二本而无分。……子比而同之，过矣。”④ 当年置身春秋末期礼崩乐坏的历史文化语境下的孔子，在接续以往礼乐文化大传统的同时，又从人的生命内在和生命彼此感通的类乎主体间性那里寻得了以

① 张载：《正蒙·诚明篇第六》，《张载集》，中华书局 2006 年版，第 21 页。
② 张载：《正蒙·诚明篇第六》，《张载集》，中华书局 2006 年版，第 21 页。
③ 张载：《正蒙·天道篇第三》，《张载集》，中华书局 2006 年版，第 13 页。
④ 程颐：《答杨时论西铭书》，《二程集》，中华书局 2004 年版，第 609 页。

正视肯定与善待彼此生命内在价值为旨归的仁之理念与价值，作为这一传统在人的生命存在上的内在厚实根基根据，从而建构起仁礼合一的哲学文化价值系统；战国中叶的孟子，又将对于物的一定程度的善待，纳入这一系统，从而进一步提出了“亲亲而仁民，仁民而爱物”（《孟子·尽心上》）的理念。有着以超迈秦汉魏晋隋唐、回归先秦、直承孔孟为职志的理学家共性情怀，张载在自己所构设的新语境下，以守望秩序与礼的宇宙价值与人文价值为善待之仁的施为原则，将孔孟的仁礼合一论推进到一个新的理境。

为落实仁孝合一、仁礼合一，达成“我”的做父天母地孝子的终极人格角色期许，《西铭》指出，尚需进一步明确：“违曰悖德，害仁曰贼；济恶者不才，其践形，唯肖者也。”迷失自身生命存在之本然，违背上述对于宇宙大家庭的认同承当及具体施为上的仁孝、仁礼合一之价值应然，就是对天地之所以为天地并为“我”所禀受的终极至善的天地之性、天地之德或仁德的悖逆，进而戕害仁德，伤害有德之人，“即是自绝根性”[①]的父天母地之贼子；善恶的价值意识错乱，自身长恶不悛，助长恶人之作为，只会归为深负天望人愿的父天母地不成才之子。以上述者为鉴为戒，深自警醒而照察自我，透过自己的形色之身，践行前述之一切，而以肖似父天母地、契合天地之德之性从而成为父天母地之肖子为终极目标，这才是“我”的人生应然方向。“我”所应过的，就是这种浸润礼、仁、孝的生命人文价值语境下的以此所云肖子为期许的生活。肖子，就是父天母地最高境界的孝子。显然这是对孟子“形色，天性也。惟圣人然后可以践形”（《孟子·尽心上》）主张的有力回应与承接。

四

要将自己的生命自觉置于上述语境下过一种真正富含价值与意义的肖子的生活，《西铭》开示，尚需做必要的生命、心性的涵养修为功夫。

《中庸》云：“夫孝者，善继人之志，善述人之事者也。”将此理念在三才通而为一的易学语境下涵融升华，与《易》之《系辞下传》“穷神知化，德之盛也”的识见主张会通起来，《西铭》进而指出，作为父天母地之肖子，“知化则善述其事，穷神则善继其志”。《易》涵纳天人，并显三才，敞开了一个宏大开放的整体天人宇宙视野，以人之穷究洞悉宇宙大化之神妙，了悟明晰大化，为德性盛大、境界超卓的标志。是因借此人可以解读体认到堪称“富有之谓大业，日新之谓盛德，生生之谓易”（《易传·系辞上传》）的天地造化大千世界的盛德大业之底蕴，体认到正是此一盛德大业给人提供了终极完整的生命实现场域，最终逼显自己继天立极、“崇德广业”的价值诉求期许与努力[②]，以接续顺成这一盛德大业，构建彰显人的生命主体性的富含人文意义的理想生活

① 蔡仁厚：《宋明理学·北宋篇》，台湾学生书局1995年版，第89页。

② 《易传·系辞上传》：“子曰：《易》其至矣乎！夫《易》，圣人所以崇德而广业也。”

世界。承续上述识见，张载认为，肖子之为肖子，就应当明晰大化，而善于称述父天母地造化大千世界、同时也是“我”的宇宙大家庭、“我”的生命无限开放的充实实现场域的盛事；就应当洞悉父天母地所促成的大化的极致神妙，而善于接续父天母地之德、亦即终极至善的天地之性或仁德，最大限度地善待大化所成的宇宙大家庭的所有成员。这又是对《中庸》“思事亲，不可以不知人；思知人，不可以不知天”理念的有力回应，提示了孝的终极宇宙论大视域、大语境敞开的前提性意义的极端必要性。这也是他反省以往学者之弊端所得出的振聋发聩式结论，故称：“知人而不知天，求为贤人而不求为圣人，此秦、汉以来学者大蔽也。”① 所谓“不知天”乃是“张眼观学者”所得出的结论，指的是秦汉以来儒门学者、道家道教中人在对天的理解中没有切当的天道性命相贯通的彻然正大视域，其理解自然就难以称得上真知见；指的是佛门中人以空幻视天，天不再是原本天道性命相贯通视域下的真实之天。

敞开了孝的终极大宇宙论视域、语境，“我”之生命、心性的涵养修为功夫，随之提上了日程：“不愧屋漏为无忝，存心养性为匪懈。”《诗经·大雅·抑》云：“相在尔室，尚不愧于屋漏。”孟子称：“存其心，养其性，所以事天也。”（《孟子·尽心上》）于他人所不见的屋内西北角隐僻之处，推而广之，于一切为他人所难以知晓的隐僻所在，敬谨不苟而慎独，做到仰不愧于天，俯不怍于地，中不疚于自己生命内在接天通地的天地之性，这就不会辱没父天母地，不会在父天母地脸上抹黑。自觉持存呵护涵养固有的来自父天母地的人心善性，而没有丝毫的懈怠，就是对父天母地的孝事。

榜样的力量富有生命声息相通的神奇感召力。为了更好地促动生命、心性涵养修为的自觉主动性，《西铭》进而胪列了几位颇具说服力的古来孝亲的典范，以期从“我”之具体生命存在之在的角度，点醒、激活“我”敞开通体孝的生命存在语境：“恶旨酒，崇伯子之顾养；育英才，颍封人之锡类。不弛劳而底豫，舜其功也；无所逃而待烹，申生其恭也。体其受而归全者，参乎！勇于从而顺令者，伯奇也。”大禹之父鲧以伯爵封于崇，因而以崇伯子称呼禹，他不嗜美酒而念念不忘奉养双亲。春秋时期郑国以孝友著称的贤大夫颍谷封人颍考叔，不仅孝事己母，而且将孝德传递给作为自己同类的庄公，为养育英才树立了标杆。大孝的典范舜，“父顽、母嚚、象傲”（《尚书·尧典》），舜以其孝爱之至诚，一刻也不放松自己的努力，感化了父亲、继母以及继母所生之弟象，终至父亲畅豫，全家人和乐融融，天下人也受其感化，收到莫大功效。春秋时期晋献公世子申生，受父亲所宠爱的骊姬之诬陷，他为了父亲既不辩白又不出逃，从容等待就死，最后自缢身亡。孔门高足曾子，以孝著称，身体发肤受之父母，最终完好无损地将其归之父母。而西周宣王时大夫尹吉甫的长子伯奇，因后母诬陷遭放逐，而仍义无反顾地顺

① 《宋史》卷四二七《道学传一·张载传》，中华书局2004年版，第12724页。

从父母的旨意。上述孝的典范中，无论父母待己如何，都无条件地、无怨无悔地将全副的孝心用在父母身上，以感念父母并将父母彰显为于我具有大恩盛德之形象。由这些孝的典范，《西铭》所欲唤醒的，不仅是对于血缘父母的无条件而复无怨无悔之孝心孝举，而且更是对于终极大宇宙亲缘父母即天地的无条件而复无怨无悔之孝心孝举。当然唤醒的基本前提，乃是唤起对于天道性命相贯通的性命之理的高度自觉，唤起对于宇宙大家庭的认同承当意识。

五

唤醒“我”之对于父天母地的上述孝心孝举后，通体孝的生命存在语境就畅然敞开，“我”的生命存在就彰显为一个时时径与父天母地相接通照面的全方位向整个宇宙大家庭开放的孝的生命存在，孝成了“我”的生命存在之态度、方式与境界。这是一种有别于索求型的感恩回报付出型生命存在的态度、方式与境界。它令“我”由衷视父母以及与父母相关者高于一切，孜孜于孝事翼助父母以净化自己的心灵，提升自己的境界，实现自身的价值。在此态度、方式与境界下，“我”对自己的生存境遇也基于与父天母地的径直接通照面而获得了一种全新的理解：“富贵福泽，将厚吾之生也；贫贱忧戚，庸玉女于成也。”（《西铭》）

人的生存境遇大致可以划分为两大类：一类拥有众多财富或显赫社会地位，生活幸福，精神充实，生命滋润；一类财富贫乏或社会地位卑微，生活困顿，精神不展，忧愁悲伤。终极言之，两大类境遇皆根源于天地大化，因此都可从父天母地的角度做出理解。就前一类境遇而言，可将其视为父天母地对自己的惠泽厚爱，是父天母地要使“我”的人生丰厚充实润泽；就后一类境遇而言，可将其视为父天母地对自己的磨砺考验，是父天母地要玉成自己。有此理解，则无论自己的生存境遇如何，“我”都将视其为作为自己终极生命存在实现场域的宇宙大家庭内父天母地的厚赐，而或充满幸福或坦然无怨地承受，并继之或百倍感恩或百倍敬畏地拷问自己，加强涵养，动心忍性，孝事父天母地，善待整体宇宙大家庭。有此理解，则“我”将无时不豁达，无处不泰然，无时无处不自觉以做父天母地肖子的终极诉求，凝聚自己的生命、精神于前述一切可被解读为孝的内涵的价值应然之举中，过一种真正称得上孝的生活。明时通变，与时偕行，是《易》时的哲学大智慧的精髓之所在。张载此论，显然是一种灌注了孝的深挚宇宙意识和人文情怀的全新时的哲学，是对《易》时的哲学精神与智慧的具有重要原创性意义的新开拓，同时也有力呼应接续融摄了《中庸》视当下人生境遇为常而同样带有鲜明时的哲学精神的“素位而行”的思想：“君子素其位而行，不愿乎其外。素富贵，行乎富贵；素贫贱，行乎贫贱；素夷狄，行乎夷狄；素患难，行乎患难。君子无入而不自得焉。”

有了上述的时的哲学，则“我”在以肖子的诉求整体通盘考量自身一生的价值应然后，所可得出的基本结论就是“存，吾顺事；没，吾宁也”（《西铭》）。活着，“我”就要顺承父天母地所赐的人生境遇，以究极直面父天母地的孝子之诚，本乎性命之理，顺机适遇以妥善处事，自强不息，无怨无悔，乐此不疲；离开人世时，力争令自己一生所作所为不辱没父天母地所赐的生命、性命之本然，仰不愧天，俯不怍地，毫无愧怍遗憾地安然离去，让相对有限短暂的人生超越肉体的貌似渺小的外观，实现其永恒的价值，彰显其承当三才通而为一的人的光辉。

六

综上，《西铭》基于易学三才之道的语境，构设了针对个体之“我”的理学新语境。这是一种基于天道性命相贯通、三才三而通贯为一的生命大语境，是一种基于终极宇宙亲缘的宇宙大家庭的语境，是一种浸润着礼、仁、孝的生命人文价值语境。在此语境下，“我”所应过的，就是一种基于宇宙大家庭认同承当下的直面父天母地的孝子、肖子的生活，以此让自己的生命通体心存敬畏感激珍视善待地置于由父天母地以及他人他物所厚赐的充实生存场域，无论处在何种境遇之下，都能乐观无悔地挺立起主体性，落实其神圣庄严的宇宙大家庭之担当，实现其三才三而通贯为一的人的角色承当和人的价值意义。天道性命贯通的心性论语境，是理学家所构设的理学语境的共同特征；倡言个体生命主体性的挺立及其宇宙担当、人生担当的自觉，也是理学家们构设这一语境的基本价值期许。《西铭》就此做出了自己的贡献。它与程颢天理与仁通而为一视域下所构设的由“仁”字所表征的理学语境相映成趣，相互引发，极大地促进了理学的生命感召力与人生影响力。程颢称：“医书言手足痿痹为不仁，此言最善名状。仁者，以天地万物为一体，莫非己也。认得为己，何所不至？”① 又称：“《订顽》一篇，意极完备，乃仁之体也。学者其体此意，令有诸己，其地位已高。”② 由此在前及程颐给予《西铭》以很高评价的同时，也对其做出了很高的评价：“《西铭》某得此意，只是须得佗子厚有如此笔力，佗人无缘做得。孟子以后，未有人及此。得此文字，省多少言语。且教佗人读书，要之仁孝之理备于此，须臾而不于此，则便不仁不孝也。”③ 这也成为后世的基本定评。与其他理学家一样，张载透过《西铭》所展现的一切，昭示了对于天地造化的宇宙大家庭一切生命存在的目的性守望与终极性敬畏善待，开显了士人当仁不让于圣贤的生命主体意识自觉，宣示了士人致君泽民利物舍我其谁的强烈家国天下以及整体宇宙

---

① 程颢、程颐：《河南程氏遗书》卷二上，《二程集》，中华书局 2004 年版，第 15 页。
② 程颢、程颐：《河南程氏遗书》卷二上，《二程集》，中华书局 2004 年版，第 15 页。
③ 程颢、程颐：《河南程氏遗书》卷二上，《二程集》，中华书局 2004 年版，第 39 页。

承当，“为天地立心，为生民立命，为往圣继绝学，为万世开太平”① 的自我价值期许与生命诉求的提出，也就显得自然而又必然了。将《西铭》所开示的一切与当今哲学文化的语境、生命的语境相结合，令其超越带有局限性的负面效应，焕发全新学术生命活力，以启迪当代与未来在处理生命终极安顿、天人关系、人己物我关系、己与社会乃至宇宙之关系、生命存在与社会进步、文明提升之大宇宙生态场域与人文生态场域问题上的慧识，引发高远生命境界，无疑是当代文化自觉题中应有之义。

杨时墨氏兼爱与程颐理一而分殊的两种解读、论辩及其理论、现实意义。

（作者单位：山东大学哲学与社会发展学院）

① 黄宗羲、全祖望：《宋元学案》卷十八《横渠学案下》，中华书局 1989 年版，第 769 页。

宋代以前儒学对墨学的态度及其影响

蔡方鹿

宋代以前儒学对墨学的态度既表现为儒学对墨学的批评，又表现为儒家学者对墨家思想的借鉴与互补。宋代以前的儒墨相争和借鉴互补对宋代学者产生了不同的影响，宋代儒家学者既有把墨学视为异端的，又有对墨学有所包容的深入分析和探讨儒墨两家思想差异与会通的，对于今天的治国理政和文化建设是有益处的。

一、对墨学的批评

（一）孔子提出“异端”说

孔子之时早于墨子，但他提出的“异端”说却为后世儒家学者批评墨学提供了文字依据。

孔子的“攻乎异端”说见于《论语·为政》：“子曰：攻乎异端，斯害也已。”何晏：“攻，治也。”范氏曰：“攻，专治也。故治木石金玉之工曰攻。”① 可理解为：专门用心于（从事于）不同的一端，这是有害的。笔者的理解：专门执着于事物的一端，这就有害了。因为在孔子看来，事物都是有其两端的，如果专攻一端，则非罔则殆，就危险了。

且不论对孔子的这一句话应如何理解，孔子对不同于儒家的思想等是明确反对的，如礼崩乐坏的局面，霸道政治，过分重视功利、忽视仁的观念等。他对礼崩乐坏“八佾舞于庭”僭越思想提出批评，强调“非礼勿视，非礼勿听，非礼勿言，非礼勿动”（《论语·颜渊》），人的思想行为不能违背礼的原则，以及对少正卯思想的明确反对。

孔子对于不同观点，既有求同存异、“和而不同”相包容的一面，又有明确反对和批评的一面。

孔子既肯定管仲，如子曰：“桓公九合诸侯，不以兵车，管仲之力也。如其仁，如

① 朱熹撰：《论语集注·为政第二》，《四书章句集注》，中华书局 1983 年版，第 57 页。

其仁。”（《论语·宪问》）子贡曰：“管仲非仁者与，桓公杀公子纠，不能死，又相之。”针对子贡对管仲的批评，子曰：“管仲相桓公，霸诸侯，一匡天下，民到于今，受其赐。微管仲，吾其被发左衽矣。”① 孔子肯定管仲保持汉人的传统不失，认为如果没有管仲，恐怕我们也要披头散发，穿向左开襟的衣服了（指沦为夷狄）。在孔子看来，管仲是有功劳的。朱熹指出，“微，无也；衽，衣衿也。被发左衽，夷狄之俗也”②，亦对管仲保持汉人传统，不沦为夷狄加以赞赏。

孔子对管仲也有批评，如子曰：“管仲之器小哉。”或曰：“管仲俭乎？”曰：“管氏有三归，官事不摄，焉得俭？”“然则管仲知礼乎？”曰：“邦君树塞门，管氏亦树塞门；邦君为两君之好，有反坫，管氏亦有反坫，管氏而知礼，孰不知礼？”③ 孔子对管仲不节俭和不知礼的僭越行为提出批评。

除此之外，孔子亦反对季氏八佾舞于庭之违背礼的行为。“孔子谓季氏八佾舞于庭，是可忍也，孰不可忍也。”④ 对季氏公开在家中使用天子礼乐这种无视君权的僭越行为提出批评而不能容忍。

（二）孟子对墨子的批评

孟子曰：“圣王不作，诸侯放恣，处士横议，杨朱墨翟之言盈天下，天下之言不归杨，则归墨。杨氏为我，是无君也；墨氏兼爱，是无父也。无父无君，是禽兽也。公明仪曰：庖有肥肉，廄有肥马，民有饥色，野有饿莩，此率兽而食人也。杨墨之道不息，孔子之道不著。是邪说诬民，充塞仁义也。仁义充塞，则率兽食人，人将相食。”朱熹集注：横为皆，去声。莩，皮表反。杨朱但知爱身，而不复知有致身之义，故无君；墨子爱无差等，而视其至亲无异众人，故无父。无父无君，则人道灭绝，是亦禽兽而已。公明仪之言义，见首篇。充塞仁义，谓邪说偏满，妨于仁义也。孟子引仪之言，以明杨墨道行，则人皆无父无君，以陷于禽兽，而大乱将起，是亦率兽食人，而人又相食也。此又一乱也。“吾为此惧，闲先圣之道，距杨墨放淫辞邪说者，不得作。作于其心，害于其事；作于其事，害于其政。圣人复起，不易吾言矣。”朱熹集注：“为，去声。复，扶又反。闲，卫也。放，驱而远之也。作，起也。事所行政大体也。孟子虽不得志于时，然杨墨之害，自是灭息，而君臣父子之道赖以不坠，是亦一治也。程子曰：杨墨之害，甚于申韩；佛氏之害，甚于杨墨。盖杨氏为我，疑于义；墨氏兼爱，疑于仁。申韩则浅陋易见，故孟子止辟杨墨，为其惑世之甚也。佛氏之言近理，又非杨墨之比，所以为害尤甚。”⑤

---

① 朱熹撰：《论语集注·宪问第十四》，《四书章句集注》，中华书局1983年版，第153页。

② 朱熹撰：《论语集注·宪问第十四》，《四书章句集注》，中华书局1983年版，第153页。

③ 朱熹撰：《论语集注·八佾第三》，《四书章句集注》，中华书局1983年版，第67页。

④ 朱熹撰：《论语集注·八佾第三》，《四书章句集注》，中华书局1983年版，第61页。

⑤ 朱熹撰：《孟子集注·滕文公章句下》，《四书章句集注》，中华书局1983年版，第272～273页。

“能言距杨墨者，圣人之徒也。”朱熹集注：“言苟有能为此距杨墨之说者，则其所趋正矣。虽未必知道，是亦圣人之徒也。孟子既答公都子之问，而意有未尽，故复言此。盖邪说害正人，人得而攻之，不必圣贤，如春秋之法乱臣贼子人人得而诛之，不必士师也。圣人救世立法之意，其切如此，若以此意推之，则不能攻讨，而又唱为不必攻讨之说者，其为邪诐之徒，乱贼之党，可知矣。尹氏曰：学者于是非之原，毫厘有差，则害流于生民，祸及于后世，故孟子辩邪说如是之严，而自以为承三圣之功也。当是时，方且以好辩目之，是以常人之心，而度圣贤之心也。”①

“墨子兼爱，摩顶放踵，利天下为之。”朱熹集注：放，上声。墨子名翟。兼爱，无所不爱也。摩顶，摩秃头顶也。放，至也。墨子摩秃头顶，走破脚跟，去做利于天下的事。

孟子曰：“逃墨必归于杨，逃杨必归于儒，归斯受之而已矣。”朱熹集注：“墨氏务外而不情，杨氏太简而近实。故其反正之渐，大略如此。归，斯受之者，悯其陷溺之久，而取其悔悟之新也。”“今之与杨墨辩者如追放豚，既入其苙，又从而招之。”朱熹集注：“放豚，放逸之豕豚也。苙，阑也。招，罥也。羁其足也，言彼既来归，而又追究其既往之失也。此章见圣贤之于异端，拒之甚严；而于其来归，待之甚恕。拒之严，故人知彼说之为邪；待之恕，故人知此道之可反，仁之至义之尽也。”②

以上可见孟子对墨子的批评态度。

（三）荀子对墨子的批评

荀子从各个方面批评墨子。荀子曰：“不知壹天下、建国家之权称，上功用，大俭约而僈差等，曾不足以容辨异、县君臣。然而其持之有故，其言之成理，足以欺惑愚众。是墨翟、宋钘也。”③ 认为墨翟、宋钘这种人不懂得统一天下、建立国家法度的重要性，而是崇尚功利实用，重视节俭而忽视等级差别，甚至不容许人与人间有分别和差异，也不让君臣间有上下的悬殊，但是他们立论时却有根据，言之也成理，能够用来欺骗蒙蔽愚昧的民众。由此对墨子提出批评，荀子云：

> 兼足天下之道在明分：掩地表亩，刺屮殖谷，多粪肥田，是农夫众庶之事也。守时力民，进事长功，和齐百姓，使人不偷，是将率之事也。高者不旱，下者不水，寒暑和节，而五谷以时孰，是天之事也。若夫兼而覆之，兼而爱之，兼而制之，岁虽凶败水旱，使百姓无冻馁之患，则是圣君贤相之事也。墨子之言昭昭然为天下忧不足。夫不足非天下之公患也，特墨子之私忧过计也。今是土之生五谷也，

---

① 朱熹撰：《孟子集注·滕文公章句下》，《四书章句集注》，中华书局 1983 年版，第 273 页。

② 朱熹撰：《孟子集注·尽心章句下》，《四书章句集注》，中华书局 1983 年版，第 371 页。

③ 王先谦撰，沈啸寰、王星贤整理：《荀子集解》卷三《非十二子篇第六》，中华书局 2012 年版，第 91～92 页。

> 人善治之，则亩数盆，一岁而再获之。然后瓜桃枣李一本数以盆鼓；然后荤菜百疏以泽量；然后六畜禽兽一而剸车；鼋、鼍、鱼、鳖、鳅、鳣以时别，一而成群；然后飞鸟、凫、雁若烟海；然后昆虫万物生其间，可以相食养者，不可胜数也。夫天地之生万物也，固有余，足以食人矣；麻葛茧丝、鸟兽之羽毛齿革也，固有余，足以衣人矣。夫有余不足，非天下之公患也，特墨子之私忧过计也。……①

荀子指出使天下富足的原则在于明确职分。开垦田地，整顿田地，铲除杂草，种植谷物，施加肥料使土地肥沃，这是农民百姓的事情。掌握农时，鼓励农民，促进生产，增加收益，使百姓和睦，使人们不偷懒，这是将帅的事情。使高地不干旱，洼地不受水涝，使寒暑节令适宜，使五谷按时成熟，这是上天的事情。至于普遍地保护百姓，普遍地爱抚百姓，全面管理百姓，即使有旱涝灾害，也使百姓没有饥寒交迫的祸患，这是圣明的君主和贤能的宰相的事情了。荀子认为墨子非常担心天下人的物用不足。但他担心的物用不足，并不是天下人共同的祸患，而只是墨子个人过分的忧虑。现在那土地上生长五谷，如果人们善于管理它，那么每亩田就可以出产几盆谷物，一年可以收获两次；瓜、桃、枣、李等每一棵的收获也得用盆来计算；各种蔬菜也多得数不清；各种家畜与猎取的禽兽都肥大得一只就要独占一车；鼋、鼍、鱼、鳖、泥鳅、鳝鱼按时繁殖，养育的洋洋成群；飞鸟、野鸭、大雁之类多得就像烟雾覆盖在大海上；昆虫和各种各样的生物生长在天地之间：可以供养人的东西多得不能尽举。天地长出万物，本来就绰绰有余，足够用来供人食用了；丝麻和鸟兽的皮革等等，本来就丰富有余，足以供给人民使用了。所以，物用不足并不是天下共同的祸患，只是墨子个人的过分的忧虑啊。

荀子又曰：

> 天下之公患，乱伤之也。胡不尝试相与求乱之者，谁也？我以墨子之“非乐”也，则使天下乱；墨子之“节用”也，则使天下贫，非将堕之也，说不免焉。墨子大有天下，小有一国，将蹙然衣粗食恶，忧戚而非乐。若是则瘠，瘠则不足欲；不足欲则赏不行。墨子大有天下，小有一国，将少人徒，省官职，上功劳苦，与百姓均事业，齐功劳。若是则不威；不威则罚不行。赏不行，则贤者不可得而进也；罚不行，则不肖者不可得而退也。贤者不可得而进也，不肖者不可得而退也，则能不能不可得而官也。若是，则万物失宜，事变失应，上失天时，下失地利，中失人和，天下敖然，若烧若焦，墨子虽为之衣褐带索，嚽菽饮水，恶能足之乎？既以伐其本，竭其原，而焦天下矣。②

① 王先谦撰，沈啸寰、王星贤整理：《荀子集解》卷六《富国篇第十》，中华书局 2012 年版，第 181～183 页。
② 王先谦撰，沈啸寰、王星贤整理：《荀子集解》卷六《富国篇第十》，中华书局 2012 年版，第 183～184 页。

荀子认为天下共同的祸患，是混乱所造成的。为什么不试着寻找一下是谁造成这种混乱的呢？我认为，墨子非乐的主张会使天下混乱，他主张节用，那么天下就会贫穷。这并不是故意毁谤墨子，而是因为他的主张不可避免地会得出这种结论。如果让墨子掌管天下，或者是诸侯国，就会忧心忡忡地穿粗布衣服、吃劣质食品，忧愁地反对音乐。这样，生活享受就很微薄：生活微薄，就不值得追求，不值得追求，那么奖赏就不能实行。如果让墨子掌管天下，或者是诸侯国，就会减少仆从，精简官职，崇尚辛勤，与老百姓做同样的事情。这样，君主就没有权威；君主没有权威，有罪的人就得不到处罚。赏赐不能实行，贤人就不可能得到进用；不能处罚，那么不贤的人就不可能遭到罢免。贤人不能得到任用，不贤的人不会遭到罢免，那么有能力的和没有能力的都不能得到适当任用。这样，万物就会不协调，突发的事件就得不到相应的处理。在上，错失天时；在下，丧失地利；在中，则失掉人和。天下遭受的煎熬就如同烧焦了一般。虽然墨子只穿粗布衣服，以粗绳做腰带，吃豆叶，喝白水，又怎么能使人民富足呢？既然已经伤害它的根本，断竭了它的源头，因而天下的财物枯竭了。

由此荀子批评道："故墨术诚行，则天下尚俭而弥贫，非斗而日争。（杨倞注：墨子有《非政》篇非政则非斗也，既上失天时，下失地利，则物出必寡，虽尚俭而民弥贫，物不能赡，虽以斗为非，日日争竞也。）劳苦顿萃而愈无功，愀然忧戚非乐而日不和。"① 即如果真实行墨子的学说，天下崇尚节俭，而结果却越来越贫穷，反对争斗却天天争斗，劳累困苦却无成效，愁眉苦脸地反对音乐，而人民却更加不和睦。

荀子作《王霸》，批评墨子的"节用"等说。他说：

> 人主者，以官人为能者也；匹夫者，以自能为能者也。人主得使人为之，匹夫则无所移之。百亩一守，事业穷，无所移之也。今以一人兼听天下，日有余而治不足者，使人为之也。大有天下，小有一国，必自为之然后可，则劳苦耗悴莫甚焉，如是，则虽臧获不肯与天子易势业。以是县天下，一四海，何故必自为之？为之者，役夫之道也，墨子之说也。（杨倞注：墨子之说必自劳苦。）论德使能而官施之者，圣王之道也，儒之所谨守也。②

荀子认为，君主以管理众人为能，而普通人则以自己能做事为能。所以君主可以指使别人为自己做事，而普通人只能自己做而不能移动。守住百亩地，耗费了一生的精力，致使事业穷而不能够流动。君主则有空闲时间，因为他让很多人帮他做事。如果天下国家什么事情都是自己做，那么就会非常辛苦，耗费大量的心血。那么即使被俘获为

① 王先谦撰，沈啸寰、王星贤整理：《荀子集解》卷六《富国篇第十》，中华书局2012年版，第185页。

② 王先谦撰，沈啸寰、王星贤整理：《荀子集解》卷七《王霸篇第十一》，中华书局2012年版，第209～210页。

奴隶，也不肯与天子交换地位。以此来管理天下国家，又何必事事都自己来做。什么事情都自己来做，那不过是受人支使的人所要遵循的道、做事的原则，也就是墨子之说而已。（杨倞注：墨子之说必自劳苦。）这与儒家所遵循的论德使能而官施之者的圣王之道是不同的，儒者所当谨守。可见荀子对墨子的批评态度。

荀子作《天论》，批评墨子的兼爱、尚同等说。他说：

> 墨子有见于齐，无见于畸。（杨倞注：畸谓不齐也，墨子著书与上同兼爱，是见齐而不见畸也。）……有齐而无畸，则政令不施。（杨倞注：夫施政令，所以治不齐者，若尚同，则政令何施也?）①

荀子认为墨子只看到事物相同的一面，而没有看到事物不齐的一面。如果这样的话，就会导致政令因得不到贯彻落实而不能施行。

荀子作《乐论》，批评墨子的非乐。他说：

> 夫乐者，乐也。人情之所必不免也。故人不能无乐。……墨子曰：乐者，圣王之所非也，而儒者为之过也。君子以为不然。乐者，圣人之所乐也。而可以善民心，其感人深，其移风易俗。故先王导之以礼乐，而民和睦。夫民有好恶之情，而无喜怒之应，则乱先王，恶其乱也。故修其行，正其乐，而天下顺焉。②

荀子认为，人不能不乐，先王制雅颂之声，使其声足以乐而不流，而墨子非乐，则有违圣人之教。墨子将乐归于儒者之过，而荀子则以为不然，认为乐可以善民心，移风易俗，使民和睦，正其乐，可致天下顺。

荀子作《解蔽》，批评墨子只讲实用，而不讲礼仪文采。他说：

> 墨子蔽于用而不知文。……夫道者体常而尽变，一隅不足以举之。曲知之人，观于道之一隅，犹未之能识也，故以为足而饰之，内以自乱，外以惑人，上以蔽下，下以蔽上，此蔽塞之祸也。③

荀子认为墨子把注意力放在实用上，却不知文，即不知礼节仪式和辞采文华。指出

---

① 王先谦撰，沈啸寰、王星贤整理：《荀子集解》卷十一《天论篇第十七》，中华书局 2012 年版，第 312 页。

② 王先谦撰，沈啸寰、王星贤整理：《荀子集解》卷十四《乐论篇第二十》，中华书局 2012 年版，第 368～370 页。

③ 王先谦撰，沈啸寰、王星贤整理：《荀子集解》卷十五《解蔽篇第二十一》，中华书局 2012 年版，第 380～381 页。

道者体常而尽变，仅仅一个实用并不能体现道所包含的诸多方面，否则会限于片面而使弊生。由此荀子主张解蔽，以全面地认识道。

（四）扬雄对墨子的批评

扬雄批评墨子曰："古者杨墨塞路，孟子辞而辟之，廓如也。后之塞路者有矣，窃自比于孟子。"① 指出古时杨朱墨翟堵塞了圣人之道，孟子批判并驳斥杨墨之学，才维护了正道，使得孔子之道彰显。但孟子之后，又有塞孔子之道者。所以扬雄以继承孟子、弘扬孔学为己任，力辟诸子之学，表现出扬雄的弘道精神。

扬雄又云："墨晏俭而废礼。咸曰：墨谓墨家也，司马迁曰：墨者俭而难遵。晏谓晏婴也，《礼》曰：晏子祀其先人豚肩不掩豆澣衣濯冠以祭，是皆不中礼也。"② 批评墨子和晏婴提倡俭却废弃了礼，即指墨家尚俭而难以遵礼。

二、儒家对墨家思想的借鉴与互补

宋以前的儒家学者除对墨学提出批评外，也有对墨家思想加以借鉴与包容的地方。

（一）贾谊的孔墨并举

贾谊在评价陈涉时说：

> 陈涉瓮牖绳枢之子，氓隶之人，而迁徙之徒也。才能不及中庸，非有仲尼、墨翟之贤，陶朱猗顿之富，蹑足行伍之间，而俛起阡陌之中，率疲散之卒，将数百之众，转而攻秦，斩木为兵，揭竿为旗，天下云合响应。③

他认为陈涉乃氓隶之人、迁徙之徒，非能与孔子、墨子之贤相比，这就把孔、墨并称为贤人。其后程颐对贾谊提出批评："或问贾谊。曰：'谊之言曰：非有孔子、墨翟之贤。孔与墨一，言之其识末矣，其亦不善学矣。'"④ 程氏认为贾谊把孔墨相提并论，是见识短浅而不善学的表现。

（二）扬雄的援墨为儒

扬雄在辟墨的同时，也注意吸取墨家的兼爱思想，用以丰富儒家的仁爱思想。他说："理生昆群兼爱之谓仁也，列敌度宜之谓义也，秉道德仁义而施之之谓业也。"⑤ 把墨家的兼爱视为仁，即仁包含了兼爱的内容，并主张将道德仁义加以实施推广付诸事业。在这里，扬雄将儒家以血缘亲疏为纽带的仁爱思想与墨家爱无差等兼爱思想结合起

① 扬雄撰，汪荣宝注疏：《法言义疏》卷四《吾子》，中华书局1987年版，第81页。
② 扬雄撰，汪荣宝注疏：《法言义疏》卷十一《五百》，中华书局1987年版，第280页。
③ 贾谊：《新书》卷一《过秦上》，《文渊阁四库全书》第695册，台湾商务印书馆1986年版，第390页。
④ 程颢、程颐：《河南程氏遗书》卷二十五，《二程集》，中华书局1981年版，第326页。
⑤ 扬雄：《玄摛》，司马光集注，刘韶军点校：《太玄集注》卷七，中华书局1998年版，第186页。

来。这虽在一定程度上丰富了儒家的仁爱思想，却未能解决人们所诟病的将父母子女视为路人的问题。人们能够做到把对父母子女的亲情之爱随便放到任何一个与己不相干的路人身上吗？如果我们能够像爱自己的父母子女兄弟姐妹那样去爱一个路人，就可以高谈阔论地提倡墨家兼爱了。相信这是大多数人都难以做到的。当然，人们可以去宣传它，爱总比恨好。而扬雄站在儒家的立场上，把兼爱纳入儒家仁爱的范畴，这与单纯墨家的兼爱是不同的。

（三）韩愈的孔墨相用

一方面，韩愈提倡道统思想，把墨家等视为道统的对立面。他说：

> 周道衰，孔子没，火于秦，黄老于汉，佛于晋魏梁隋之间。其言道德仁义者不入于杨，则入于墨；不入于老，则入于佛。入于彼，必出于此。入者主之，出者奴之；入者附之，出者污之。①

韩愈在《原道》里提出道统论，把墨家作为道统的对立面，并认为归入了那一家，必然轻视另外一家。尊崇所归入的学派，就贬低所反对的学派；依附归入的学派，就污蔑反对的学派。

另一方面，韩愈又认为孔子思想与墨家有类似之处。他说：

> 儒讥墨以上同、兼爱、上贤、明鬼，而孔子畏大人，居是邦不非其大夫，《春秋》讥专臣，不上同哉。孔子泛爱亲仁，以博施济众为圣，不兼爱哉？孔子贤贤，以四科进褒弟子，疾没世而名不称，不上贤哉？孔子祭如在，讥祭如不祭者，曰：我祭则受福，不明鬼哉？儒墨同是尧舜，同非桀纣，同修身正心以治天下国家，奚不相悦如是哉，余以为辨生于末学，各务售其师之说，非二师之道本然也。孔子必用墨子，墨子必用孔子，不相用，不足为孔、墨。②

韩愈指出，儒家讥讽墨家的尚同、兼爱、尚贤、明鬼等思想，但孔子却敬畏古代的圣贤、君主、诸侯等，只是不议其过恶，《春秋》讥笑专臣，这难道不是尚同吗？孔子广泛普遍的关爱亲人、仁人，凭借博大的布施救济众人成为圣人，这不正是兼爱吗？孔子以贤德之礼对待贤人，用德行、言语、政事、文学四个科目来选拔褒奖弟子，以人死

---

① 韩愈著，马其昶校注，马茂元整理：《原道》，《韩昌黎文集校注》第一卷，上海古籍出版社 1986 年版，第 14 页。

② 韩愈著，马其昶校注，马茂元整理：《读墨子》，《韩昌黎文集校注》第一卷，上海古籍出版社 1986 年版，第 39～40 页。

了但是名声没有显扬为耻，这不正是尚贤吗？孔子主张祭祀祖先的时候要当作祖先就在面前一样恭敬，讽刺那些虚情假意的祭祀之人，说我祭祀就有福。这难道不是明鬼吗？儒墨同样都以尧舜为是，同样都以桀纣为非，即都称赞尧舜，都反对桀纣，同样通过注重修身正心来治理天下国家，哪里不能像这样共同快乐呢？我认为所谓儒墨的分歧产生于学识浅薄的后学，他们各自推销自己老师的学说，但这并不是二位老师学说的本然状态。实际上，孔子一定要用墨子的思想，而墨子也一定要用孔子的思想，孔墨必相为用。不相互用，不相互借鉴对方就不足成为孔墨的学说。

这表明在韩愈看来，孔、墨是相互为用的，故把孔墨并称。

三、对后世的影响

宋代以前的儒墨相争和借鉴互补对后世产生了一定的影响，宋代儒家学者对此提出不同的观点。

（一）视墨学为异端

朱熹批评道："杨墨皆是邪说，无大轻重，但墨氏之说尤出于矫伪，不近人情而难行。故孟子之言如此，非以杨氏为可取也，孔墨并称，乃退之之缪。然亦未见得是，与《原道》之作孰先孰后也。"[①] 朱熹认为杨墨都是邪说，墨子不近人情而难行；批评韩愈孔墨并称的提法。朱熹不知韩愈将孔墨并称的《读墨子》与其《原道》之作孰先孰后？总之是对墨学提出批评。

张栻把墨子的兼爱思想视为邪辞，他说：

> 孟子知道故知言，不知言则诐、淫、邪、遁，足以乱之矣。夫为诐淫邪遁之说者，盖本亦高明之士，惟其所见之差，是以流而不自知。诐、淫、邪、遁，此四者足以尽异端之失矣。诐者险辞也，淫者放辞也，邪者偏戾之辞也，遁者展转而莫知其极也。今试征异端之说，可以推类而见。若告子杞柳桮棬，其诐辞也。与若杨氏为我，墨氏兼爱，其邪辞也。与至于淫、遁之说，则列御寇、庄周之书具矣。[②]

张栻把诐、淫、邪、遁视为"异端"的表现，认为墨氏兼爱乃邪辞，为异端之一。

（二）对墨学的包容

儒家对墨家思想的借鉴与互补的态度对后世产生了一定的影响。李觏对墨家的"所长"加以肯定。他在《策问》中说：

---

① 朱熹：《答严时亨》，《朱熹集》卷六十一，四川教育出版社 1996 年版，第 3188 页。

② 张栻：《公孙丑上》，《癸巳孟子说》卷二，《张栻集》，岳麓书社 2010 年版，第 214 页。

问韩退之谓：杨墨之书尚有存者，今之学者有学于彼者乎？有近于彼者乎？其已无传乎？其无乃化而不自知乎？吾考于墨，强本节用，诚其所长。杨则无见矣。然乃孟子所谓为我者也。历观士大夫之所以高人者，俭陋为先。俭非墨之流乎？其施于天下国家，恨未及也。至于先己而后人，持禄保位，不以治乱累其心者，亦杨氏为我之决矣。及其论议，尚嚣嚣然，曰：辟杨墨，岂非化而不自知者哉！噫！时有变，事有宜，则夫二者为是乎？为非乎？将盖而勿问乎？将折以先王之制乎？各言其画。①

李觏在这里以策问的形式阐述自己的墨学观。指出“强本节用，诚其所长”，肯定墨学的长处。以俭治天下，“恨未及也”，对墨家的俭持肯定态度。认为可以治理天下国家。

二程虽对墨学提出批评，但也指出墨学有其可观之处，并不是全无可取。《遗书》有载：

异教之书虽小道，必有可观者焉。然其流必乖，故不可以一事遂都取之，若杨墨亦同是尧舜，同非桀纣，是非则可也。其就上所说，则是成就他说也，非桀是尧，是吾依本分事就上过说。②

二程认为，异教亦有可取处，不可一概否定。比如杨墨与儒家同是尧舜，同非桀纣，其是非观是可取的。这与韩愈的思想类似。二程指出：“杨墨皆学仁义而流者也，墨子似子张，杨子似子夏。”③ 他们认为杨墨还是学习仁义的，只不过有所偏离而流者；还认为墨子似子张，杨子似子夏，与儒家孔门弟子有相似之处。

此外，二程认为，“至如杨墨亦未至于无父无君，孟子推之，便至于此，盖其差必至于是也”④。指出杨墨尽管有误，但还不至于无父无君，即便出现孟子对杨墨这样激烈的声讨，也不至于差到这种程度。看来二程对墨子还是有所保留、有所包容的，与朱熹对待墨子的态度有所差别。

陈亮口诵墨翟之言，而对墨学有所包容。他说：

亮昔尝与伯恭言，亮口诵墨翟之言，身从杨朱之道，外有子贡之形，内居原宪

① 李觏：《策问六首》，《盱江集》卷二十九，《文渊阁四库全书》第1095册，台湾商务印书馆1986年版，第261页。

② 程颢、程颐：《河南程氏遗书》卷二上，《二程集》，中华书局1981年版，第37页。

③ 程颢、程颐：《河南程氏遗书》卷六，《二程集》，中华书局1981年版，第88页。

④ 程颢、程颐：《河南程氏遗书》卷十七，《二程集》，中华书局1981年版，第176页。

之实，亮之居乡，不但外事不干与，虽世俗以为甚美、诸儒之所通行，如社仓义役及赈济等类，亮力所易及者皆未尝有分毫干涉。①

陈亮集墨翟之言、杨朱之道、子贡之形于一身，涵泳诸家思想而具有包容性。

叶适对墨子加以肯定，认为战国之士不及墨子。他说“墨子卑己尊人，以情愧之，论技考实，以能服之，用此辅其君，存其国，孟子责以大义是矣，然战国之士固不及也。”② 认为墨子的特点在于卑己尊人，以情愧之；论技考实，以能服之，虽被孟子责备，但战国之士尚不及墨子。

叶适对孟子极力排斥杨墨提出批评：“余尝疑孟子尽力排杨墨，杨墨岂能害道？然非之不已者，害所由生也。此自孟子一病不可为法。”③ 叶适认为杨墨与道相符，故指出孟子力排杨墨，不可取。还提出孟子辟杨墨是产生害的原因。所以孟子思想存在毛病而不可效法。这表明叶适对孟子是批评的，而对墨子则予以肯定。

通过以上关于宋代以前儒学对墨学的态度及其影响的分析探讨，儒墨关系的思想也影响到宋代，表明儒学与墨学作为两个不同的学派，各自有其思想理论及特点，由此相互对立，儒家学者对墨学展开批评，视墨学为异端。同时，由于在历史演进的过程中又相互影响，也存在儒家对墨家思想的借鉴与互补，以及对墨学包容的一面。深入分析探讨儒墨两家的差异和会通以及对国家治理的不同路数，对于今天的治国理政和文化建设是有益处的。

（作者单位：四川师范大学哲学研究所）

---

① 陈亮著，邓广铭点校：《又甲辰秋书》，《陈亮集（增订本）》卷二十八，中华书局 1987 年版，第 339 页。

② 叶适：《战国策·宋》，《习学记言序目》卷十八，中华书局 1977 年版，第 259 页。

③ 叶适：《荀子》，《习学记言序目》卷四十四，中华书局 1977 年版，第 646～647 页。

关于"儒墨互补"问题研究的再认识

薛柏成

一、近年来"儒墨互补"问题的研究有一定突破

中国优秀传统文化资源是吸收了包括儒家、墨家、道家、法家等先秦诸子的学说而形成的，唐代韩愈首次明确提出"孔墨相用"①。明清学者李贽、焦竑、颜元、汪中、孙诒让等也认为"儒墨相用"。近现代以来梁启超、章太炎、胡适、鲁迅等人偏重于对墨家科学与人文精神的探讨与实践，以墨释儒。② 近代以来学术界对"儒道互补""儒法互补"问题都有深入的研究，而在"儒墨互补"方面的成果却不多，鸦片战争至新中国成立"儒墨互补"的研究大致有三种表现：一是一些儒家学者继续用中国传统学术方法研究墨学，并对墨家思想做出较高的评价；二是一些知识分子用近代西学方法研究墨学，主张用墨家思想中的一些与近代科学、思想相通的内容来弥补儒家思想统治下的中国的不足；三是对儒墨关系的研究不断深入，如梁启超、胡适、章太炎、鲁迅、吴宓等人对这一论题的研究，特别有指导意义的是20世纪20～30年代以吴宓诸人为代表的学衡派的"儒墨互补应成为中华民族复兴的指针"思想的现代性探讨。③ 20世纪前十年以来，随着社会政治经济形势的发展，"儒墨互补"论题的现实转化逐渐突出，近几年来，学界更是对此问题开展了卓有成效的讨论与研究，中国孔子学会、儒学会、中国墨子学会均在每年的年会上设定了此类题目，较有影响的如2019年中国孟子研究院与中国墨子学会联合举办的"儒墨对话高端论坛"，这些讨论形成了大量的相关成果，更有一些

① 韩愈：《韩昌黎文集·读墨子》，上海古籍出版社1986年版，第129页。
② 参见薛柏成：《墨家思想新探》，黑龙江人民出版社2007年版，第58页。
③ 吴宓：《民族生命与文学》（续），《大公报》（文学副刊第197期）1931年10月19日。

学者对“儒墨互补”学术史及有关方法论进行了系统而有独到之处的研究。① 在深度与广度的研究中比较有代表性的有郑杰文、薛柏成、颜炳罡等学者的相关成果。

郑杰文通过对儒学和墨学的深入分析，在其专著《中国墨学通史》中认为：由于儒墨两家在学理上有了更多可沟通处，在社会政治理想和社会治理措施等方面，儒墨在争辩诘难的过程中实际上导致了‘儒墨互补’的学术结局。所以在汉代有更多人主张“儒墨相通”。正是汉代这种“视墨同儒”的学术观念，造成了“墨学中绝”的假相，妨碍了墨学的研究和流传。南北朝时，墨学不再像两汉那样与儒家并称，而是退出了“主流学术”的行列。隋唐思想开放，就墨学的流传出现截然相反的两种观点。一种是主张在传儒经之外，亦传含有《墨子》在内的其他诸子书，因而发展到韩愈的“儒墨为用”说；另外一种是继承了孟子以来“尊儒辟墨”的观点，在维护儒学时将“杨、墨”与“释、老”一同作为儒学的对立学说来对待，这两种观点的对立，开启了千余年来的“儒墨为用”之争。“儒墨为用”之争是宋学反汉学的结果。到了明清时期，墨学重兴与抵制心学的“经世致用”之实学的提倡有关。西学东渐后，20 世纪墨学研究有了突破性进展，都赖于借用西方近代研究方法。但是，产生于东方古老文化环境中的墨学特别是墨辩逻辑和墨家科技，用西学思想来比附和用西学方法来解析是错误的。②

在社会治理中的“儒墨相用”方面，郑杰文认为：在先秦诸家的社会政治治理构想中，儒家创始人周公旦主“神性血缘说”和“遵从民心观政说”，孔子改为“人性血缘说”和“道德教化说”，都忽略了世人的社会经济需求。墨子针对儒家“礼乐靡财”而提出“节用”说，把发展经济以稳定社会作为重要治理措施之一。孟子接受墨家提醒而提出“制恒产”主张来补充儒家治理措施中的经济缺环，荀子在此基础上提出了“国家政治管理一体化”与“国家经济管理一体化”构想。这些被韩愈名为“儒墨相用”。“儒墨相用”的历史事实给我们的文史研究方法以诸多启示。③

薛柏成在《墨家思想新探》④ 一书中也对“儒墨互补”的学术史的具体内容进行了梳理与探讨，在对中国古代“儒墨互补”的学术史的具体内容的探讨中认为：墨子对孔子思想进行了吸收与借鉴，墨子吸收借鉴了孔子学说中“仁爱”“举贤才”“俭”等思想，并进一步改造成了墨家的“兼爱”“尚贤”“节用”等理论⑤；孟子对墨家思想的战

① 参见薛金东：《“儒墨互用”对韩愈思想影响之探微》，《盐城工学院学报》（社会科学版）2006 年第 2 期；夏忠龙：《先秦儒墨伦理思想之比较》，《学术交流》2009 年第 8 期；梁冰：《先秦时期我国显学思想的碰撞——孔墨哲学思想之比较》，《中国科技信息》2005 年第 13 期；邱德修：《从上博、郭店楚简看战国儒墨之交流》，《传统中国研究论文集》2006 年；徐肖然：《从大实践的境域看儒家思想》，《齐鲁学刊》2010 年第 2 期；郭齐勇：《儒墨两家之“孝”“丧”与“爱”的区别和争论》，《哲学研究》2010 年第 1 期；秦彦士：《墨子考论》，巴蜀书社 2002 年版，第 196 页。

② 参见郑杰文：《中国墨学通史》，人民出版社 2006 年版，第 5～7 页。

③ 参见郑杰文：《社会治理构想中的“儒墨相用”及其启示》，《管子学刊》2008 年第 3 期。

④ 参见薛柏成：《墨家思想新探》，黑龙江人民出版社 2007 年版，第 58 页。

⑤ 参见薛柏成：《论墨家思想对孔子思想的借鉴》，《吉林师范大学学报》（人文社会科学版）2010 年第 4 期。

争观、民本思想、“天志”理论、重利思想进行了吸收与借鉴；荀子对墨家思想的逻辑思维、政治伦理思想、“节用”理论、“非命”理论亦进行了吸收与借鉴。反映儒家思想的《诗》、《书》、《易》、《礼记》、郭店楚简《唐虞之道》也有与墨家思想相用的部分①，而儒家“孝道”与墨家思想的一些内容也互有所取，各自在双方的思想发展中产生了一定的影响。墨家思想在秦汉以后是以溶迹于儒、道等家思想之中的形式表现出来的，与其他诸家思想一起发挥着自己的影响，具体方式是墨家思想的优秀之处及墨子本人的伟大人格不时出现在封建正统史书及史籍之中，影响了一些士大夫的价值选择。一些著名儒家“异端”人物的思想及行为方式存在墨家思想的成分，并受其影响。② 另外，明末清初的启蒙思潮中，墨家思想对李贽思想的形成产生了比较重要的影响。作者指出：李贽极力推崇墨子学说，其思想中部分的吸收了墨家“兼爱”、“尚贤”、“尚同”、强力进取、“节用”等学说，进而提出了其“人道之爱”、男女平等、个性自由、“趋利避害”的人性论及重赏等思想，这实际上是论述了“儒墨互补”在李贽思想中的体现。③ 儒家思想在其发展演变的进程中吸收了墨家思想，而历代统治者又利用儒家思想作为自己巩固统治的一个手段，从这个意义上讲，墨家思想的一些成分也间接渗入统治阶级的治国思想之中，或多或少地发挥作用，这也从另一个角度说明思想的相溶性与继承性。

对于中国现代“儒墨互补”的学术史及其应用的探讨，集中在一些人物思想之上，如薛柏成对鲁迅、毛泽东墨学观的探讨涉及了这一论题，在其《鲁迅的墨学观》一文中认为：鲁迅思想中有很多来自中国传统儒家特别是墨家思想的内容。鲁迅思想中的坚韧与不妥协、正义与公平、民主与科学等内容与墨家的兼爱、平等、为民谋利的思想有许多一致性，同时鲁迅的文化观创造性地转化墨家的兼爱、非攻、贵义等思想价值，与儒家相融合，鲁迅文化虽代表的是精英文化的内容，但受墨家平民思想的影响，站在平民的立场说话，为平民创造利益，他是从民众的视角观看着世界，在思想上上升到了指导中国思想进步的高度，对正确处理平民文化和精英文化有一定的启发意义。④ 薛柏成《毛泽东的墨学观》一文认为：毛泽东对中国传统思想文化有独到的发挥和吸取，他对儒家思想文化更多的是着重于批判，就毛泽东的人格精神、价值理想等深层次的文化心态而言，相比于儒学，墨家文化传统的影响有着更深刻的意义。换句话说，毛泽东继承

---

① 参见薛柏成：《〈诗〉与墨家思想的关系》，《齐鲁学刊》2006年第1期；薛柏成：《论〈尚书·洪范〉与墨家政治思想》，《吉林师范大学学报》（人文社会科学版）2005年第1期；薛柏成：《〈易〉对墨家思想的影响》，《社会科学战线》2010年第8期；薛柏成：《〈礼记〉与墨家思想的关系》，《社会科学战线》2004年第5期；薛柏成：《郭店楚简〈唐虞之道〉与墨家思想》，《吉林师范大学学报》（人文社会科学版）2005年第1期；薛柏成：《论墨家思想对孔子思想的借鉴》，《吉林师范大学学报》（人文社会科学版）2010年第4期。

② 参见薛柏成：《秦汉以后的墨家思想及其影响》，《齐鲁学刊》2003年第3期。

③ 参见薛柏成、杨秀慧：《论墨家思想对李贽思想形成的影响》，《吉林师范大学学报》（人文社会科学版）2008年第2期。

④ 参见薛柏成：《鲁迅的墨学观》，《社会科学战线》2009年第8期。

发扬中国传统文化的方法论之一就是以墨学为主的“儒墨互补”，并提出在新文化建设中，当代社会更多关注的是以儒家为代表的精英文化，而对于农村人口占绝大多数的中国来说，忽略以墨家为代表的平民文化显然是有所偏颇的。① 研究毛泽东的墨学观对克服精英文化与平民文化的局限性，从而对马克思主义中国化以及今天所进行的新文化体系的构建具有重要的启示意义。

在现实操作上，薛柏成认为：中国传统文化的主流是儒家文化，有“精英文化”之称，而墨家文化有“平民文化”之称，而且它对传统文化的影响是多层面的，其在政治、经济、军事、科技、逻辑学、哲学宗教领域的影响不可低估。研究中国传统思想文化不能忽视墨家思想，这样才能形成一种全新的如中共十七届六中全会阐述的“民族的科学的大众的社会主义文化”，以适应当前经济基础的主流文化系统。同时，总结对优秀传统文化思想价值的挖掘和阐发的经验，为马克思主义中国化提供更准确的来自中国优秀传统文化资源，最终为当代乃至今后的优秀传统文化传承体系建构提供有益的启示。当代中国需要科学、公利、互利、民主、平等、公正、法制、进取、改革精神，这就要有一种以人为本的文化，要求必须重视平民文化，打破文化知识垄断，使文化回归平民阶层。需要精英文化与平民文化共生共存，相互渗透，相互交融和合而成。在当代中国既要破除精英文化的垄断，也要肃除民间文化中的糟粕，所以应以儒墨文化互补为例，把精英文化与平民文化有机对接，去除平民文化的空想性、非现实性、矛盾性，把它的功利性、现实性、进步性与精英文化的超功利性、道德理想主义、坚信人道正义之价值精神等普适性内容有机整合并运用到我们当今社会生活的各个方面，从而完成当代优秀传统文化传承体系的建构，这应是“儒墨互补”或者说当前以及今后思想文化建设的主要任务。

颜炳罡、彭战果《孔墨哲学之比较研究》一书附录从“儒道互补”之检讨、“儒墨互补”之可能、“儒墨互补”之实现、“儒墨互补”与中国文化的现代展望几个角度对“儒墨互补”与中国文化的重建进行了很有建设性的探讨，对于“儒墨互补”的原因，该书认为，中国文化只有“儒道互补”是不够的，甚至是有害的。② 中国文化的优点，诚然在于“儒道互补”，而缺点也在于此。重新调整中国文化的内在结构，变儒家墨家对立为“儒墨互补”，化“儒道互补”为“儒墨互补”，使之适用于西方文化的传入。我们今天理解的墨学与先秦时期的墨学不一样。以西方文化为参照系，我们对墨学的理解会更深入，看得更透彻。也许只有在西方文化的参照下，我们才能发现墨学在中国文化中的独特价值及时代使命。“儒墨互补”可以解开长期以来在人们心中的文化心结，实现中西文化的真正融合。

---

① 参见薛柏成、刘兴亮：《毛泽东的墨学观》，《吉林师范大学学报》（人文社会科学版）2012 年第 6 期。

② 参见颜炳罡、彭战果：《孔墨哲学之比较研究》，人民出版社 2012 年版，第 274～291 页。

对于“儒墨互补”的内容，颜炳罡认为，“儒墨互补”体现在形而上学领域，是内在超越和外在超越的互补，包括仁爱和兼爱的互补、情感和理智的互补、文质互补。“儒墨互补”的形式只有三种：一是不补而补，二是交融互补，三是变异互补。

我们认为：关于儒、墨关系，作为在中国传统文化中占据举足轻重地位的主流学说，墨学的发展必然与儒学有不可分割的密切关联，因此，墨学研究如果离开了对儒学发展的观照几乎难以进行。郑杰文教授用“儒墨同称”的提法来阐释中国学术史，极具理论意义。同时，作者结合现在学术界许多学者运用西方研究方法研究诸子学术中产生了诸多问题这一现象，提出在古代文史研究中应注意东西方学术体系的差别，运用综合方法来研究儒墨学说的互补互用，创造性地提出将儒墨互补互用的理论和方法运用到现代文史与社会治理研究中，对我们研究传统思想文化有重要的启示作用。薛柏成的“应以儒墨文化互补为例，把精英文化与平民文化有机对接，去除平民文化的空想性、非现实性、矛盾性，把它的功利性、现实性、进步性与精英文化的超功利性、道德理想主义、坚信人道正义之价值精神等普适性内容有机整合并运用到我们当今社会生活的各个方面，从而完成当代优秀传统文化传承体系的建构”观点，在“儒墨互补”的研究与运用上极具建设性价值。颜炳罡的“重新调整中国文化的内在结构，变儒家墨家对立为儒墨互补，化儒道互补为儒墨互补。使之适用于西方文化的传入”较有启示作用，其“也许在西方文化的参照下，我们才能发现墨学在中国文化中的独特价值及时代使命”的观点很有建树。

二、“儒墨互补”和“精英文化”与“平民文化”有机对接的思考

传统文化的主流是儒家文化，秦汉以下，儒学独显，墨学隐而不彰，给中国文化带来了严重的缺陷。墨学对传统文化的影响是多层面的，墨家思想展现的平民主义思想涉及理论的内容特别着重于大众化的福利取得与平民式的自我超升尤具有现实意义，其在政治、经济、军事、科技、逻辑学、哲学宗教领域的影响不可低估。基于此，我们认为，在当前建构中华优秀传统文化传承发展工程中，必须把所谓“精英文化”与“平民文化”有机对接，使墨家思想最优秀的文化基因与当代文化相适应、与现代社会相协调，具体方式有以下几种①：

第一，有机对接墨家“兼爱”与儒家“泛爱众”。在墨家看来，“兼爱”思想内涵主要是爱无差等，强调爱人超越血缘（宗法制），超越阶级阶层，打破家族本位，代之以社会本位；打破人与人之间原有的贫富、贵贱的地位，代之以新的彼此平等的地位，主张一切人皆应兼相爱，即“兼爱天下之人”（《墨子·天志下》），特别是“兼爱天下百

---

① 参见薛柏成：《论“精英文化”与“平民文化”有机对接——以儒墨文化互补为例》，《中南民族大学学报》（人文社会科学版）2009年第1期。

姓”（《墨子·法仪》），主旨就是平等与互爱。儒家讲“泛爱众”和“爱人”，则与“仁”紧密相连。“泛爱众，而亲仁。”（《论语·学而》）“樊迟问仁。子曰：‘爱人。’”（《论语·颜渊》）“泛爱众”是不能离开“仁”的。“仁”由‘礼”来规定，即“克己复礼为仁”（《论语·颜渊》）。“礼”的核心是政治的封建关系与家庭血统关系的合一，即家族统治与以贵族统治为基础的贵贱等级划分的合一。“爱人”必须符合并充分体现“礼”的基本精神——明贵贱与别亲疏，即“仁者人也，亲亲为大”，“尊其位，重其禄，同其好恶，所以劝亲亲也”（《中庸》）。很明显，这样一种以“亲亲为大”的“爱人”，其根本只能是维护和强化等级制。

墨家兼爱在阶级社会虽然有一定的空想性，但更多地表现出人民性、合理性和进步性。虽然儒家的差等之爱满足了古代中国社会的普遍需要，但是儒家学派并没有找到解决墨子所指控的那些问题的办法。不管怎样，差等之爱确实会侵蚀社会平等和法律公正的根基，抑制公共利益和公共精神的发育，严重时还可能导致冲突和战争。尽管儒墨之争在以后的中国历史上未能得以延续，但差等之爱和平等之爱之间的紧张状况却一直存在于人们的生活当中。值得强调的是，这两种爱之间的紧张关系的模式在今天已经发生了转型，牵涉更多、更复杂的社会问题，包括公共领域和私人领域的关系问题、政治法律系统和家族系统的关系问题等。实际上，儒家也竭尽全力想解决这些问题，但失败了，因为它不可能给同一个道德体系放置两块互相矛盾的基石。通观中国历史，差等之爱的道德原则一直占据主导地位，并且有着坚实的本体论理念和强大的文化传统做后盾。相比之下，在中国社会实践平等之爱却极其艰难，因为自从墨学式微之后，平等之爱缺乏来自本体论层面和文化传统上的有力支撑。也许我们可以说，实践平等之爱的困难正是中国人抛弃墨家学说的一个历史代价。如果说墨子时代缺少实践功利主义的条件，封建专制主义盛行，自给自足经济决定了在市场上互利不可能实现，那么今天流行世界的法治、民主、平等精神，则为“兼爱”的推行提供了良好的土壤和气候。历史学家汤因比给予墨子学说很高的评价，他说：“把普遍的爱作为义务的墨子学说，对现代世界来说，更是恰当的主张，因为现代世界在技术上已经统一，但在情感方面还没有统一起来……只有普遍的爱，才是人类拯救自己的唯一希望。墨子的爱比孔子的爱更为现代人所需要。”① 2019 年 3 月，习近平主席在回答意大利众议长提问时讲到的“我将无我，不负人民”，体现的是一种忘我精神和对人民的赤诚情怀。习近平由中国人民而世界人民，提出构建“人类命运共同体”，这就是墨家讲的兼爱天下的胸怀。因此，精英文化所提倡的“推爱”的功利性与平民文化“兼爱”的超功利性应有机互补，克服“推爱”的家族本位，补以“兼爱”的新的平等观，才能更好地解决当今社会的诸多矛盾。

---

① ［英］A. J. 汤因比、［日］池田大作：《展望二十一世纪——汤因比与池田大作对话录》，荀春生等译，国际文化出版公司 1985 年版，第 247 页。

第二，有机对接墨家“尚同”与儒家“畏大人”。墨家“尚同”理想，主要是指以“兼爱”思想为出发点，以“仁义来统一天下”，所谓“一同天下之义”，是要求百姓与为政者一致，下级与上级一致。“尚同”是确保实现“尚贤”的一项重要措施。“尚贤”的目的是依靠贤人治理天下，希望把贤人政治推广到全国，让贤能之人做各级正首，作为下级的楷模，从而达到社会稳步发展的目的。

儒家“畏大人”思想之“大人”应是所谓与“天地合其德者”，《论语》说：“君子有三畏：畏天命，畏大人，畏圣人之言。”“大人”指的是天子、诸侯、卿大夫等“在位者”，“畏大人”是说“秉礼怀刑，必无干犯其长上者”。根据是周礼，是“君君、臣臣、父父、子子”这种严格而又明确的上下等级、尊卑长幼的划分，以及与之相应的制度、礼仪和道德规范。要求一切在下者要对在上者绝对服从，不允许居下者“犯上”“作乱”。由此看来，“畏大人”所根据的是周礼，其实质是维护与强化奴隶主贵族专政的等级制。这与墨子的“尚同”是明显有别的，但随着专制体制的发展成了自上而下的集权论思想，扼制了民主的发展。而墨家“尚同”理想从基本内涵是自下而上，逐级嗣一思想和行动，在集中的指导下发扬一定程度的民主，这里基本反映了墨子主张集中统一的集权论思想，但也反映了墨子作为“农与之肆之人”的代言人反映的民主呼声。他主张尚同，但并不主张在下者无条件地服从在上者，同其上的前提条件是：在上者必须是大家公认的贤者，而且必须了解下情，顺从民意。当代中国构建和谐社会中存在一系列社会问题，墨子“尚贤”思想中的任人唯贤主张，重视人才观念，选贤任能管理国家公众事务的理想完全可以变为社会现实。

墨子“尚同”思想也照样会给人以有益启迪，各级党政官员既然是人民的公仆，就要树立良好的官德，以自己的优良品行和实际行动来扭转社会不良风气。当然，最根本的是要在文化自信的大背景下，在国民经济迅速发展的前提下，大力推进社会主义民主政治，为实现中华民族伟大复兴的中国梦提供坚实的政治保障。

第三，有机对接墨家“非攻”与儒家的和合理想。墨家“非攻”以“兼爱”为其理论基础，要求“有力者疾以助人，有财者勉以分人，有道者劝以教人”，从而达到“强不执弱，众不劫寡，富不侮贫，贵不傲贱，诈不欺愚”的理想社会。这是墨子为解决当时国家之间矛盾，实现其理想的必然结论。“非攻”以维护广大人民群众的根本利益为出发点，代表了在战争中饱受摧残的下层人民，是人民的理论。“非攻”还提出了处理国家间关系的一个基本准则，在制止战争、减轻人民痛苦等方面确实发挥了相当大的作用。从“兼爱”的意义上看，“非攻”也可称为和平主义、人道主义的先导。儒家的和合理想是其人格理想和社会理想的价值目标的追求，为达此目标，而经诸多中介环节，以达天人、主客的和合统一，其更多是体现在人的终极关怀上，在当今时代缺乏一种来自传统的实践借鉴。

墨子则更多从制止战争、减轻人民痛苦、防御作战的实践角度去探讨，形成了较完备的“非攻”与防御作战理论体系，而这一体系恰好与孙子以进攻为主的作战理论形成互补关系，对传统兵学的发展做出了积极贡献。当今时代的主题和特征虽然是“和平与发展”，但是世界的现实仍存在“大攻小、强执弱、富侮贫”的局面，虽没有世界性的大战，但局域性的战争还不断发生。因此，墨家提倡的“非攻”“救守”仍有其现时代意义。中华民族是热爱和平的民族，但我们不主“和平主义”者，在当今政治经济秩序不合理的世界，发达国家欺压、剥削不发达国家的国际关系，就要积极吸取墨家的“非攻”“救守”的思想主张，发展经济，增强国力。实行积极防御战略原则，以确保中华民族的复兴和发展，以对人类做出更大的贡献。当今时代战争本身的主要物质条件，均以先进科学技术特别是电子技术武装起来的，因此重视和加强先进科学技术在军事中的应用，地位十分重要。春秋战国时期的墨家“非攻”“救守”的主张，就是以技术的研制和应用为前提的。所以说，墨家重视技术在积极防御战略中的应用，至今对我们仍有着极为深刻的启迪意义。墨家重视技术在军事中的巨大作用，但却不是技术至上的崇拜者，而是把兵士的素质和能力看作具有决定意义的力量。这也对今天的现代战争具有较强的借鉴与指导意义，为走好中国特色的精兵强兵之路有一定的启迪价值。

第四，有机对接墨家“节”与儒家的“俭”。墨家代表广大平民阶层的利益，其宗旨在于使饥者得食、寒者得衣、劳者得息，是站在平民的立场上，依准兼爱的整体性原则，凡此主张的实行，皆可以提高人民生活水平。墨子从人类必须依靠劳动生产才能生存的观点出发，把生产状况的良好、物质财富的丰富提高到了内政、外交、军事等取得成功的基础的地位，具有保护劳动力、改革政治、发展生产的进步意义。儒家的“俭”有对礼的约束，更多是体现在俭以养德的道德价值追求上，是站在“大人”的立场上而言的。

墨家思想更重视的是广大平民阶层的“强本”，“强本”是墨家基本的经济生产观。“节用”思想是墨家的基本经济观，在整个《墨子》中专说节用和涉及节用的篇章很多，墨子把物质生产和节约消费放在同一个层面讲，他看到了二者密不可分的关系，“食不可不务也，地不可不力也，用不可不节也”；他认为节用可以带来很多好处，最大的好处就是可以增加国家的财富；他反对任何过度消费的奢侈行为，反对厚葬久丧和大办音乐。墨家力倡俭节节用思想和消费观念，对正处于社会主义初级阶段的我们来说，倡俭节用尚俭，适度消费，反对奢侈浪费，仍有很强的现实针对性。与墨学强本节用思想相联系的是墨子的合理分配思想，墨子强调人人生产，反对不劳而食，不劳而获。其“赖其力者生”的思想是非常精辟的见解。他企盼在人人都劳动的前提下实现一种公正平等的分配制度，以劳殿赏，量功而分禄。当然，这种思想是原始、朴素的按劳分配思想，在当时的条件下是无法实现的，但我们从墨家关于分配的经济思想中可以看到一个很重要的原则，那就是既讲公正又反作用于生产，用今天的话说，就是“兼顾公平和效率”。今天在我国实行社会主义市场经济体制的大前提下，在各种分配形式并存的大局面前，在城乡差距、地域差距、行业差距、贫富差距日益扩大的今天，我们是否可以从墨家按劳分配的思想中获得一些文化启示呢。社会发展同时依赖于效率与公平，只强调任何一个方面都会出现偏差。在人人都劳动的前提下实现一种公正平等的分配制度，这是有机对接墨家“节”与儒家的“俭”的现实意义。

三、“儒墨互补”对当今新文化构建及社会治理的启示与展望

中共中央《关于实施中华优秀传统文化传承发展工程的意见》认为：“坚持辩证唯物主义和历史唯物主义，秉持客观、科学、礼敬的态度，取其精华、去其糟粕，扬弃继承、转化创新，不复古泥古，不简单否定，不断赋予新的时代内涵和现代表达形式，不断补充、拓展、完善，使中华民族最基本的文化基因与当代文化相适应、与现代社会相协调。”所以，探讨“儒墨互补”问题对于重新阐释中国学术史以及当代建设和谐社会都有着重要意义。首先，以往的学术史建构由于忽视了墨家思想，加之许多学者运用西方研究方法研究诸子学术，产生了诸多问题。如能注重“儒墨互补”问题，必将减少对传统文化的误读。其次，研究中国传统思想文化不能忽视墨家思想，这样才能形成一种全新的适应当前经济基础的主流文化系统。在当代中国既要去除平民文化的空想性、非现实性、矛盾性，把它的功利性、现实性、进步性与精英文化的超功利性、道德理想主义、坚信人道正义之价值精神等普适性内容有机整合，深入分析和论述儒墨两家思想的互补性，指出两家有机对接的方法和必要性，将“儒墨互补”这一命题运用到我们当今社会生活的各个方面，并加以创造性转化和创新性发展，这应是“儒墨互补”方法论给我们的重要启示，具体到当今新文化构建及社会治理等方面，我们认为有以下启示。

启示之一：在哲学上，“儒墨互补”能使“以人为本”理论更具体化。

2017 年中共中央《关于实施中华优秀传统文化传承发展工程的意见》认为：“坚持以人民为中心的工作导向。坚持为了人民、依靠人民、共建共享，注重文化熏陶和实践养成，把跨越时空的思想理念、价值标准、审美风范转化为人们的精神追求和行为习惯，不断增强人民群众的文化参与感、获得感和认同感，形成向上向善的社会风尚。”“以人民为中心”是源于传统民本主义思想并经过现实的改造而成，民本思想是中国优秀传统文化宝库中重要的思想资源，它发端于商周时代，近代以来中国共产党人从理论和实践的结合上解决了这个问题，直到今天提出的坚持“以人民为中心”。

“以人民为中心”无疑也是墨家思想文化的重要内容之一，墨家学说的重要价值在于其“兼爱”原则下的平民化的文化立场。墨家以平民文化视角审视一切，处处体现出思想的人民性：“仁人之所以为事者，必兴天下之利，除去天下之害，以此为事者也”

（《墨子·兼爱》），“圣王为政，其发令兴事，使民用财也，无不加用而为者，是故用财不费，民德不劳，其兴利多矣”（《墨子·节用》）。

从当前社会现实的发展看，要成为一种主流文化，必须面对中国的政治现实，必须为民众所接受，这种文化不是“高大上”的说教，而是与民众息息相关的生活指导。这样才会不断增强人民群众的文化参与感、获得感和认同感，形成向上向善的社会风尚。历史上有贵族文化与平民文化、精英文化与大众文化、学术文化与通俗文化之分，创建中国新文化自然需要各类文化的共同努力。而当今中国以儒家文化为代表的“精英文化”已不能够独立担当今天的思想文化建设借鉴功能的重任，当然精英文化在当代中国的社会文化生活中占着十分突出的地位，发挥着价值规范导向的功能。但从本质上说，平民文化是现代工业社会背景之下产生并与市场经济和商品社会相适应的一种市民文化。平民文化是现代的科学和民主高度发展的必然产物，具有其他任何形式的文化都无法比拟的广泛性、平等性和普及性，所以说作为现代社会的平民性文化在某种意义上也是一个历史的进步，所以以儒墨文化互补为例，贯彻“以人民为中心”的理念，才能把民本思想落到实处，使“以人为本”理论更具体化、实践化。

启示之二：在政治上，“儒墨互补”能让社会主义政治更加民主化。

习近平在庆祝全国人民代表大会成立六十周年大会上的讲话中阐述了“人民当家作主是社会主义民主政治的本质和核心”：“要通过人民代表大会制度……展开和推进国家各项事业和各项工作，保证人民平等参与、平等发展权利，维护社会公平正义，尊重和保障人权，实现国家各项工作法治化。”① 其中“保证人民平等参与、平等发展权利，维护社会公平正义”与墨子“尚贤”学说是有相通之处的。

墨子“尚贤”学说是从属于“兼爱”思想的。贤人的标准是：“有力者疾以助人，有财者勉以分人，有道者劝以教人。若此，则饥者得食，寒者得衣，乱者得治。若饥则得食，寒则得衣，乱则得治，此安生生。”（《墨子·尚贤下》）注重的是“兼爱”下的实际行动。选拔贤才的原则和方法是视德义而举贤，不分贵贱、亲疏，一视同仁：“列德而尚贤，虽在农与工肆之人，有能则举之……故官无常贵，而民无终贱，有能举之，无能则下之。”（《墨子·尚贤上》）“外举不避仇，内举不避亲”，是真正的“尚贤”，从社会伦理的角度批评了儒家的“尊尊”制度，与前人相比，墨子“尚贤”思想更为系统化，也更具理论性，打破了旧的贵贱等级观念和传统的亲亲观念，这种主张显然是对世官世禄制度的否定，反映了中下层知识分子强烈的参政愿望及主体意识的萌生，具有鲜明的阶级特色，显示出深邃的思想文化蕴涵。从一定意义上说，这是当时墨学平民意识的集中体现，道出了平民要求参政的呼声，是有进步意义的。

---

① 习近平：《在庆祝全国人民代表大会成立六十周年大会上的讲话（二〇一四年九月五日）》，《十八大以来重要文献选编》（中），中央文献出版社 2016 年版，第 55 页。

儒家贤人的标准是“君子”，是学习和掌握礼并遵照仁、义、礼来完善个人修养的人，注重个人品德的修养。这就是所谓的“君子义以为质，礼以行之，孙以出之，信以成之。君子哉!”（《论语·雍也》），“克己复礼为仁”（《论语·颜渊》）。选拔贤才的原则和方法虽然也说“知贤而举”，但是有等级限制的，更要求“君子笃于亲”和“故旧不遗”（《论语·泰伯》）。对于贵族来说，其新族和故旧自然也是贵族。所以，“亲亲”就是“贵贵”，就是对下层劳动者（小人）的排斥，其实质是维护奴隶主贵族专政的宗法制。这与墨子的“不党义兄，不偏富贵”（《墨子·尚贤上》）无法相比，可见儒家的任人唯贤还不够彻底、直接，而墨家的“尚贤”是彻底、真正的贤人政治，突破了“官本位”思想，当今世界社会经济、政治、军事、科技的激烈竞争，归根到底是人才的竞争，一个国家、一个民族的兴旺发达必须“尊重知识，尊重人才”，任何“任人唯亲、嫉贤妒能”的用人路线和做法，都不利于现代政治文明的发展和社会主义民主政治的发展。

启示之三：在经济上，“儒墨互补”能使公平和效率比更为平衡。

在经济上，“儒墨互补”不是延续古代的平均主义，而是义利并重。平均主义在中国源远流长，在长期的历史过程中，公正是以强烈的平均主义价值诉求来体现的。而这种源自小农经济的平均主义的价值观，对中国社会的历史和现实都产生了很大影响。这与儒家提倡的“重义轻利”有直接关系，可见，儒家更多地关注公平。孔子明确强调：“有国有家者，不患贫而患不均，不患寡而患不安。”（《论语·季氏第十六》）董仲舒的《春秋繁露·对胶西王越大夫不得为仁》言：“仁人者，正其道不谋其利，修其理不急其功。”《汉书·董仲舒传》作：“夫仁人者，正其谊不谋其利，明其道不计其功。”朱熹以此句为处事之要，列入《白鹿洞书院揭示》之中。“重义轻利”的理论固然没有问题，但往往流于道德说教，甚至忽视了人们正常利益的取得，影响了社会生产。历史发展到今天也表明，想用平均社会财富或道德说教来解决问题，这只能是一种理想或幻想。

从墨家的功利主义看，墨家更多地关注效率。墨家的经济思想可以简单概括为四个字——“强本节用”。《墨子·七患》篇说：“凡五谷者，民之所仰也，君之所以以养也，故民无仰，则君无养，民无食，则不可事。”墨家还注意到了社会分工对于提高生产力和实现社会全面进步的重要意义。“君子不强听治则刑政乱，贱人不强从事则财用不足”，“凡天下群百工……使各尽其所能”，“能筑者筑，能实壤则实壤，能欣则欣，然后墙可成也”。这一对社会劳动和社会分工的提倡，与发展先进生产力的要求以及尊重劳动、尊重人才和尊重创造的精神，都是一致的。尤其重要的是墨家“兼爱”思想内涵之一是在道德范畴中要对等互助互利，即墨子所云的“兼相爱，交相利”，墨子有意凸显爱的现实性一面，而这又主要是通过把爱与利予以贯通得以完成的。也就是说，爱必言利，以爱启利，以利寓爱，构成一个有机整体。作为功利范畴的称谓，“利”在墨子那里主要是指利益、益处、互利，似乎并无特异之处。但是，一旦将利与爱联系起来，使利成为爱的助力、谋利等，那么利就获得了非同寻常的意味。墨子既不片面宣扬自爱自利，也不断然否定自爱自利，而是讲求“兼”“相”“交”，提倡同类项之间（君臣、父子、家国等）的互摄、协调，这才是“兼相爱，交相利”的精要。同时，“兼相爱”并不否定自爱，而是把自爱与相爱结合起来。“交相利”也不是鄙视自利，而是力求使自利与互利两不偏废。“夫爱人者，人必从而爱之；利人者，人必从而利之。”（《墨子·兼爱》）在这种爱的相互义务性关系中，天下才能实现和谐、富足。从而，利不是狭隘的自私、计较、得失，不是应该任意贬低、排拒、批判的对象，而是可以借助、肯定、拥有的现实利益，而这正是我们今天发展经济所需要的；而儒家的以义生利、重义轻利不免就存在一定的真空，比如在现代社会经济生活中，墨家“交相利”肯定比儒家“以义生利”更易于为私营者所接受。家族性经营，虽亲和性高，但用人唯亲，就可能产生裙带资本主义，与现代选贤与能相悖。

我们必须承认，由于资源的稀缺性与人的欲望的无限性之间的矛盾，在公平与效率、理想与现实之间寻找平衡考验施政者的智慧。如果对公平的要求太高，将会损害效率，造成经济倒退，甚至再次陷入贫困；如果忽视公平，并让其扩大下去，则会造成社会动乱。可见，儒家公正视域下的“重义轻利”与墨家的效率视域下的“义利并重”应互取所长以补不足，改变传统文化中重义轻利、以义代利的价值取向，树立义利并重的新价值观。

启示之四：在思想上，“儒墨互补”能使儒家道德理想主义与墨家理性经验主义结合得更为合理。

儒家文化的道德理想，包括理想价值（忠孝仁义、大同理想）、“内圣外王”和人伦精神，为世世代代中国人所追求。在儒家道德思想体系中，“仁义”作为道德之纲是儒家道德的精神追求或价值追求，“忠孝”是儒家道德的核心和根本，儒家道德的实质是遵守周礼。政治道德化是孔子为春秋时代设计的政治理想蓝图，其后儒家将其发展成为以德治国的系统完备理论。长期以来中国人在这一文化氛围中有意无意地为这一价值所支配，以致到今天仍难以摆脱儒家道德理想主义的诱惑，更有甚者止于空泛的道德说教，从而忽视了包括墨家在内的其他诸子的理性经验主义，使中国文化产生了不少的缺陷。

墨家思想具有强大的理性主义光辉。首先，在判断人们认识真伪的标准上，墨家提出了“三表法”作为判断真理的标准。何谓“三表”？子墨子言曰：“有本之者，有原之者，有用之者。于何本之？上本之于古者圣王之事。于何原之？下原察百姓耳目之实。于何用之？废以为刑政，观其中国家百姓人民之利。此所谓言有三表也。”可见，“三表法”的实质就是以经验即实践作为判断人们认识真伪的标准。其次，在思维上，墨家发现并创立了墨家形式逻辑和辩证逻辑思维，墨家形式逻辑研究和论证了形式逻辑中关于概念、判断和推理的几乎所有问题，且有完整准确的归纳和表述。最后，墨家通过墨辩六篇，发现和归纳出接近近代自然科学大门的关于数学、物理学、力学和光学等一系列自然科学知识。对墨家的自然科学成就和科学精神，张岱年先生评价说：墨家学说“是人道主义和科学精神的结合”，“在今天看来，仍具有卓越的价值”。“我们应当发扬墨子的救世精神、科学精神。”直到清代，“以理学为形式的经学仍处于统治地位，这是中国没有产生自己的近代实证科学的原因之一”。①

今天，在我们看来，墨家的理性经验主义是对儒家道德理想主义的完美补充。如在真理标准的认识上，“三表法”可以补充儒家以德治国的系统，使之更为符合大众整体利益的提升；又如，墨家的逻辑思维可以促进儒家个人修养及礼制的顺利实现；再如，墨家的自然科学成就和科学精神能够引导儒学在今天与其他外域文化争胜。这是“道”与“术”的完美结合，也是习近平总书记关于创造性转化和创新性发展中的“使中华民族最基本的文化基因与当代文化相适应、与现代社会相协调”题中应有之义。

启示之五：在文化上，“儒墨互补”能对当今中西文化的交融更具指导价值。

近代以来，中西文化的碰撞愈演愈烈，从鸦片战争到洋务运动，当人们发现古老的墨学与西学“相类”的时候，便认为“西学源于中华的墨学”，并开始以墨学比附西学。它代表了国人的一种以自我为中心的文化心态，他们以西学为镜子，在与西学的比较中进行着幼稚的心理补偿。以墨学比附西学对儒学的强烈冲击在西方近代科技文化开始传播中的意义是重大的，它使铜墙铁壁似的儒学禁锢透出一线松动，使套着墨学外衣的近代思想文化开始能够在国人中间传播，尤其是一些先进的知识分子的推动，为人们进一步认识西学与近代科学文化开辟了广阔的空间。戊戌变法和辛亥革命时期，随着西学的进一步流入，以梁启超为代表的一些知识分子逐渐放弃了以自我为中心，不再用那种“西学源于墨学”的神话及狭隘心理去弥补现实的缺陷，开始认同西学，但他们还对于来自传统的墨学寄予很大希望，所以转而极力寻求西学与墨学的相通性，并把结果应用于改良与革命的实践。这样就等于承认了于传统之外还有与我们传统文化“相匹敌”的科学文化，尽管这一时期仍未脱离所谓“墨学优越论”，但这对于西方近代科技文化的传播及在中国的发展无疑又迈出了一大步，比起初期可以说是一种质的飞跃。

关于这一时期的探索，梁启超认为：“在吾国古经中，欲求与今世所谓科学精神相悬契者，《墨经》而已矣！……与西方学者所发明，往往相印，旁及数学、形学、光学、力学，亦间启其扃秘焉。”② 更有人认为：“墨氏多技，其书具近代诸说，有算学、形学、微积分、物理学、力学、机械学、测量学、地圆说、热学、光学、声学、医药学、

① 参见张知寒主编：《墨子研究论丛》第一辑，山东大学出版社 1991 年版，第 44 页。

② 梁启超撰：《墨经校释》，商务印书馆 1922 年版，“自序”第 1 页。

生物进化说、生理卫生学、心理学、唯识学、气象学、论理学、伦理学。”① 从这里我们可以较为清楚地看出这一时期的思想界已走出了那种对西学一知半解似的独断，开始寻求与墨学相联系的东西，借以接受他们并不愿意以外来文化命名的近代西方科技文化。即便是这样，通过他们的鼓动与宣传，也间接地向国人介绍、传播着西方科技文化，这一点是重要的，因为《墨经》虽记载了古代一些科学知识，但至多是包含少数近代科技原理的雏形，是极为有限的，可一经这些倡导者的鼓动宣传，在他们的理论中，无论是主观上的看法还是客观上的描述，均包括了大量的近代西方科技文化的内容，久而久之，这些内容便无法完全包容在墨学的范围之内，在这种状况下，人们又用西学来解释《墨经》，这样便促进了西学传播的“中国化”。

这一时期，这种影响在社会科学，更确切一点说在社会政治领域表现得较为明显，如墨学精神与基督教精神相通论、墨学精神与西方民主精神相通论等，所以西学在传统人文精神尤其是墨学精神的影响下，在某些方面加速了其中国化的进程，这无疑推动了西方科技文化在中国的传播，这一点在近代中国科技文化发展史上是不容忽视的，如果仅靠封建儒学自身，那么整个近代的封建纲常伦理与西方价值观念的冲突不仅仅是愈趋激烈，恐怕近代科技文化发展的历史要重新书写了。

进入五四时期，“墨学复兴”发展到了极盛时期，它的主张和观念与这一时期的时代精神不谋而合。五四精神素以倡导民主、科学和反传统著称，而经过思想家诠释过、革命家实践的，深深渗入西方民主、科学精神的墨学正是在这种时代的召唤下达到发展的巅峰，这无疑是墨学复兴倡导者们所衷心期望的，他们希望以墨学为新文化的生长点，构筑新文化的殿堂。虽然现在看来这是一种舍近求远、抱残守缺（因为更重要的是要注重现实），但从另一方面看，我们不应忽视在这一时期它在近代西方科技文化传播中的影响与作用。

我们知道，中国传统文化的一个根本缺陷就在于科学精神的缺乏，这一时期的人们已开始认识到这一点，反映在墨学复兴中，人们对墨学的研究与探索已经进入自觉的、理性的阶段，以西方科学价值观念为尺度，在思维方式上也普遍采用西方逻辑学，而这一时期“墨学复兴”的一个突出特点是“墨辩”成为墨学讨论的焦点与核心。不论是新派人物梁启超、胡适，还是旧派人物章士钊、章太炎，都先后发表阐释“墨辩”的专著与专论，梁启超的《墨子学案》《墨经校释》，胡适的《墨子与别墨》《墨辩新诂》，章士钊的《墨辩新注》，章太炎的《释名》等曾名噪一时。梁启超在其著作中把墨学纳入西方近代社会科学、自然科学的框架，分门别类地从政治、经济、宗教、逻辑等部门来分析、阐述墨学的学说。胡适则用西方的价值观念来改写中国的历史，以西学为范式来整

① 张纯一：《墨学分科》，《墨子集成》，1923年，上海定卢排印本。

合墨学，代表了这一时期墨学研究的方向，他按西学传统，将墨学分为论算学、论形学、论光学、论力学、论心理学、论人生哲学、论政治学、论经济学几大类。同时，他认为要创建一个新文化系统，既不能专靠输入外部文化，也不能只是古代文化之复活，而应该是在旧文化中找到“有机联系现代欧美思想体系的合适的基础，使我们能在新旧文化内在调合的基础上建立我们自己的科学与哲学”。他认为借助于墨学，既可以挣脱儒学的枷锁，又能从其中“可望找到移植西方哲学和科学最佳成果的土壤”。① 很明显，这一时期以胡适为代表的墨学倡导者是以近代科学方法来研究墨学的，即以实证主义哲学为指导，注重哲学方法的研究，运用系统、发展及比较的研究方法，在研究中注入了理性与平等的因素。所有这些都表明，墨学研究进入了一种理性化与成熟化的境地。尽管胡适的分类没有顾及墨经及墨经自身固有的整体性，尽管墨学后来又再度被他们忘却，但他们这一时期的探索对西方科技文化在中国的传播与发展产生了较大的影响。人们通过这些理论与实践已经能够初步认识到应该如何处理新旧文化与外来科技文化的关系，找到了一种可供参考的东西，即以科学为指南，把反映西方价值的科学精神植入中国的历史文化之中，从这个意义上说，也等于把近代西方科技文化在中国的传播与发展纳入了一个理性化、成熟化的境地，这与“寻找与墨学相通”阶段来比，无疑又是一种质的飞跃，这种飞跃是更高意义上的思想进步，从此以后人们开始逐步理智地对待与利用西方近代科技文化，而不再以偏概全，不再妄自尊大。

从鸦片战争到洋务运动，从戊戌变法到五四时期，直到今天，大批优秀的中国先驱苦苦探索如何向西方学习，解决中西文化的交融问题，他们经历了“中体西用”“西体中用”“全盘西化”“全面复兴传统”，但都没有解决这一问题，其中一个重要的经验教训就是没有按照中国思维方式去看待与消化吸收外来文化，佛教中国化的成功过程就说明了这一点。“中学”有“中学”的体、用，“西学”有“西学”的体、用，体用为一体，二者是不可分割的，严复《论教育书》说：“体用者，即一物而言之也，有牛之体则有负重之用，有马之体则有致远之用，未闻以牛为体以马为用者也。”中国的科学在很大程度上是和我们的思维方式有关的。任何一个民族国家的科学发展总是和其思维方式有关。西学传播的“中国化”，实际上是西方科技文化受中国传统文化影响的过程，就是中国人从传统观念和现实需要来理解、阐释西学的过程，在这一过程中墨学成为一个很好的媒介，无论是近代西方自然科学还是社会科学的传播，都包含有墨学在内的传统文化的影响，这种渗透与影响是无形的，但对西学传播的“中国化”是极为重要的，这就是“以儒为本”视域下的“以墨化西”。

显然，在今天看来，这种“以墨学为新的生长点，构筑新文化的殿堂”的观点更符

---

① 参见胡适：《先秦名学史》，《胡适学术文集》（下），中华书局 1991 年版，第 101 页。

合“以中化西”的理路，正如已故历史学家李学勤认为：“中国科学史的研究应按照中国科学本身的发展来进行，长期以来，中国科技史的研究不是按照这个理路去进行的，而是按照西方科学技术的传统在西方科学的话语之下来研究的，如果完全套用一种传统，一种文化理念的话语来看另外一种不同的文化，总是不合适的。”① 这样看来，“儒墨互补”对当今中西文化的交融更具指导价值，也更有前瞻性。

（作者单位：吉林师范大学中国思想文化研究所）

① 李学勤：《周易与中国文化》，易学与儒学国际学术研讨会大会报告，2015年8月。

视墨同儒与儒墨互补

——兼论“汉代墨学中绝”说

郑杰文　张伟

战国时期，墨家是与儒家并称“显学”① 的学派，但自汉代之后，墨家人物销声匿迹，墨家著作也久湮不彰，因而在墨学史研究领域有墨学于汉代“中绝”直至清中后期始再度复兴的观点。但细考相关文献，我们发现墨学并未于汉代“中绝”，而是在“视墨同儒”的学术环境中依托儒家继续存在并持续发挥影响。本文拟从两汉魏晋南北朝时期文献引墨论墨入手，分析墨学在两汉至南北朝时期的特殊流传形式，以期推进对墨学史的研究。

一、“汉代墨学中绝”说讨论回顾

系统反映先秦至西汉学术概貌及西汉末年中秘藏书情况的《汉书·艺文志》著录墨家书六部、八十六篇。与《汉志》中其他诸家兼收先秦与西汉著作不同，墨家的六部著作均为先秦人之作品。近代治墨学者遂多据此认为墨家自秦汉时起便无人传习，遂有墨学自汉代起即“中绝”之说。

陈柱《墨学十论》中有“历代墨学述评”一节。此节以时代为序对历代墨学著作进行了评论，但自汉至清中期，陈柱除对晋鲁胜《墨辩注》略做评述外，未涉及其他与墨学有关的著作，一方面是因为这段历史时期墨学著作较少，更重要的原因则是陈柱认为自汉代以来，除陈柱为《墨辩》作注外，“为全书作注者则概乎其未之有闻”②。

除简单地叙述墨学于汉之后无传人这一事实外，更多的学者则是在此基础上探讨墨学于汉代之后“中绝”的原因。胡适在《中国哲学史大纲》（卷上）中，认为墨学于汉代之后“中绝”的原因有三点：“第一，由于儒家的反对”；“第二，由于墨家学说之遭

① 《韩非子·外储说左上》：“楚王谓田鸠曰：‘墨子者，显学也。’”《韩非子·显学》：“世之显学，儒、墨也。”

② 陈柱：《墨学十论》，华东师范大学出版社 2015 年版，第 183 页。

政客猜忌”；“第三，由于墨家后进的‘诡辩’太微妙了”，“不用明白晓畅的文字来讲解，却用许多极怪僻的‘诡辞’，互相争胜，‘终身无穷’”。[①] 钱穆与郭沫若均不同意胡适提出的墨学衰亡原因。钱穆认为墨学因反贵族而起，故贵族消亡后墨家学说亦随之衰歇[②]；郭沫若则认为墨学之所以于汉代“中绝”，“第一是由于墨家后学多数逃入了儒家、道家而失掉了墨子的精神，第二是由于墨家后学过分接近了王公大人而失掉了人民大众的基础”[③]。虽然胡、钱、郭三人对墨学“中绝”的原因解释不同，但均认为墨学于汉代之后“中绝”。

20 世纪后半期的内地（大陆）学者开始用历史唯物主义和阶级分析法来分析中国学术思想史诸问题，其中也包括墨学为何于汉代“中绝”这一问题。如童书业在于五六十年代所撰《墨子思想研究》中认为，“墨学的中绝，固然原因很多，但是它不适合新兴的地主阶级和地主政权的要求，是最主要的原因”[④]。同时期的港台学者则延续了 20 世纪前半期的学术方法，更多地从思想继承关系的角度分析墨学“中绝”的原因，如牟宗三在为陈拱《儒墨平议》一书所写序言中认为，墨家中绝的原因主要在于“缺乏根源性”，具体言之，即“墨子心灵质朴，而慧解不足；情执累重，而义不通透；生命枯索，而乏舒畅润泽之机；行文重衍，而多偏滞害道之辞”[⑤]。无论以上学者持何种观点，其均认为墨学曾于汉代“中绝”。至于墨学“中绝”的原因，则多认为既有墨学自身的局限，也有秦汉时期思想学术的发展变化。

但也有部分学者在承认墨学于汉代“中绝”的同时，认为墨学思想并未完全绝迹，而是被其他学说吸收，在继续发挥影响。如梁启超在《墨子学案》中认为，汉代之后，墨学融入了民族性格之中，潜移默化地指导着中华民族的是非标准和道德观念。童书业亦在《墨子思想研究》中认为，“墨学中的比较有利于地主阶级和地主政权的东西，也已被吸收到汉代新儒家的思想中去了”[⑥]。下文将从两汉魏晋南北朝文献入手，探讨墨学是否曾于汉代“中绝”，或者是以其他形式继续存在并发挥着影响。

二、两汉魏晋南北朝时期的“儒墨并举”

据《韩非子・显学》，战国末年的墨家仍为“显学”。秦统一后，诸子学说虽经焚书打击，但因秦二世而亡，传习包括墨家在内的诸子学说者仍所在多有。而且相比于先秦时期，汉代墨家学说在流传中呈现出新的特点——儒墨并举、孔墨同称。

---

① 参见胡适：《中国哲学史大纲》卷上，《胡适学术文集・中国哲学史》，中华书局 1991 年版，第 172～173 页。

② 参见钱穆：《墨子》，九州出版社 2019 年版，第 66 页。

③ 郭沫若：《墨子的思想》，《郭沫若全集・历史编》卷一，人民出版社 1982 年版，第 477 页。

④ 童书业：《先秦七子思想研究》，《童书业著作集》卷一，中华书局 2008 年版，第 791 页。

⑤ 陈拱：《儒墨平议・牟序》，台湾商务印书馆 1967 年版，第 1 页。

⑥ 童书业：《先秦七子思想研究》，《童书业著作集》卷一，中华书局 2008 年版，第 791 页。

由今存典籍看，最早评论墨家的西汉文献是陆贾的《新语》。其《思务》篇云："故仁者在位而仁人来，义者在朝而义士至。是以墨子之门多勇士，仲尼之门多道德，文王之朝多贤良，秦王之庭多不详（祥）。"① 在论例中，"墨子之门"与"仲尼之门"并举，可见此时墨家的地位与儒家是相等的。继陆贾之后的贾谊在《过秦论》中亦将孔子与墨子并举，且同誉为"贤人"："（陈涉）材能不及中人，非有仲尼、墨翟之贤，陶朱、猗顿之富，蹑足行伍之间，俛起阡陌之中，率疲弊之卒，将数百之众，转而攻秦。"② 儒墨并举、孔墨同称的现象在《淮南子》③ 中更为普遍。如《俶真》曰"周室衰而王道废，儒、墨乃始列道而议，分徒而讼"④；《主术》曰"孔、墨博通，而不能与山居者入榛薄险阻也"⑤；《齐俗》曰"孔、墨不原人情之终始"⑥ 等。如此众多的论说称引，并非出自墨家后学，而是出自主要为道家思想的淮南诸家之口，这更说明墨家的学术影响不容忽视。

陆贾、贾谊、淮南学派之所以在其著作中"儒墨并举"，一方面是因为在西汉前期儒、墨并为"显学"的学术格局依然存在，另一方面也与汉初推行的黄老治国主张有关。如汉文帝遗诏中规定的"出临三日，皆释服"，"绖带无过三寸，毋布车及兵器，毋发男女哭临宫殿"⑦，与墨家节葬、节丧学说十分相似。墨家的节葬、节丧诸说，在西汉前期恢复生产的社会要求下，在执政者推行节俭治民政策的过程中，得到了实质性实施。综上所论，墨学在西汉前期仍于国家治理和学术思想中发挥作用，并未"中绝"。

汉武帝建元年间，改变了汉初以黄老思想治国的文化政策，转而推崇儒术，遂有"罢黜百家，独尊儒术"之举。那么墨家学说的流传在汉武帝政策转变过程中是否受到了影响呢？《史记·平津侯主父列传》载徐乐上疏云："陈涉无千乘之尊、尺土之地，身非王公大人名族之后，无乡曲之誉，非有孔、墨、曾子之贤，陶朱、猗顿之富也，然起穷巷，奋棘矜，偏袒大呼而天下从风。"⑧ 此上疏事在汉武帝元光六年（前 129），时在汉武帝独尊儒术后。其疏中仍将墨子与孔子、曾子等儒家人物并称，说明了武帝时期"儒墨并称"仍能得到朝廷的承认。

司马迁在《史记》中的论说，也同样说明西汉中期墨家在学界的影响并未式微。司马迁在《史记·老子韩非列传》中论《庄子》之书时说："然善属书离辞，指事类情，

---

① 王利器撰：《新语校注》，中华书局 1986 年版，第 173 页。

② 王洲明、徐超校注：《贾谊集校注》，人民文学出版社 1996 年版，第 7 页。

③ 《淮南子》奏上朝廷的时间虽在武帝初年，但其写作则在其前，故将其记述的"儒墨并举"现象放在武帝前讨论。

④ 刘文典撰：《淮南鸿烈集解》，中华书局 1989 年版，第 66 页。

⑤ 刘文典撰：《淮南鸿烈集解》，中华书局 1989 年版，第 278 页。

⑥ 刘文典撰：《淮南鸿烈集解》，中华书局 1989 年版，第 356 页。

⑦ ［日］泷川资言考证，水泽利忠校补：《史记会注考证附校补》，上海古籍出版社 1996 年版，第 295～296 页。

⑧ ［日］泷川资言考证，水泽利忠校补：《史记会注考证附校补》，上海古籍出版社 1996 年版，第 1836 页。

用剽剥儒、墨，虽当世宿学，不能自解免也。”① 司马迁在《史记·孟子荀卿列传》中曾为墨子立传，今本《史记》中的墨子传记虽仅残存 24 字，但其为《孟子荀卿列传》为残篇所致，非司马迁以为墨子地位不重要。②

除《史记》外，反映西汉昭帝时期盐铁会议情况的《盐铁论》一书曾论墨引墨计 11 次，可看出墨家在彼时部分学者中的影响并未消退。而且在《盐铁论》11 次论墨引墨中，有 10 次为孔墨同称或儒墨并举。

西汉时人不仅论墨引墨，还对墨家学说做过系统总结。《汉书·艺文志》③ 载：“墨家者流，盖出于清庙之守。茅屋采椽，是以贵俭；养三老五更，是以兼爱；选士大射，是以上贤；宗祀严父，是以右鬼；顺四时而行，是以非命；以孝视天下，是以上同；此其所长也。及蔽者为之，见俭之利，因以非礼，推兼爱之意，而不知别亲疏。”④ 此所论涉及墨家节用、兼爱、尚贤、尚同、明鬼、非命等主张，较之于司马谈《论六家要旨》仅述其节用、节葬，全面得多。《汉书·艺文志》将墨家诸学说源出都追寻到“清庙之守”：因清庙“茅屋采椽”，颜师古注“以茅覆屋，以桗为椽，言其质素也”，故承之以主“节用贵俭”；因“三老五更”鳏寡孤独等无人抚养之人被养于清庙，故承之以主“兼爱”；其他尚贤学说出于“选士大射”，明鬼学说出于“宗祀严父”，非命学说出于“顺四时而行”，尚同学说出于“以孝视天下”等，都或多或少与“清庙之守”相关联。《汉书·艺文志》谓墨家学说之弊在于“见俭之利，因以非礼，推兼爱之意，而不知别亲疏”，不无儒家色彩，与荀、孟之论有相通之处，表现着作者的学术立场。

综上可见，即使在推行“独尊儒术”的西汉中后期，墨家的影响依然没有消失。且不说儒家思想并不浓重的司马迁在《史记》中对墨家多所评说，昭帝时在大夫、御史、丞相等官吏眼中儒墨无多大区别，即便是在儒家思想占统治地位的刘向、刘歆父子眼中，墨家作为先秦诸子中的重要派别亦应占据一定位置。以上事实充分说明，墨学在西汉后期“独尊儒术”的学术环境中也未中绝。

儒墨对举现象在东汉时期得到了延续和发展。东汉王充在《论衡》中常常儒墨对举，如《累害》在论述到耿直清正之士“身被三累”“身蒙三害”时，谓“虽孔丘、墨翟不能自免，颜回、曾参不能全身也”⑤；《程材》论“熟”与“知”的关系时，谓“盖

---

① ［日］泷川资言考证，水泽利忠校补：《史记会注考证附校补》，上海古籍出版社 1996 年版，第 1301 页。

② 关于司马迁《史记·孟子荀卿列传》为残篇说，参见郑杰文：《〈史记·孟子荀卿列传〉载墨子传记为残篇说》，《中国文化研究》2005 年第 1 期。

③ 班固的《汉书》虽然作成于东汉初年，但《汉书·艺文志》系删简刘歆《七略》而成，而《七略》又是在西汉末刘向《别录》基础上作成的。因此《汉书·艺文志》对于墨家的论说应为西汉后期学术的反映。

④ 《汉书》，中华书局 1962 年版，第 1738 页。

⑤ 黄晖撰：《论衡校释》，中华书局 1990 年版，第 11 页。

足未尝行，尧、禹问曲折；目未尝见，孔、墨问形象"① 等。这说明王充所代表的东汉初年知识士子将孔子、墨子一同作为贤人的代表。从这一角度言，墨子与墨家的社会影响在东汉初年仍不亚于孔子和儒家。

魏晋南北朝墨学发展中最值得注意者为鲁胜为《墨子》中的《墨辩》部分作注。《晋书·鲁胜列传》载："鲁胜，字叔时，代郡人也。少有才操，为佐著作郎。……其著述为世所称，遭乱遗失，惟注《墨辩》。"② 鲁胜注《墨辩》，成为刘向编校《墨子》后研究《墨辩》之第一人。鲁胜之所以对《墨辩》作注，而未及《墨子》书中其他篇章，可能与其思想倾向有关。据《晋书·鲁胜列传》，鲁胜还作有《正天论》，其辞有曰："以冬至之后立晷测影，准度日月星。臣案日月裁径百里，无千里；星十里，不百里。"③ 其学重科技术数，故对主讲科技的《墨辩》产生兴趣。

南北朝时期，学分南北。《北史·儒林传》将南北学风分别概括为："南人约简，得其英华；北学深芜，穷其枝叶。"南学之所以约简，乃受传自曹魏、西晋的玄学影响所致。而且在玄学影响下，南朝道教兴盛。葛洪于《抱朴子·明本》中言："老子既兼综礼教，而又久视，则未可谓之为减周、孔也。故仲尼有窃比之叹，未闻有疵毁之辞，而末世庸民，不得其门，修儒墨而毁道家，何异子孙而骂詈祖考哉？"④ 此言"修儒墨而毁道家，何异子孙而骂詈祖考"，是葛洪从崇道而抑儒、墨的角度来置辩儒、道之先后。这些论说，既与葛洪崇道抑儒的思想倾向有关，也是其仍受汉魏以来"儒墨并称"影响的反映。更关键的是，葛洪这些言论乃是南朝士子崇尚道家思想学说而厌弃儒、墨思想学说社会风气的反映。此后，墨学不再像两汉那样与儒家并称，而是逐渐退出了"最为世人关注的思想学术"的行列。因此墨学在学界长久沉寂的局面，当是从南朝而不是从秦汉时期开始的。

同时期的北朝则不然。《魏书·阳固传》载阳固《演颐赋》曰："敦儒墨之大教兮，崇逸民之远心。播仁声于终古兮，流不朽之徽音。"⑤《周书·孝义列传》篇首载魏收论曰："孔、墨、荀、孟禀圣贤之资，弘正道以励其俗。"⑥ 无论是阳固以孔、墨自励，将儒、墨一同作为仁义道德的代表，还是魏收将墨子与"孔、荀、孟"并列，均表现了北朝士人对两汉学术中儒墨并举的继承。北朝这种继承学术旧统的主要原因在于北朝为异族掌权，夷夏之辨的传统观念使北朝士人更加重视"学术正宗传承人"的名号。在这种"学术阴影"的笼罩下，北朝士人论墨时多承两汉魏晋旧说。

---

① 黄晖撰：《论衡校释》，中华书局 1990 年版，第 539 页。
② 《晋书》，中华书局 1974 年版，第 2433～2434 页。
③ 《晋书》，中华书局 1974 年版，第 2433 页。
④ 王明校释：《抱朴子内篇校释》，中华书局 1985 年版，第 188 页。
⑤ 《魏书》，中华书局 1974 年版，第 1609 页。
⑥ 《周书》，中华书局 1971 年版，第 825 页。

隋唐王朝是以北方政权并吞南方政权的形式而建立的，但在学术思想上，则呈现为南学取代北学之势。南北学术的这一变迁在经学领域尤其明显。皮锡瑞于《经学历史》中言："唐太宗以儒学多门，章句繁杂，诏国子祭酒孔颖达与诸儒撰定五经义疏，凡一百七十卷，名曰《五经正义》。……其所定五经疏，《易》主王注，《书》主孔传，《左氏》主杜解；郑注《易》《书》，服注《左氏》，皆置不取。"① 王弼之《周易注》、《尚书》之孔安国传及《左传》之杜预注均为在南朝流行之经注，而被弃置不取的郑玄《周易注》《尚书注》、服虔《左传注》则为在北朝通用的经注。由于北朝学术未成为隋唐学术之主流，因此南朝鄙弃墨学的学术倾向被隋唐学术继承，墨学在此学术氛围中遂渐趋衰落。

三、论"儒墨并称"的原因与"儒墨互补"说的提出

上文之所以不厌其烦地列举两汉魏晋南北朝时期将儒墨并举的文献，是为了证明墨学在两汉魏晋南北朝时期并未"中绝"，文人士子普遍"视墨同儒"，因而墨学也能够在这一历史时期以与儒家并举的方式出现。那么战国时期与儒家相攻击如仇雠的墨家为何会被两汉以后的人视同儒家呢？这当与墨家学说与儒家颇具渊源有关系，与两家学说具有互补性可相互为用有关。

《淮南子·要略》述墨家源起曰："墨子学儒者之业，受孔子之术，以为其礼烦扰而不说，厚葬靡财而贫民，[久] 服伤生而害事，故背周道而用夏政。……故节财、薄葬、闲服生焉。"② 墨子本从儒家受学，因对儒家某些主张不满，故提出节葬、节丧等观点。

虽然战国时期儒家的代表孟子、荀子皆曾批判墨家学说，但儒、墨二家因具有《淮南子·要略》中所言的渊源关系，故除去具体治国政策、措施的不同外，在治国理念上仍具有共通性。儒家产生于邹、鲁一带，墨家创始人墨子的居地亦去邹、鲁不远。③ 此地位于黄河下游季风气候区，农业生产发达，自新石器时代始即为北方旱地农业的代表。除去自然条件外，儒家、墨家源起地域位于鲁国的势力范围，而鲁国的建立者姬周族是一个农业部族。姬周部族的男性始祖为后稷，《尚书·吕刑》载："稷降播种，农殖嘉谷。"④ 从姬周部族的祖先崇拜中即可看出其重视农业生产，以农业为主要经济部门。在未经过儒家"历史化"改造的《山海经》一书中，后稷也是以农业神的面貌出现的。《山海经·大荒西经》载："有西周之国，姬姓，食谷……帝俊生后稷，稷降以百谷。"⑤

---

① 皮锡瑞：《经学历史》，中华书局 2008 年版，第 198 页。

② 刘文典撰：《淮南鸿烈集解》，中华书局 1989 年版，第 709～710 页。

③ 关于墨子里籍的讨论，可参见张知寒：《墨子里籍新探》，《山东社会科学》1988 年第 6 期；《再谈墨子里籍应在今之滕州》，《文史哲》1991 年第 2 期；《略述我所考定的墨子里籍》，《东岳论丛》1998 年第 1 期。

④ 孔颖达：《尚书正义》，《十三经注疏》，中华书局 1980 年版，第 248 页。

⑤ 袁珂校注：《山海经校注》，上海古籍出版社 1980 年版，第 392 页。

周初将周公之后分封于东夷之地建立鲁国后，周公推行了“变其俗，革其礼”① 即以姬周族之制度、风俗取代原东夷地区原始制度、风俗的治国政策。在此过程中，姬周族重视农业生产的经济观念逐渐渗透到原东夷地区。《史记·货殖列传》所载“邹、鲁滨洙、泗，犹有周公遗风，俗好儒，备于礼……颇有桑麻之业”②，即为战国至西汉时期邹鲁一带经济生产方式的反映。

我国东部处于亚欧大陆东端季风气候区，四季的轮回交替使农业生产呈现出明显的规律性，进而塑造了我国东部地区北方先民③循规蹈矩的思维方式。加之早期农业生产多以集体劳作的形式进行，故相较于自然环境的变迁，氏族成员更关注人际关系的处理，进而形成“从人而治”的治国思想。因此产生于邹、鲁一带的儒家、墨家统归于与“从天而治”相异的“从人而治”派。

正因为儒、墨两家在治国理念上的出发点相同，故当诸子纷争局面结束后，两汉时人便不再把大量精力置于儒、墨之异上了，而是更多地强调儒、墨在治国理念上的相同之处，从而出现了儒墨对举的学术现象和“视墨同儒”的学术观念。例如，《淮南子》一书中之所以会有大量“儒墨并举、孔墨同称”的现象，即因为淮南学派在治国思想方面主张“治在道，不在圣”④。道即天道，圣即圣王。从道与从圣是在社会治理方面两种截然不同的策略路径。儒、墨两家均主张从圣而治，即模仿古圣王诸措施以治天下，只不过孔子倡“法周”，墨子倡“法夏”。但在淮南学派看来，无论“法周”还是“法夏”，均是从人而治的主张，因此淮南学派才会多次将儒、墨并举。

除去因在政治理想上同主张效法古代先王、在治理措施上同重人际关系而导致人们“视墨同儒”外，儒、墨两家在具体观点上的分歧也随着社会环境与学术氛围的变化而逐渐缩小乃至消失，儒、墨两家在学理上有了更多的可沟通之处。如儒家重礼重乐，墨家却强调要简礼非乐；儒家致力于推行人伦等差之爱，墨家则竭力宣传“兼爱”即无差等之爱。这些都曾是战国时期儒、墨激烈争辩的问题，但随着西汉初年叔孙通为汉家制定礼乐，墨家与儒家围绕简礼非乐还是重礼重乐的争论已无社会现实意义；及至武帝时期，董仲舒提倡的“天人感应”神学论大行天下后，基于“天志”论的墨家“兼爱”说与基于血缘等级关系的儒家“仁爱”说间的理论差距也在不断缩小。因此，不论在黄老思想占据统治地位的西汉前期，还是在儒家思想占据统治地位的西汉中后期，似战国时期那般儒墨激烈对辩的情况再也没有出现过，代之而起的却是更多的人以为儒、墨相

---

① 《史记》，中华书局 2014 年版，第 1843 页。

② 《史记》，中华书局 2014 年版，第 3963 页。

③ 因我国东部地区南方水热条件优越，物种多样，故先秦两汉时期的南方居民不重视农业生产，而是过着不事农业生产、“呰窳偷生”的生活。

④ 刘文典撰：《淮南鸿烈集解》，中华书局 1989 年版，第 22 页。

通。这也是两汉魏晋南北朝时期儒墨同称、孔墨并举的重要原因之一。但儒家学说毕竟是占据统治地位的学说，其影响力远大于墨家学说，因此儒墨同称、孔墨并举也在一定程度上导致墨学独有的学术观点、学说理念逐渐被忽视而最终为儒家学说所掩蔽，这不能不说是墨学逐渐趋于衰落的一个重要原因。

儒、墨虽然在治国理念上有相通之处，但也在“从人而治”的政治理念下发展出了具有不同内涵的具体的治国主张。关于儒家、墨家学说的差异，前人论之已详，此不赘言。本文在此强调的是，儒、墨两家的治国主张并不是截然对立的，甚至在一定程度上两者是可以互补的。关于这一点，前人已有论说。如唐人韩愈在《读墨子》一文中言：“儒讥墨以上同、兼爱、上贤、明鬼，而孔子畏大人，居是邦不非其大夫，《春秋》讥专臣，不‘上同’哉？孔子泛爱亲仁，以博施济众为圣，不‘兼爱’哉？孔子贤贤，以四科进褒弟子，疾殁世而名不称，不‘上贤’哉？孔子祭如在，讥祭如不祭者，曰‘我祭则受福’，不‘明鬼’哉？儒、墨同是尧、舜，同非桀、纣，同修身正心以治天下国家，奚不相悦如是哉？余以为辩生于末学，各务售其师之说，非二师之道本然也。孔子必用墨子，墨子必用孔子，不相用不足为孔、墨。”① 韩愈就墨家主要学说中的“上同、兼爱、上贤、明鬼”诸说，一一排比孔子所论与墨子所主这两学说间实际意蕴的一致性或相似性，因而得出“孔子必用墨子，墨子必用孔子，不相用不足为孔、墨”的“孔墨相用说”。

元末明初的学者宋濂于其所撰《诸子辨》中亦有孔、墨两家学说可相互为用之说，其谓：“孔墨之说谓：孔子亦曰‘奢则不逊，俭则固’。然则俭者，固孔子之所不弃哉。或曰：如子之言，则翟在所取，而孟子辞而辟之，何也？曰：‘本二。’”②

晚清以来，诸子学复兴，研究《墨子》及墨学者日渐增多。特别是随着五四新文化运动将孔孟儒学拉下神坛后，墨家学说作为传统旧学中可与西方新学相联系的部分，愈来愈受学人重视。这种学术文化背景，使墨学研究者能突破经学的桎梏，将《论语》《孟子》等儒家经典与《墨子》同作为先秦诸子来加以比较，阐述其思想异同，而且其中不乏如王桐龄《儒墨之异同》这样从儒墨互补、相互为用的角度阐发墨学义理者。

1922年出版的王桐龄《儒墨之异同》一书从宗教思想、道德观念、政治观念、历史人物评价、对待古代典籍的态度以及推行学说的方式等方面，对儒、墨两家学说进行了全面、系统的比较分析。如其从仁爱观、义利观、礼乐观三方面比较了儒、墨两家道德观念的异同，谓两家在仁爱以维持社会、仁政可王天下、不仁不爱致国家危亡社会混乱、爱人即自爱诸方面观念一致；但儒家讲爱有差等，有自身至亲人再至家族最后至社会的次序，墨家讲平等无差别之爱，并及于一切人类。又谓儒家以仁义并称，以义抵

① 韩愈：《读墨子》，《韩愈全集》，上海古籍出版社1997年版，第129页。
② 宋濂：《诸子辨》，《宋濂全集》，浙江古籍出版社1999年版，第138页。

利；墨家爱利并举，以实利为兼爱后援。前者为君子说法，后者为世人说法。又谓儒家以礼与仁、义并重，为修齐治平之本，为维系社会之纲，以礼乐并存，重视乐的教化功能；墨家则非儒之礼繁，非葬礼之靡财，非乐之费财误功。从以上所列诸方面不难看出在近代学人眼中，儒、墨两家学说具有互补性，可相互为用。

墨家在两汉魏晋南北朝时期虽再无先秦时期号为“显学”的学术声势，但其仍因与被奉为官方学术的儒家学说在学术渊源、学术理念等方面具有一致性和互补性，而以儒墨并举、孔墨同称的方式继续受到文人士子的重视并传习不绝。因此，所谓墨学自汉代起即已“中绝”的说法并不符合历史实际。隋唐之后，虽然由于学术氛围的改变，墨家学说已不能继续发挥其指导国家治理的作用，却进入了文人士子学术研究的领域，其与儒家学说可以互补进而相互为用的学术特点也正是在此过程中被发掘出来的。

（作者单位：山东大学儒学高等研究院、山东大学历史文化学院）

儒墨思想及传统文化

文明史背景下“天人合一”观的形成与发展

——以儒墨思想为中心

江林昌

古希腊哲学的一个显著特征，是强调“天人分离”。而与之同时期的中国春秋战国诸子哲学则强调“天人合一”。这两种不同的天人观，深刻影响了东西方文明的发展道路。对此，学术界已有许多讨论，此不赘述。本文要特别强调的是，东西方之所以会产生不同的天人观，实际上是由其不同的文明史背景所决定的。

所谓“天人观”，表面看来是自然与人的关系。而在中国的原始巫术与原始宗教中，“天”不仅是指客观自然，而且是对各种神灵的总称。不同的生产力发展阶段，又影响了神灵的不同内涵，并决定人与神灵的不同关系。因此，对中国“天人合一”观形成的历史背景做动态的考察分析，并将其放在西方“天人分离”观的视野下进行比较，有助于把握中国文化的特征。司马迁《史记》称其写作宗旨是“究天人之际，通古今之变，成一家之言”。只有在“究天人之际”的基础之上才能把握人类社会发展的“古今之变”，并最终成“一家之言”，即总结“天人之际”与“古今之变”的种种规律。“天人合一”观实际上是了解中华文明、中国文化、中华民族精神的一把总钥匙。

在先秦诸子中，对“天人合一”观阐释最深刻最全面的，莫过于儒、墨两家。本文即以儒、墨两家的材料为主要依据，展开相关讨论。

一、从原始巫术到原始宗教：通天权力的垄断化

人类文化发展史上，先有巫术，后有宗教。

（一）原始巫术的产生及其特征

1. 考古所见中国原始巫术

有关中国巫术的早期情况，古人给我们留下的文字资料太少，但现代考古发现则为我们提供了许多信息。例如，考古工作者在北京周口店发现的距今两万多年前的山顶洞人的头骨旁，撒有赤铁矿粉末。学者们分析，这“可能是一种巫术”，“这种做法的目的

在于希望死者复生”。[①] 又如，在距今6000多年前的西安半坡仰韶文化遗址出土的彩陶上，绘有许多精美的人面鱼纹图案。此外，陕西临潼姜寨村、宝鸡北首岭、汉中西乡何家湾等地的仰韶文化半坡类型遗址出土的彩陶上，也绘有相同的人面鱼纹图案。李泽厚先生认为半坡彩陶上的人面含鱼形象，“明显具有巫术礼仪的图腾性质”[②]。石兴邦先生也认为，“这种绘画可能还具有某种魔术征验的意义。例如，人口衔鱼，也许是渔猎季节开始时，人们为祈求取得更大量的生产物，而以图画表示自己的心意”[③]。孙作云先生说得更具体，这人面鱼纹“有巫术的用意……此人闭目食鱼，表示他正在作法，使鱼自动来投，人就能多捕鱼”[④]。

1982年，考古工作者在甘肃秦安大地湾仰韶文化第四期距今5000年左右的编号为F411的房址里发现了一幅地画。地画的正中有作舞蹈状的两人，两人的左右两侧好像另有两人。四人面对的是一个长方形框，框内有两个头向左的前后相连的青蛙状的人骨架。严文明先生认为这四个舞者“或者是在做巫术”[⑤]，张光直先生也认为这是“巫师舞蹈作法”，而且蛙形骨骼“在民族学上是代表巫术宇宙观的一种特征性的表现方式”，对“巫师而言，将人体缩减为骨架常是向神圣世界转入的一个步骤，因为骨架状态是向母体子宫回入的象征，因此，骨架状态又象征‘死者再生’”。大地湾“地画中的巫师似在一个葬仪中舞蹈，行法祈使死者复生”。[⑥]

相关的考古材料还有很多，限于篇幅，此不赘举。但仅就以上所列可知，中国的巫术至少可以上溯到两万多年前的山顶洞人，而到距今7000～5000年的仰韶文化时期，已是相当盛行。

2. 文献所见中国原始巫术

据西安半坡等地仰韶文化彩陶上的人面鱼纹图和秦安大地湾地画中的娃形骨骼图推测，远古巫师在乐舞状态下施巫作法时，肯定也是口中念有巫术咒语的。只可惜由于时代久远，我们只能见到当时的巫师作法图，而不能听其巫术咒语诗了。所幸的是，周秦文献中为我们保存了一些反映五帝时代早期的巫术咒语。《礼记·效特牲》记载了伊耆氏在蜡祭施巫时唱道：

---

① 参见朱狄：《信仰时代的文明》，中国青年出版社1999年版，第137页。

② 李泽厚：《美的历程》，中国社会科学出版社1989年版，第15页。

③ 中国科学院考古研究所、陕西省西安半坡博物馆编：《西安半坡》，文物出版社1963年版，第221页。

④ 孙作云：《中国古代器物纹饰中所见的动、植物》，《科技史文集》第四辑，上海科学技术出版社1980年版，第26页。

⑤ 严文明：《仰韶文化研究》，文物出版社1989年版，第211页。

⑥ 参见张光直：《仰韶文化的巫觋资料》，《中国考古学论文选》，生活·读书·新知三联书店1999年版，第141页。

土，反（返）其宅；
水，归其壑；
昆虫，毋作，
草木，归其泽！

这是一则典型的巫术咒语。大水泛滥，土地被淹，害虫四起，草木荒芜，严重影响了农业生产。于是原始人在巫术观念支配下，试图通过吟唱巫术咒语来控制自然，命令土神、水神、昆虫、草木各归其所。又《山海经·大荒北经》记载：

黄帝乃下天女曰魃。……魃不得复上，所居不雨。叔均言之帝，后置之赤水之北。叔均乃为田祖。魃时亡之，所欲逐之者，令曰：
“神，北行！”
先除水道，
决通沟渎。

这是先民遇到干旱时施行的巫术咒语。先命令旱神“北行”。当旱神北行后，自然会下雨，所以要“除水道”“通沟渎”。这是原始人设想的美好结果，我们从中可以感受到原始人是多么坚信巫术咒语的神奇力量。《吕氏春秋·古乐》则记载了一首葛天氏初民操牛尾舞蹈而祈求农牧丰收、人丁兴旺的咒语诗：

昔葛天氏之乐，三人操牛尾，投足以歌八阕：一曰《载民》，二曰《玄鸟》，三曰《遂草木》，四曰《奋五谷》，五曰《敬天常》，六曰《达帝功》，七曰《依地德》，八曰《总禽兽之极》。

“三人操牛尾，投足以歌”，展示了亦歌亦舞的热烈场面。“遂草木”，希望草木发育繁茂。“奋五谷”，使农作物蓬勃奋作。“总禽兽之极”，驯服禽兽使之温顺听话。这一切都是以巫术咒语的形式，表达原始初民控制自然现象的美好愿望。《吴越春秋》卷九也记载了一首原始狩猎巫术咒语歌：

断竹，续竹，
飞土，逐肉。

原始人先砍竹、接竹，制成狩猎工具，然后用弹丸追捕野兽。这首名为《弹歌》的巫术咒语歌，表达了原始初民希望获得更多猎物的强烈愿望。

3. 原始巫术的特征

巫术时代的初民相信自然界及神灵都是按照一定的秩序演进的，而巫术则是控制这种演进的方式，因此，他们天真地认为只要能使用巫术，就能控制自然及神灵。马林诺夫斯基（Bronislaw Malinowski）指出："巫术根据人的自信力，只要知道方法，便能直接控制自然。"① 弗雷泽（James G. Frazer）也认为：巫术"整个体系的基础是一种隐含的，但却真实而坚定的信仰，它确信自然现象严整有序和前后一致。巫师从不怀疑同样的起因会导致同样的结果，也从不怀疑在完成正常的巫术仪式并伴之以适当的法术之后必将获得预想的效果"。巫术"对待神灵的方式实际上是和对待无生物完全一样，也就是说是强迫或压制这些神灵"。②

巫术的目的是控制自然及其神灵，因此巫师在施巫作法时，一般是伴随着音乐舞蹈，并口中念有巫术咒语。据弗雷泽介绍，位于太平洋上的拉拉通加岛上，一个幼儿的乳牙被拔掉后，通常背诵的是如下祷文：

> 大耗子！小耗子！
> 这儿是我的旧牙齿，
> 求你给我一只新牙齿。

他们这样做的目的是"知道老鼠牙齿是最强有力的"。又如，在印度中部，为了求雨，原始部落居民将一只青蛙绑在一根棍子上，然后走家串户唱巫术咒语：

> 啊，青蛙，快送来珍珠般的雨水，让田里的小麦和玉蜀黍成熟吧！③

学者相信，这些巫术咒语便是人类历史上最早出现的诗歌。

在巫术盛行的时代，人人都可以施行巫术，人人都是巫师，因而人人都是诗人。弗雷泽称这种现象为"个体巫术"，并举有大量例证："在那些我们已掌握有准确资料的最原始的野蛮人中间，巫术是普遍流行的。""可以粗略地说，在澳大利亚所有人都是巫师"，"每一个人都自以为能够用'交感巫术'来影响……自然的过程。"④ 弗雷泽所说的这种人人为巫师的现象，在我国五帝时代早期也普遍存在。《国语·楚语下》保存了

① ［英］马林诺夫斯基：《巫术科学宗教与神话》，李安宅译，中国民间文艺出版社1986年版，第9～10页。
② 参见［英］弗雷泽：《金枝》，徐育新等译，中国民间文艺出版社1987年版，第111页。
③ 参见［英］弗雷泽：《金枝》，徐育新等译，中国民间文艺出版社1987年版，第75、79页。
④ 参见［英］弗雷泽：《金枝》，徐育新等译，中国民间文艺出版社1987年版，第84页。

这样一则资料：

> 及少昊之衰也，九黎乱德，民神杂糅，不可方物。夫人作享，家为巫史，无有要质。民匮于祀，而不知其福。烝享无度，民神同位。

说少昊氏时代，初民经常处于巫术活动中，以至于人神不分，即所谓“民神杂糅，不可方物”，“烝享无度，民神同位”。初民与自然神如此密切地结合在一起，正说明当时巫风盛行。由于初民坚信巫术可以控制自然，所以人人施巫，家家有巫，即所谓“夫人作享，家为巫史”。韦昭注：“夫人，人人也”，“言人人自为之”。所谓的“家”是指少昊氏时代的每一个氏族集团。

《楚语下》所说的少昊氏是五帝时代早期东夷族首领，与炎帝、黄帝等氏族经常发生交往。“九黎”，据徐旭生先生和罗琨先生考证，亦当为东夷族，即“九夷”之声变。① 《楚语》的作者之所以把“衰落”“乱德”的现象置于东方夷族头上，是因为其受后来中原文化中心论的影响，而有意只写边缘民族，所谓“夷夏之辨”。实际上，在五帝时代早期，这种现象应该是中原与周边各民族中共同存在的普遍现象。所以“少昊”“九黎（夷）”的“人人为巫”“民神杂糅”的“个体巫术”现象，与前论炎帝族的“土返宅歌”、黄帝族的“神北行歌”、葛天氏的“操牛尾歌”反映的情形完全一致。

（二）原始宗教的产生及其特征

1. 原始宗教产生的文明起源背景

考古学提供的材料表明，到五帝时代早期，生产力得到快速发展，反映文明起源的物质诸要素如刻划符号（文字）、青铜器、城市等均已出现。但当时的社会结构仍然属于原始社会状态。这是一个野蛮与文明相交替的时期。物质经济先行，意识形态随后。到五帝时代中后期，原来人人平等的氏族集团内开始出现阶层分化，其根本原因是生产力的发展，进而有了剩余产品。氏族集团中的一些管理人员如酋长之类，为了占有越来越多的剩余产品，就开始改革巫术，在原始巫术时代的“个体巫术”基础上发展出“公众巫术”，并以“公众巫术”的名义来占有剩余产品。对此，弗雷泽有很好的阐释：

> 在野蛮社会中，还有另一类常见的可称之为“公众巫术”的事例，即一些为了整个部落里的共同利益而施行的巫术。不论在什么地方，只要见到这类为了公共利益而举行的仪式，即可明显地看出巫师已不再是一个个体巫术的执行者，而在某种程度上成了一个公务人员。这种管理阶层的形成在人类社会政治与宗教发展史上具

---

① 参见徐旭生：《中国古史的传说时代》，广西师范大学出版社2003年版，第59～60页；罗琨：《五帝与文明初曙的英雄时代》，李学勤主编：《中国古代文明与国家形成研究》，云南人民出版社1997年版，第200页。

有重大意义。当部落的福利被认为是有赖于这些巫术仪式的履行时，巫师就上升到一种更有影响和声望的地位，而且可能很容易地取得一个首领或国王的身份和权势。因而，这种职业就会使部落里一些最能干的最有野心的人们进入显贵地位。因为这种职业可提供给他们以获得尊荣、财富和权力的可能性。①

弗雷泽所说的在“个体巫术”基础上发展出“公众巫术”的现象，在我国也出现了，其具体时间是在五帝时代中期，详细情况见于《国语·楚语下》所记载的颛顼改革巫术实行“绝地天通”的故事里：

昭王问于观射父曰：“《周书》所谓重、黎实使天地不通者，何也？若无然，民将能登天乎？”

对曰：“非此之谓也。……及少昊之衰也，九黎乱德，民神杂糅，不可方物。夫人作享，家为巫史，无有要质。民匮于祀，而不知其福。烝享无度，民神同位。民渎齐盟，无有严威。……颛顼受之，乃命南正重司天以属神，命火正黎司地以属民，使复旧常，无相侵渎，是谓绝地天通。”

相同的记载还见于《山海经·大荒西经》：“颛顼生老童，老童生重及黎，帝令重献上天，令黎邛下地。”又《尚书·吕刑》载：颛顼“乃命重、黎，绝地天之通，罔有降格”。说明“绝地天通”故事在中国古代确曾发生，而且是件历史大事，所以多书记载。

在颛顼改革巫术之前，人人为巫，家家为巫，“民神杂糅”，是一个“个体巫术”时代。现在颛顼改革巫术，命大巫“黎”任“火正”之职，负责将民间的个体巫术愿望收集起来，上报给大巫“重”，然后再由“重”上报给天神。这样，巫术沟通天神的普通权力在颛顼的领导下，被“重”和“黎”等少数人垄断而成了特权，这就是所谓的“绝地天通”的真实含义。韦昭注：“绝地民与天神相通之道。”颛顼及重、黎成了施行“公众巫术”的祭司。弗雷泽说：“祭司……自称是上帝和人之间的正当媒介。”② 这些祭司就成了弗雷泽所说的在部落里“进入显贵地位”的“一些最能干的最有野心的人”，从而“获得尊荣、财富和权力”，“取得一个首领或国王的身份”。

从社会史角度看，颛顼改革巫术，标志着中国文明的起源。对此，张光直教授有精辟的分析：“《国语·楚语》中观射父讲的绝天地之通的古代神话，在研究中国古代文明的性质上具有很大的重要性。神话中的绝天地之通并不是真正把天地完全隔绝。……这个神话的实质是巫术与政治的结合，表明通天地的手段逐渐成为一种独占的现象。就是

① ［英］弗雷泽：《金枝》，徐育新等译，中国民间文艺出版社 1987 年版，第 70 页。

② ［英］弗雷泽：《金枝》，徐育新等译，中国民间文艺出版社 1987 年版，第 80 页。

说，以往通过巫术、动物和各种法器的帮助，人们都可以与神相见。但在社会发展到一定程度之后，通天地的手段便为少数人所独占。”“通天地的各种手段的独占”，“是获得和占取政治权力的重要基础，是中国古代财富与资源独占的重要条件”。①

当颛顼“绝地天通”后，颛顼、重、黎等少数主持“公众巫术”的祭司成了氏族贵族阶层，而广大氏族成员则成了下层平民。下层平民中虽然也有继续施行“个体巫术”者，但已必须在“公众巫术”的领导之下了。这样社会就划分成不同的阶层，以“公众巫术”为特征的管理机构形成，五帝时代早期因生产力发展而在经济基础方面业已表现出来的文明因素，这时已反映在上层建筑当中。于是中国文明起源了。

再从思想史角度看，颛顼改革巫术，标志着原始宗教的开始。

在原始巫术时代，万物有神，人人通神。而且由于当时社会尚未出现阶层，人人平等，因而万神亦平等，而且人神亦平等。这就是《国语・周语》所说的“民神杂糅，不可方物”。初民既可以随时通过巫术活动控制身边的水、土、草、木等自然神，如前引“土返宅歌”中的指令水神、土神、昆虫神、草木神各归其所，也可以通过巫术活动直接控制远离人间的天体自然神，如前引“神北行歌”要求天神下雨。这种情况在世界其他远古民族的巫术时代也同样存在。例如，在古埃及，“巫师们宣称他们有能力迫使甚至更高的天神去服从他们”；在古印度，“巫师们用符咒指挥……至高无上的神灵。无论在地上或在天上，神祇们必须恭顺地执行巫师们的任何要求”。②

然而，颛顼改革巫术之后，氏族贵族阶层开始将原来平等的自然神分成不同的等级，其中日、月、星、辰等天体自然神被奉为最高等的神灵，即所谓天神，而且规定只有氏族贵族阶层才有权力沟通天神，普通氏族成员则只限于沟通身边的草木水土等自然神而不能再像巫术时代那样随时通天神了。总之，颛顼“绝地天通”的本质在于通过将神灵分成不同等级（开始等级比较粗略，后来则越分越细），再规定族民通神对象的不同，从而规定了族民不同的社会地位与经济地位。这样巫术开始与政治相结合，形成了“巫政合一”的新现象，中国的阶级社会就这样拉开了序幕。

2. 原始宗教的特征

当沟通天神的巫术成了氏族贵族阶层的特权之后，天神离普通族民越来越远，显得越来越神秘，于是在巫术基础上出现了以崇拜天神为主要内容的宗教。而氏族贵族阶层正是利用这种宗教的神秘性来麻痹族民，进而统治族民，正如美国学者基庭（Richard W. Keatinge）所指：“宗教可视为一种启动剂或催化剂，它提供了控制群众的一种途

① 参见张光直：《考古学专题六讲》，文物出版社1986年版，第10～11页。

② 参见［英］弗雷泽：《金枝》，徐育新等译，中国民间文艺出版社1987年版，第79～80页。

径，从而奠定了控制重要生产资源的基石。”①

为了说明问题，在这里有必要对宗教略做解释。宗教相信有一种超人力量存在，这种超人力量就是神灵。这神灵最初是指天体自然神。正如恩格斯指出：“最初的宗教表现是反映自然现象、季节更换等等的庆祝活动。一个部落或民族生活于其中的特定自然条件和自然产物，都被搬进了它的宗教里。”② 宗教时代，氏族统治阶层告诉族民只有天体神灵能控制自然，只有天体神灵能赐福或降祸于人间。这在甲骨卜辞里已有大量记录，如“帝令雨足年？帝令雨弗其足年?”“帝其降堇（馑)?”“王封邑，帝若。”“伐舌方，帝受（授）我又（佑)?”③ 正因为如此，所以族民必须乞求天体神灵、献媚天体神灵，希望求得天体神灵的帮助。这乞求献媚的方式就是祭祀。弗雷泽指出：“宗教所包含的，首先是对统治世界的神灵的信仰，其次是要取悦于它们的企图。”关于宗教对神灵的信仰与献祭，弗雷泽还以形象的语言表达说：“宗教假定在大自然的可见的屏幕后面有一种超人的有意识的具有人格的神的存在。”因此，人类要达到控制自然的目的，就得向人格神献祭讨好，并“通过一定数量的典仪、祭品、祷词和赞歌等等”，因为“神自己也启示过，只有这样对待他，才能使他去做那些要求他做的事”。④ 在甲骨卜辞里也正有大量献祭天神的记录，如“癸未贞，甲申彭出入日，岁三牛”（《屯南》890)，“贞，燎于东母三犬”（《合集》14340）等，以“三牛”“三犬”为祭品贡献天神。

颛顼改革巫术的结果便是在原始巫术的基础上发展出宗教，在巫师的基础上产生了祭司。从此以后，族民在氏族酋长与祭司的主持带领下，向神灵献祭食物与歌舞。原始巫术时代，巫师通过吟诵咒语来责令控制自然神，这咒语便是巫诗。而到了宗教时代，则是祭司通过献祭歌舞以赞颂神灵的伟大，并祈祷神灵的帮助，这赞颂祈祷的文辞便是初期的史诗。因此，原始宗教时代的开始，也就是史诗时代的开始。

以上是关于宗教与史诗的理论分析，我们还可以选择颛顼改革巫术之后的两则典型材料为例来做具体说明。先看《山海经・大荒南经》所载夏启献美女给天神的故事：

> 有人珥两青蛇，乘两龙，名曰夏后开（启）。开（启）上三嫔于天，得《九辩》与《九歌》以下。此天穆之野，高二千仞，开（启）焉得始歌《九招》。

“夏后开”之“开”即“启”字，因避汉景帝刘启讳而改。“启上嫔于天”，郭璞注：

---

① Keatinge, Richard W., “The Nature and Role of Religious Diffusion in the Early Stages of State Formation: An Example from Peruvian Prehistory”, in Grant D. Jones and Robert R. Kautzed, *The Transition to Statehood in the New World*, Cambridge: Cambridge University Press, 1981, p. 173.

② 《马克思恩格斯全集》第27卷，人民出版社1972年版，第63页。

③ 参见郭沫若：《卜辞通纂》，科学出版社1958年版，第363、371、373、374页。

④ 参见［英］弗雷泽：《金枝》，徐育新等译，中国民间文艺出版社1987年版，第77、81、83页。

“嫔，妇也。言献美女于天帝。”“得《九辩》与《九歌》以下”，郭璞注：“皆天帝乐名也。开登天而窃以下用之也。”这段文字给我们提供了如下五点信息：其一，夏启献美女给天帝，说明完全相信天帝神灵的存在，并祭祀献媚于天帝神灵。其二，夏启获天帝神灵的恩赐，得到了神曲《九辩》《九歌》，以此代表天帝神灵来治理天下。其三，巫术通天神的权力已被统治阶层夏启之类所独占，只有夏启可以上下天地，集君王兼祭司于一身。其四，夏启通天神时所使用的仍然是原始巫术的基本法术：借助神奇动物，如“珥两青蛇”“乘两龙”，又借助神山高地，如“高二千仞”的“天穆之野”。其五，夏启所得的《九辩》《九歌》，就是宗教时代的史诗，早期史诗的内容是有关天体神灵的。我们还可从屈原整理加工的《九歌》中推知天体神灵的具体内容，如祭祀太阳神的东皇太一、东君，以及太阳神的次生神灵云中君（管理云雨）、大司命、少司命（管理生死与寿夭）。

再看《吕氏春秋·顺民》篇所载商汤向天神求雨的故事：

> 昔者汤克夏而正天下，天下大旱，五年不收。汤乃以身祷于桑林曰：“余一人有罪，无及万夫，万夫有罪，在余一人……”于是……以身为牺牲，用祈福于上帝，民乃甚说（悦），雨乃大至。则汤达乎鬼神之化、人事之传也。

这则故事说明，首先，商汤时期人们已普遍认识到人类不能用原始巫术直接求雨，而只有求助于上帝天神的帮助，因此，汤只能举行祭祀活动，“以身为牺牲”。而上帝居然真的显灵了，“雨乃大至”。其次，商汤是代表广大族众施行“公众巫术”，即所谓“万夫有罪，在余一人”。因此，当商汤代表公众“祈福于上帝”且“雨乃大至”时，“民乃甚说（悦）”。商汤实际上也是集君王与祭司于一身，垄断了巫术通天神的权力，所谓“汤达乎鬼神之化、人事之传也”。最后，“桑林”是商汤向天帝神祈福求雨的祭祀圣地。祭祀过程伴随着乐舞歌辞，所以“桑林”又成了史诗乐舞的名称，而其内容则是有关天体神灵的，如《庄子·养生主》“合于《桑林》之舞”，司马彪注为“《桑林》，汤乐名”。

我们将这两则故事所透露的信息合在一起考虑时，便惊奇地发现，它们完全符合上引弗雷泽等人关于宗教本质原理的分析。有关夏启的故事还见于《山海经·海外西经》《归藏·启筮》《离骚》《天问》《墨子·非乐上》，有关商汤的故事又见于《论语·尧曰》《墨子·兼爱下》《国语·周语上》以及《荀子》《尸子》《淮南子》《说苑》诸书。这说明这些故事曾广为流传，初民是普遍相信的。由此，我们可以比较肯定地认为，自颛顼“绝地天通”之后，中国确实已进入了原始宗教时代。

二、从原始宗教到制礼作乐：通天权力的制度化

（一）原始宗教在夏、商、西周早期文明时期的发展

夏、商、西周三代由于神权政权管理机构的复杂化，祭司进一步分化为“巫”“祝”“宗”“史”“卜”等分支，形成了宗教祭司集团。这在三代王官系统中是最高层次的职官集团。《礼记·曲礼下》记载了一种职官制度，郑玄注为“盖殷时制”，郭沫若、顾颉刚则认为最晚也应该是“周初的官制”。其文曰：

> 天子建官，先六大，曰：太宰、大宗、大史、大祝、大士、大卜，典司六典。
> 天子之五官，曰：司徒、司马、司空、司士、司寇，典司五众。
> 天子之六府，曰：司土、司木、司水、司草、司器、司货，典司六职。
> 天子之六工，曰：土工、金工、石工、水工、兽工、草工，典制六材。

郭沫若据此说：“古时代的官职是以关于天事即带宗教性质的官居上位，其次是政务官和事务官”，“六大中的大宗、大祝、大卜，都是宗教性质的官职，在初原是很显要的”。① 顾颉刚先生认为：“所谓天官，就是六种代表神的意志的官”，“天官一词在《曲礼》上讲的是神职”。② 郭、顾二人都认为《曲礼》的这则材料很重要，顾氏说它“保存了真实的古史遗文”，郭氏说这则材料于“古史古礼，至可注意”。由此证明，宗教祭司集团在夏、商、西周三代是确实存在的，而且很重要。童恩正先生指出，“祭师是指专职的宗教人员，出现于阶级社会之中，往往与固定的宗教组织、专门的寺庙和神殿相联系”，“祭师的职责乃是熟悉经典，精通仪式，伺候神灵”。③ 总之，祭司的职责就是主持宗教典礼，并在典礼上吟诵民族史诗，所以说他们“熟悉经典”。

需要指出的是，西方宗教产生后，开始与王权政治分成两个发展系统，宗教处理天神精神世界，王权处理人间俗务世界，各司其职，互不干扰。而中国的宗教一开始就是神权与王权政治相结合。颛顼命令重和黎“绝地天通”，垄断巫术通天的权力，在原始巫术基础上发展出宗教，其最终目的除了更好地借助神灵控制自然外，更重要的还是借助神灵来控制社会，领导族民，占有剩余产品。因此，就中国而言，在巫术基础上产生的神权一开始便与王权相结合，而在宗教祭祀中产生的史诗，自然也是以服务神权与王权为最终目的。

颛顼改革巫术，将通天神的巫术权力集中到氏族贵族手中之后，标志着中国古代社

---

① 参见郭沫若：《先秦天道观之进展》，《郭沫若全集·历史编》（一），人民出版社 1982 年版，第 345 页。
② 参见顾颉刚：《周公制礼的传说和周官一书的出现》，《文史》第六辑，中华书局 1979 年版，第 22～23 页。
③ 参见童恩正：《中国古代的巫》，《中国社会科学》1995 年第 5 期。

会出现了阶层的分化与文明的起源。特别值得注意的是，这些拥有祭祀通天特权进而占有剩余产品的氏族贵族，与被他们统治的氏族平民，是属于同一血缘的。也就是说，原始氏族社会的血缘纽带，到了文明社会之后依然存在。中国古代文明是在血缘内部形成的，而不是像古希腊、古罗马那样，破坏血缘纽带，从血缘外部通过地缘关系建立新的管理机制。

中华文明起源过程中所继承的氏族社会的血缘管理模式，到了夏、商、西周早期文明时期，依然延续并得到了进一步发展。夏代文明的社会管理表现为部落联盟结构，夏民族是这个部落联盟的盟主。当时参加联盟的各部落都是独立的血缘团体，实行部落内部的血缘管理。夏贵族阶层在夏族内部进行血缘管理的同时，又有团结号召其他联盟血缘团体的义务。但这种号召只能影响到其他血族团体的外部，而不能深入其内部。商代，整个社会的文明程度高于夏代，各血族团体已由部落进步为方国，整个社会管理表现为方国联盟，商族是这个方国联盟的共主，而血缘纽带所发挥的作用，与夏代基本一致。

西周初年，仍然延续了商代方国联盟的血缘管理模式。后来由于出现了武庚之乱及商奄、薄姑、熊盈之叛，周公及成王、康王开始考虑打破商族血缘团体，将其分散到各地，从而彻底瓦解其血族力量。同时，周王朝又以分封的形式，将姬姓血族分散到全国各地，从而出现了《诗经·小雅·北山》所说的“溥天之下，莫非王土；率土之滨，莫非王臣”的新局面。由于各封侯国都是周王室的同姓血缘，于是周王室成了同姓大宗，被分封的侯国则成了同姓小宗。因此，从全国范围看，主要体现的仍然是周族血缘管理，周王室则是封国联盟的共主。

总之，中国原始氏族社会的血缘纽带，在五帝时代文明起源后，依然得到了保留，并延续到了夏、商、西周三代。这是一个十分值得总结的问题，是世界文明史上的东方特征，现当代学者侯外庐、张光直先生等，都十分重视这一问题的研究。①

而颛顼改革巫术后出现的由氏族贵族掌握巫术祭祀通神的现象，也正是以血缘管理为基础的。因此，原始宗教时代也从五帝时代中期开始一直持续到西周末年。《国语·楚语下》叙颛顼“绝地天通”之后的一段文字，支持了这一判断：

> 颛顼受之，乃命南正重司天以属神，命火正黎司地以属民，使复旧常，无相侵渎，是谓绝地天通。
>
> 其后，三苗复九黎之德。尧复育重、黎之后，不亡旧者，使复典之。以至于夏、商，故重、黎氏世叙天地，而别其分主者也。其在周，程伯休父其后也，当宣

① 参见侯外庐：《中国古代社会史论》第一章、第三章、第七章，河北教育出版社2000年版；张光直：《连续与破裂：一个文明起源新说的草稿》，氏著《中国青铜时代》，生活·读书·新知三联书店1999年版，第484～496页。

王时，失其官守，而为司马氏。宠神其祖，以取威于民，曰："重实上天，黎实下地。"遭世之乱，而莫之能御也。不然，夫天地成而不变，何比之有？

这段话表明，颛顼之后，直到尧以至夏商，继续着断绝地民与天神沟通的局面，而由重和黎的后代继续为中介联系天神与地民，即所谓"重、黎氏世叙天地，而别其分主者也"。这种现象一直持续到西周末年的周宣王时期开始动摇，即所谓"当宣王时，失其官守"。但在宣王时"绝地天通"的影响仍在，仍能"取威于民"，民仍能知道"重实上天，黎实下地"。最后到了周幽王、周平王时，"绝地天通"局面才彻底结束，即所谓"遭世之乱，而莫之能御也"。韦昭注曰："乱，谓幽平以下。御，止也。"

《墨子·非攻下》也有相关记载："禹既已克三苗，焉磨（分别）为山川，别物上下。……而神民不违，天下乃静。"说禹"别物上下""神民不违"，正是颛顼"绝地天通"的延续。此外，《左传》昭公十七年郯子一段寻根问祖的话也可以与《国语·楚语下》所反映的"绝地天通"的故事结合起来理解。

秋，郯子来朝，公与之宴。昭子问焉，曰："少昊氏鸟名官，何故也?"郯子曰："吾祖也，吾知之。昔者黄帝氏以云纪，故为云师而云名。炎帝氏以火纪，故为火师而火名。共工氏以水纪，故为水师而水名。太昊氏以龙纪，故为龙师而龙名。我高祖少昊挚之立也，凤鸟适至，故纪于鸟，为鸟师而鸟名。凤鸟氏，历正也。玄鸟氏，司分者也。伯赵（案：即伯劳鸟）氏，司至者也。青鸟氏，司启者也。丹鸟氏，司闭者也。……自颛顼以来，不能纪远，乃纪于近。为民师而命以民事，则不能故也。"

仲尼闻之，见于郯子而学之。既而告人曰："吾闻之，天子失官，学在四夷，犹信。"

这段话中的"我高祖少昊挚之立也"与《国语·楚语下》中的"及少昊氏之衰也"应当合起来考虑，正好概括了五帝时代早期的整个少昊氏时代。这是一个人人为巫的巫诗时代，反映的是人与自然的关系，所以说"纪于鸟，为鸟师而鸟名"，接下来所说的"凤鸟氏""玄鸟氏""伯赵氏""青鸟氏"……都是东夷初民以鸟为图腾的反映。其中"历正"掌天文历法，"司分"掌春分秋分，"司至"掌夏至冬至，"司启"掌立春立夏，"司闭"掌立秋立冬。这些都是初民认识天体运行而有四方四时的反映。值得注意的是，与少昊氏时代相当的中原地区，有"黄帝氏以云纪""炎帝氏以火纪""共工氏以水纪"，反映的也是人与自然的关系，云、火、水都是与初民生活息息相关的自然现象。这说明五帝时代早期的确是一个人人为巫的"个体巫术"时代，可为上文的有关推断做佐证。

郯子叙完少昊氏时代的情况之后，接叙“自颛顼以来”的情况，其事可与《国语·楚语下》中的“颛顼受之”一段相对照。因为颛顼改革巫术后，一部分巫诗经改造与王权政治相结合形成了以歌颂天神与祖先神为主题的史诗。史诗是氏族贵族用来统治下层成员的工具，故郯子说“为民师而命以民事”。这正好与少昊氏巫诗时代的“为鸟师而鸟名”相对照。所谓“为民师而命以民事”，意思是说祭司成了氏族平民的官师而自然以治理民事为其职责。这自然是少数祭司“为了整个部落里的共同利益而施行的”公众巫术的最好概括了。这便又与《国语·楚语下》所叙颛顼改革巫术后“命火正黎司地以属民”相一致。

总之，《左传》昭公十七年郯子所回顾的颛顼之前的“个体巫术”现象，颛顼之后神权与政权相结合的“公众巫术”现象，与《国语·楚语下》所述完全一致。自五帝时代中期到夏、商、西周近两千年的历史跨度中，各代氏族贵族阶层都是在血缘管理的框架内，以沟通天地为手段而治理氏族平民百姓。下面两段话，可进一步证明上述判断：

> 黄帝、尧、舜氏作，通其变，使民不倦；神而化之，使民宜之。……是以自天佑之，吉无不利。黄帝、尧、舜垂衣裳而天下治，盖取诸乾、坤。（《周易·系辞下》）
>
> 自古圣王将建国受命，兴动事业，何尝不宝卜筮以助善！……自三代之兴，各据祯祥。涂山之兆从而夏启世，飞燕之卜顺故殷兴，百谷之筮吉故周王。王者决定诸疑，参以卜筮，断以蓍龟，不易之道也。（《史记·龟策列传》）

《周易·系辞》所概括的是五帝时期的情况，《史记·龟策列传》记述的是夏、商、西周时期的情况，而他们的实质内容则是一致的，氏族贵族统治者即祭司阶层通过卜筮等巫术手段，沟通天地神灵，从而治理天下。郭伟川先生对《周易·系辞》中的这段话阐释说：“乾为天，坤为地。黄帝、尧、舜之所以能‘垂衣裳而天下治’者，就是因为能取诸乾、坤——获得通天地而能通神明之德的要旨，才能够达到天下大治的结果。”①至于《史记·龟策列传》所述夏、商、西周三代之兴，都是由于卜筮吉兆，获得了天神的保佑。

以上关于巫术与宗教的区别，只是在理论上的一个概括总结。实际的情况是，从巫术到宗教有一个从量变到质变的漫长过程。弗雷泽指出：“可以想象，具有比较深刻思想的人们正是在这样的或类似这样的思想下做出了从巫术到宗教的伟大转变。但即使在

① 郭伟川：《先秦六经与中国主体文化》，北京图书馆出版社2007年版，第178页。

这些智者中间，这种转变也难以突然产生。这个过程可能是十分缓慢的，它的最终完成需要漫长的世纪。”① 在宗教开始出现的时候，原始巫术依然存在。此后，在相当长的一段时间内，两者并存甚至杂合。弗雷泽还说：“在其较早阶段，祭司和巫师的职能是经常合在一起的，或更确切地说，它们各自尚未从对方分化出来。为了实现其愿望，人们一方面用祝福和奉献祭品来求得神灵们的赐福，而同时又求助于仪式和一定的话语，希望这些仪式和言词本身也许能带来所盼望的结果而不必救助于鬼神。简言之，他们同时举行着宗教和巫术的仪式。”②

中国的情况也是这样。颛顼实行“绝地天通”的巫术改革，只是质变的体现，而其量变的过程大概经历了整个五帝时代。只不过在颛顼之前，巫术占主导方面，而宗教则处于萌芽状态。在颛顼之后，宗教进一步发展，成为主要方面，而巫术成为次要方面。巫术成为次要方面可以从两个角度去分析。原始宗教时代，一部分原始巫术融合到宗教与史诗里并被改造，另一部分巫术与巫诗则仍在社会底层流传，已如前述。因此，考察中国古代从巫术到宗教、从巫师到祭司、从巫诗到史诗的转变，我们需要的是分析其在社会结构中处于主流还是次流的变化升降状况；而在时间上，我们可以将五帝时代中期的颛顼改革巫术作为界标，但在具体分析情况时，应该留出宽泛的时间跨度。

（二）商周时期原始宗教通过“制礼作乐”而制度化

从五帝时代中期到三代，整个社会结构是以血缘为纽带、以巫术为基础的神权与政权相结合为特征的。氏族贵族阶层将神灵分成不同的层次等级，并首先垄断了巫术沟通天神的权力，以宗教祭祀“公众巫术”需要的名义占有社会财富。但实际上，社会财富主要还是氏族平民阶层创造的。因此，氏族贵族与氏族平民虽然处于不同的社会阶层，但他们仍属于具有共同利益的血缘团体。这个团体一方面需要团结一致，凝聚力量，另一方面又需要维护等级层次，区分长幼差别。为了达到这两个目的，最好的办法便是举行全氏族成员的祭祀大典。全氏族成员通过祭祀典礼，共同追忆同血缘的天神与祖神，从而强化同根同宗的血缘集体观念，又通过祭祀中所体现出来的从天神到祖神，再到现世族长、国王、氏族贵族、祭司，乃至普通氏族成员之间的不同身份与地位，从而为社会等级次序的划分找到神圣的宗教依据。《墨子·天志》载：“故昔三代圣王禹汤文武，欲以天之为政于天子，明说天下之百姓，故莫不犓牛羊，豢犬彘，洁为粢盛酒醴，以祭祀上帝鬼神而求祈福于天。”《礼记·礼运》也说：“故圣人参于天地，并于鬼神以治政也。”这就是原始宗教通过制礼作乐而制度化，以达到治理社会的目的。《礼记·礼运》说：

① ［英］弗雷泽：《金枝》，徐育新等译，中国民间文艺出版社1987年版，第89页。

② ［英］弗雷泽：《金枝》，徐育新等译，中国民间文艺出版社1987年版，第80～81页。

故先王秉蓍龟，列祭祀，瘗缯，宣祝嘏辞说，设制度，故国有礼，官有御，事有职，礼有序。

“秉蓍龟，列祭祀，瘗缯”便是祭祀典礼时举行的占卜通神、奉献祭品等一系列活动。而“宣祝嘏辞说”即宣读告神和祈福的文辞，这便是史诗的内容。这一切活动都是在以“先王”为代表的氏族贵族祭司阶层主持下进行的。其最终目的便是要构建“国有礼，官有御，事有职，礼有序”这一既有社会分层又和谐团结的社会环境。这里所说的礼，便是指在宗教祭祀中通过史诗、乐舞、祭器等形式所展现出来的等级关系。《礼记·祭统》说：

夫祭有十伦焉：见事鬼神之道焉，见君臣之义焉，见父子之伦焉，见贵贱之等焉，见亲疏之杀焉，见爵赏之施焉，见夫妇之别焉，见政事之均焉，见长幼之序焉，见上下之际焉。

李泽厚先生说：“正是‘祭’造成了‘伦’（伦纪纲常）。”① 这样做最终是为了整个社会的团结和谐。《礼记·礼运》说：

夫礼之初，始诸饮食……陈其牺牲，备其鼎俎，列其琴瑟、管磬、钟鼓，修其祝嘏，以降上神及其先祖，以正君臣，以笃父子，以睦兄弟，以齐上下，夫妇有所，是谓承天之祜。

又《荀子·乐论》曰：

先王恶其乱也，故制《雅》《颂》之声以道之。……故乐在宗庙之中，君臣上下同听之，则莫不和敬。……邻里族长之中，长少同听之，则莫不和顺。故乐者审一以定和者也。……故听《雅》《颂》之声，而志意得广焉。

在宗庙祭祀神灵的活动中，君臣上下同听“雅”“颂”之声，便“莫不和敬”，邻里长少同听之，便“莫不和顺”。宗教祭祀活动中的制礼作乐，在协调社会等级次序、维护血缘群体安定团结方面所发挥的巨大作用，由此可见。

夏、商、西周三代在宗教祭祀方面已逐步形成了系统而复杂的等级体系。试以商周

---

① 李泽厚：《历史本体论·己卯五说》（增订本），生活·读书·新知三联书店2008年版，第383页。

两代为例。商代的情况，我们可以据甲骨文资料来分析。前文指出，商人对天体自然神与氏族祖先神的崇拜与祭祀已达到相当复杂而系统的程度。以对祖先神的崇拜与祭祀为例，我们可以从其严格遵守轮番祭祀的周祭制度中知其大概。对祖先神的崇拜与祭祀，目的是增强血缘族团的集体力量与明确族内等级制度的合理性。王妍指出，“通过祭祀仪式的隆重程度，体现人间的等级有差的秩序”，“将血缘关系作为社会秩序的基础，对血缘亲情赋予新义，把祖灵崇拜与王权结合，将血缘亲情转化为宗法秩序的国家意识的雏形”。①

到了周代，通过对神权的崇拜，进一步强化政权的意义。周公制礼作乐，进一步细分神灵的等级，并规定不同社会等级的人相应祭祀不同等级的神灵，从而强化等级有差的政治秩序。《汉书·郊祀志》载：

> 周公相成王，王道大洽，制礼作乐……天子祭天下名山大川……而诸侯祭其疆内名山大川，大夫祭门、户、井、灶，中霤五祀，士庶人祖考而已。各有典礼。

不仅祭祀对象有等级规格，而且在祭器、乐舞等方面亦有等级区别。例如，祭器，天子用九鼎八簋，诸侯七鼎六簋，大夫五鼎四簋；乐舞，天子用八佾舞，六十四人，诸侯用六佾舞，三十六人，大夫用四佾，十六人；等等。整个西周社会正是通过这些等级有差的礼乐制度，达到了政治管理的目的。《论语·子路》载孔子之言说：“礼乐不兴，则刑罚不中；刑罚不中，则民无所错（措）手足。”这正是从社会治理的角度强调礼乐的重要意义。具体情况详见于《周礼》《仪礼》《礼记》诸书。

三、由制礼作乐到精神自觉：通天权力的个体化

（一）宗教祭祀活动中需要以“敬”“诚”的态度，感受天神的“光明正大”原则

原始宗教祭祀活动是为了沟通神灵，因而具有十分严肃神圣的特征。郭店楚简《语丛》谓“寺（诗）繇（由）敬作”（简 95），“敬生于俨”（简 2）。“敬”与“俨”都是沟通神灵时的心理活动。宗教祭祀典礼上，要求用心敬神。敬神的观念藏在心里时称为“志”，再用语言表达出来则称为“诗”。《毛诗序》谓“在心为志，发言为诗”。“诗”的源头在“志”，即《毛诗序》所谓“诗者，志之所之也”。先秦文献反复表述这一关系。如《尚书·舜典》曰“诗言志”，《左传》襄公二十七年载“诗以言志”，等等。因此，要进一步考察史诗与神灵的关系，可以从分析“志”字的本义入手。《尚书·皋陶谟》载：

① 参见王妍：《经学以前的〈诗经〉》，东方出版社 2007 年版，第 27 页。

傒志以昭受上帝，天其申命用休。

前句的“上帝”即后句的“天”，也就是自然天体神。司马迁于《史记·夏本纪》中将本句的“傒志”释为“清意”，将“昭受”解为“昭待”。杨筠如于《尚书覈诂》谓：“傒、清一声之转，谓清洁心志也。”又谓：“昭，古通绍”，而《释诂》则谓“绍，继也”。“申”是再次的意思。“用”，以。“休”，美善。整句话的意思是，只要你能以洁静庄肃的心志去祭祀沟通上帝，上帝就会把美好的结果不断恩赐给你。

在原始宗教史诗时代，初民坚信神灵是公正不偏、能够扬善惩恶的。

《墨子·明鬼》载：

古圣王必以鬼神为赏贤而罚暴。

鬼神之所赏，无小必赏之；鬼神之所罚，无大必罚之。

虽然墨子生活在战国之初，但《墨子·明鬼》篇所反映的却是有关五帝三代原始宗教史诗的情况。郭沫若说：“墨子根本是一个宗教家，他是把殷、周的传统思想复活了。他是肯定一个人格神的天，自然也肯定了鬼神。”①

《楚辞·离骚》载：

夏桀之常违兮，乃遂焉而逢殃。
后辛之菹醢兮，殷宗用而不长。
汤、禹俨而祗敬兮，周论道而莫差。
举贤才而授能兮，循绳墨而不颇。
皇天无私阿兮，览民德焉错（措）辅。
……
指九天以为正兮，夫惟灵修之故也。
……
跪敷衽以陈辞兮，耿吾既得此中正。
驷玉虬以椉鹥兮，溘埃风余上征。

《九章·惜诵》载：

① 郭沫若：《先秦天道观之进展》，《郭沫若全集·历史编》（一），人民出版社1982年版，第316页。

所作忠而言之兮，指苍天以为正。
令五帝使折中兮，戒六神与向服。
俾山川以备御兮，命咎繇使听直。

屈原乃楚国贵族，是一位巫史合流的宗教祭司类人物，《离骚》《九章》中皇天神灵公正不偏的思想，正是在五帝三代中“凡明君善政便兴国、凡昏君暴政则亡国”的正反历史经验基础上总结出来的。原始宗教时代的初民认为，在祭祀时凡祭神者都应该保持公正刚直之心。《尚书》中的“《盘庚》三篇是无可怀疑的商朝佚文”①，其记载商王盘庚之言曰：

予告汝于难，若射之有志。
汝分猷念以相从，各设中于乃心。

这里，将“志”“心”与“中”“射”相统一。“射”必有靶心，“中”乃氏族图腾旗，均有中心正公之义。“射之有志”是指把“志”作为射箭之靶心，而“设中于乃心”则是以“中”为原则来要求“心”。这就要求从“中”的本义谈起。饶宗颐先生在《诗言志再辨——以郭店楚简资料为中心》中谓：“‘中’是旗帜，设旗帜于心，作行为之指导。”姜亮夫先生于《文字朴识·释中》篇，指出中字在甲骨文和金文里分别写作：

 （《簠室》5）  （《颂鼎》）

“中”字的上端作飘游状者为氏族图腾旗帜，中间作圆者为太阳（甲骨文契刻不便，故作方形），而下端作飘游状者则为旗帜之投影。② 每当正午时刻，太阳正中照下，旗帜正投影于旗杆下，是为不偏不倚之中正，最为公正之时。因此，人间的一切行为要以天神“日中”为依据，即《左传》成公十三年所谓“民受天地之‘中’以生，所谓（天）命也”。这种观念在原始宗教史诗时代是很普遍的，以至于周秦汉初文献里仍有大量记录。如《周易·系辞下》谓：“日中为市，致天下之民，聚天下之货，交易而退，各得其所。”这是以日中公平不偏为交易的原则，应当是很古老的传统。《国语·周语》载：“道之以中德。”韦昭注：“中庸之德也。”《国语·鲁语》有“日中考政”之说，《诗》毛传有“教国子以日中为期”之谓。《淮南子·主术训》曰“是以中立”，高诱注：“中，

① 范文澜：《中国通史简编》修订本，人民出版社 1949 年版，第 114 页。
② 参见姜亮夫：《文字朴识·释中》，《姜亮夫全集》第十八卷，云南人民出版社 2002 年版，第 351～352 页。

正也。”饶宗颐先生也主此说而谓：“旗帜渊源甚古。《世本》云：‘黄帝作斾’，殷卜辞屡见‘立中亡风’之占，‘立中’可读为‘位中’，‘设中于心’便是‘志’。”[①] 由此可见，“志”字的本义除了宗教祭祀这一义项外，还有中正公平、行为准的之义，而这两个义项正取义于太阳神的正午直照。

“志”字有行为准的、中正公平之义。“诗”字从言从寺，而“寺”字也有法度准的、中正公平之义。《说文》曰：“寺，廷也，有法度者也。”而且，“寺”之法度义也与弓射有关。石鼓文有“弓兹以寺”“秀弓寺射”句。方濬益认为，此寺字乃古持字。[②]《国语·越语下》曰“有持盈”，韦昭注：“持，守也。”《荀子·正名》曰：“犹引绳墨以持曲直。”此与《盘庚》篇“射之有志”“设中于乃心”完全一致。所谓“持曲直”正是把握公平正直之意。

总之，原始初民普遍崇拜太阳光明神，并取太阳正午直照无偏的“正中公平”为血缘族团普遍遵循的法度准则。初民相信，所有的自然神、祖先神都像“日中立旗”一样，具有神圣的公正法度原则。于是，酋长、祭司等上层贵族阶层在祭祀所有神灵时都必须持有公正无偏之心。只有这样，才能与神灵沟通，获得庇佑大吉。在祭祀神灵过程中产生的诗与志，自然便具有了公正法度的含义。

闻一多先生在《歌与诗》中指出，诗与志的原始义之一是记忆、记录。《荀子·解蔽》载：“志也者，臧（藏）也。”杨倞注：“在心为志。”“志”谓藏在心。《毛诗序》疏曰：“蕴藏在心谓之志。”《礼记·哀公问器》曰：“子志之心也。”犹言记在心上。闻一多指出：“无文字时专凭记忆。文字产生以后，则用文字记载以代记忆，故记忆之记又孳乳为记载之记。记忆谓之志，记载亦谓之志，古时几乎一切文字记载皆曰志。”[③] 闻一多先生的结论是可信的。《礼记·礼运》载：“而有志焉。”《孔子家语·礼运》作“而有记焉”。《左传》僖公二十四年谓：“以志吾过。”《史记·晋世家》作“以记吾过”。《国语·鲁语下》载：“弟子志之。”《列女传·母仪传》作“弟子记之。”以上证明，“志”有记载义。而“诗”亦有记载义。《管子·山权数》曰：“诗者所以记物也。”《贾子·道德说》谓：“诗者，志德之理而明其指。”必须说明的是，这里作为记录、记载义的“诗”与“志”，主要是指史诗而言。

“诗”“志”源于祭祀活动时所形成的公正法度为史诗所继承。故《国语·楚语上》谓：“教之诗而为之导广显德，以耀明其志；……教之故志，使知废兴者而戒惧焉。”教诗可以导广显德，教故志可以知兴废，显然，诗、志里有评判是非曲直之法度。韦昭

---

① 饶宗颐：《诗言志再辨——以郭店楚简资料为中心》，《饶宗颐新出土文献论证》，上海古籍出版社 2005 年版，第 143～151 页。

② 参见方濬益：《缀遗斋彝器款识考释》卷二，周法高主编：《金文诂林》卷三下，香港中文大学出版社 1974 年版，第 22 页。

③ 闻一多：《歌与诗》，《闻一多全集》第一册，上海书店出版社 2020 年版，第 196 页。

注："故志，谓所记前世成败之书。"又《国语·晋语六》谓："夫成子导前志以佐先君，导法而卒以政，可不谓文乎。""导志"与"导法"对文，则志亦法也。法者，法度也。所以"志"与"法"都可以佐先君，成德政。《国语·晋语四》则"法""志"连称："夫先王之法志，德义之府也。"而韦昭在《国语·晋语六》《国语·晋语四》均注曰："志，记也。"可见法度义的"志""法"都记在诗句内。

总之，原始宗教祭祀活动中产生的"诗""志"，本身就具有公正法度之特征，因此五帝三代的史诗具有强烈的道德评判力量，它是代表神灵而辨明是非、扬善惩恶，"导广显德""使知废兴"的。中国原始宗教的这一重要特征构成中华民族最基本、最重要的道德精神原则。这一精神原则经春秋战国学者的进一步阐发、弘扬而对以后两千多年的史学、文学、思想史产生了深广的影响，并逐步被塑造成中国知识分子的传统优良品格，是中华民族的一份宝贵遗产。

（二）贵族与宗教通天专权的瓦解以及普通士众以道德内心通神的建构

从五帝时代到夏、商、西周时期，沟通天神的特权均为王室贵族阶层所独占；"天人合一"的理想境界只能在王室贵族阶层内部实现，其通神过程则由祭司集团主持。春秋战国时代，一方面是王权旁落，贵族世袭制瓦解；另一方面则是士阶层崛起，人类理性精神全面觉醒。在社会急剧变化的背景下，出现了人类文明发展史上的新突破，德国哲学家雅斯贝尔斯称之为"轴心时期"。纵观世界文明史，这种"轴心时期"的文明突破发生在公元前800～前200年的古代中国、古印度、古希腊和波斯—以色列。轴心文明的最大特点是人类精神思想上的"突破"，而"突破"的核心便是对原初的超越。正如史华兹指出：这一"超越"是"对现实世界的一种批判性、自省性的诘问，也是观照超越世界的一种新方式"①。雅斯贝尔斯则指出，这种原初超越的终极意义在于确立了一个新的文明形态和性质，进而对以后的人类社会发展产生了持久永恒的影响力。②

中国轴心文明的精神超越，在很重要的方面体现在沟通神灵的适用范围与对"天人合一"观念的突破上。余英时先生指出："在人们普遍相信'绝地天通'神话的时代，只有帝王在巫觋帮助下能直接与天沟通。因此，'天人合一'也成了帝王的禁脔。帝王受命于天，是地上所有人的唯一代表。中国轴心突破是作为一种精神革命而展开的，它反对王室与天的联系。"③ 具体地说，春秋战国时期，"天人合一"观念的变化体现在由上层贵族普及到下层士民、由集体意识转化为个人意识。其中最典型的例子见于《庄子·人间世》中庄子借孔子弟子颜回说出的一段话：

---

① Benjamin I. Schwartz, "The Age of Transcendence", *Daedalus*, Vol. Spring, No. 3, 1975.

② Karl Jaspers, *The Origin and Goal of History*, trans. by Michael Bullock, chapter 1 "The Axial Period", New Haven: Yale University Press, 1953, pp. 1-21.

③ 余英时：《人文与理性的中国》，程嫩生、罗群等译，上海古籍出版社2007年版，第8页。

然则我内直而外曲，成而上比。内直者，与天为徒；与天为徒者，知天子之与己皆天之所子。

在夏、商、西周时代，只有君王才能配称是天神之子，即所谓“天子”；而在战国时代的庄子心目中，他自己与君王都可称为“天之所子”。“只要保持内心诚直，则人人都能成为天子，从而也就能与天直接沟通。”①

孔子在庄子之前就已有了这种认识。在《论语》一书里，孔子在多处场合表明他与天神是经常沟通的。他说他“五十而知天命”（《为政》），说“天生德于予”（《述而》），又说“知我者其天乎?”（《宪问》）刘殿爵教授在《英译〈论语〉导论》中因此而总结说：“到孔子之时，关于天命的唯一拓展就是不再局限于君主。每个人都受命于天以修其德，践天命就是他的职责。”②

孟子进一步发扬孔子的天命观，提倡加强个人的内心修养，培育浩然之气，然后就可以与天沟通。《孟子·尽心上》指出：

尽其心者，知其性也。知其性，则知天矣。
存其心，养其性，所以事天也。
君子所过者化，所存者神，上下与天地同流。

过去，沟通天神需要史诗圣典、歌舞礼仪、钟鼎礼器等巫术祭祀活动，到了孟子这里，只需要内心有浩然之气就可以通神了。也就是说“将天与人交通的媒介由‘巫’改为‘心’，以及用精神修养来取代礼乐仪式”③。

在孟子看来，天神依然是存在的，人还是需要与天神沟通的，只不过沟通天神的主体与手段变了。过去只有王室贵族祭司阶层可以通神，现在人人都可以通神；过去只有通过史诗歌舞等巫术祭祀手段才可通神，现在只要培养内心正直就可直接通神。这正是轴心时期理性精神觉醒的体现。刘殿爵教授总结说：顺天命而行可以是乐事，只要我们反求诸己，在内心找到道德根源。如此一来，孟子已打破了天人之际以及天命与人性之间的樊篱。由人心深处有一秘道可以上通于天，而所属于天者已非外在于人，反而变成属于人的最真实的本性了。

屈原进一步强化了沟通神灵过程中的内心精神力量。在《离骚》中，屈原反复强调自己内心耿直忠诚、外表高洁纯美。他“朝饮木兰之坠露”“夕餐秋菊之落英”，而且

① 余英时：《人文与理性的中国》，程嫩生、罗群等译，上海古籍出版社2007年版，第9～10页。
② 刘殿爵：《采掇英华——刘殿爵教授论著中译集》，香港中文大学出版社2004年版，第13页。
③ 余英时：《人文与理性的中国》，程嫩生、罗群等译，上海古籍出版社2007年版，第14页。

“制芰荷以为衣”“集芙蓉以为裳”。在内修外美方面，屈原自以为超越了常人，“余独好修以为常”，所以他最有资格与天神沟通。《离骚》说他可以“指九天以为正”“依前圣以节中”，《惜诵》又说“令五帝以折中”“命咎繇使听直”。屈原以内心之“正”“中”“直”而沟通“九天”“五帝”“咎繇”等神灵。而这“正”“中”“直”也正是前文讨论的史诗精神的要义所在。

三代王官之学中的原始宗教史诗，相信神灵的存在，并虔诚崇拜神灵。而屈原在《天问》《九歌》《离骚》《九章》中，虽也相信神灵的存在，并与神灵沟通，但对神灵已有了更多的主动性甚至批判性。如前引《离骚》《九章》，他以“正”“中”“直”之心沟通神灵时已用了“令五帝”“命咎繇”等指令性词语。又如，在《离骚》中，当诗人神游天国被挡在门外时，他竟然敢于大胆批评这是由于天帝昏庸不明：“闺中既已邃远兮，哲王又不寤。”接着诗人下游春宫，寻求宓妃氏、有娀氏、有虞二姚等神女的帮助，结果也未成功，诗人因此批评这些神女既“骄傲”又“佻巧”。当然，这“天庭哲王”与“春宫神女”不过是对人间楚王与众臣的一个比喻而已，然而恰恰是这个大胆的比喻，显示了屈原强烈的理性批判精神。屈原内心的超越比孔子、孟子、庄子更进了一步。

春秋战国时代，诸子百家论天人关系，几乎都把沟通天神的根源建立在人的内心深处，从而汇聚成了人类精神的新突破。余英时先生称这种突破的特点是个人化、内向性的转化，其谓：“中国由前轴心时期迈入轴心时期，天人关系发生了决定性的新转向。这种转向既是个人化的，又是内向性的。在前轴心礼乐传统与哲学突破之间，中国的精神思想出现了质的飞跃。因为超越了礼制传统，中国的思想无论在概念上还是表达上都提升到了一个新的层次。”① 前引《庄子·天下》篇称诸子百家之学在继承王官之学方面，已有很大的破坏性，说是“天下之人各为其所欲焉以自为方”“百家往而不返”“道术将为天下裂”。虽然用了批评的语气，实际恰好道破了当时诸子百家在精神世界方面的超越性与突破性。

必须强调的是，春秋战国时代在沟通神灵方面的突破虽然已表现为由外在的集体性礼乐史诗，转化为内在的个人化心灵，但王官时代史诗所蕴含的公平正直之精神仍然是个人内心通神的重要原则。所以庄子强调“内直”，余英时先生译为“内心诚直”；孟子要“尽其心”，杨伯峻《孟子译注》解为“充分扩张善良的本心”；屈原要“正”“中”“直”。这是中国轴心文明表现为“突破”的最闪亮之处，也是中国古代人文精神的崇高所在，更是中国知识分子优秀品格的根本基础。

四、简短总结

现在对前文做一简单总结。

---

① 余英时：《人文与理性的中国》，程嫩生、罗群等译，上海古籍出版社2007年版，第11页。

其一，从思想史角度看，要区分以原始巫术时代到原始宗教时代再到轴心文明时代有关通神内涵、范围与手段的发展变化。

在五帝早期以前的巫术时代，原始初民认为万物有神，所以人人为巫、人人通神、处处通神。通神的手段是外在的咒语巫诗等法术。人在神面前是盲目的，误以为只要施行适当的巫术即可直接控制自然，所以对自然神往往采用责令、驱使的口吻。

进入五帝中后期至夏商西周的原始宗教时代，在众多的自然神之中，出现了高高在上的天体神，后来又出现了祖先神。天体神与祖先神控制了自然与社会。而人必须求助于天体神与祖先神才能间接影响自然与社会。人在神灵面前是被动的，于是原始宗教产生了。而氏族贵族祭司阶层又通过垄断沟通天体自然神与氏族祖先神的方式而达到统治整个氏族社会的目的，于是巫术宗教与政治权力相结合。原始宗教时代，通神的手段为特定的原始宗教典礼与史诗乐舞，通天神与祖神的主持者为代表“公众巫术”的少数氏族贵族祭司阶层。而普通族民只有在民间继续采用原始巫术直接沟通身边层次低级的自然神。也就是说，原始宗教时代，通神的对象与手段都已出现了不同的范围与层次。这不同的范围与层次规定了氏族成员不同的社会地位与经济地位。

到了春秋战国轴心文明时期，由于王官解纽，士阶层崛起，通天神的范围层次已由贵族阶层下延扩大到普通士民。但也并非人人都可以通天神，而是只有道德高尚的人才可以。于是通神的手段也开始由外在的宗教典礼、史诗乐舞等形式而转化为内在的精神道德修炼。人在天神面前是主动的、理性的。这种高贵的人文精神，虽从西周初年的周公强调德治时已开其端，而其普及广大，成为时代主流，则是在春秋战国轴心文明时期。正是这轴心文明时期的内心超越，构成了此后两千年中国文化生生不息的精神源泉。

其二，从文明史角度看，从原始巫术时代到原始宗教时代再到轴心文明时期，虽然出现了两次突破，但沟通神灵、“天人合一”的观念并没有被完全割断与抛弃，反而在新的范围内和新的方式中获得了升华，尤其是五帝三代一直贯穿于血缘社会中的公正评判、劝善惩恶的史诗精神，到了轴心时期发展内化为人的精神品德要求，以作为通神的基础。这些都体现了中华文明起源与发展的连续性特点。余英时先生指出，春秋战国之际，“天人合一”观念由王室贵族上层向社会下层个人化的转向，“一方面使得天人之间的直接交通得以重开，另一方面，又使得个人得到精神上的觉醒和解放”，“这种不完全与前轴心传统决裂的态度，似乎对以下事实有重要意义：如前所述，中国轴心突破所导致的超越世界，并没有明显地与现实世界对立起来。但在这种情况下，传统与突破之间的持续性已经隐然可见”。①

① 参见余英时：《人文与理性的中国》，程嫩生、罗群等译，上海古籍出版社2007年版，第10～11页。

总之，由五帝时代早期及其之前的人人为巫通神的原始巫术时代，到五帝时代中晚期及夏、商、西周的王室贵族阶层通神的原始宗教时代，再到春秋战国人人内心通神的轴心时代，是中国文化发展史上的三个里程碑。这三个时代都有通神观念，都有“天人合一”观念，而且后两个时代都贯穿着公平诚直的精神要求，从而体现了中国文明起源与发展的连续性特点。但这三个时代不是简单重复，而是螺旋式上升，是三次质的飞跃。而每一次飞跃，都进一步奠定了中国古代文明有别于世界其他古代文明的基础。

（作者单位：山东大学历史文化学院）

对墨学与儒墨关系之浅识

杨朝明

春秋战国时期的齐鲁两国，不少学术流派在这里滥觞其源或浩瀚其流，涌现出一批学术文化巨擘，对中国历史文化有极其深远的影响。孔子之外，墨子是活跃于中华大地的另一位文化巨人，他开创的墨学在战国时期盛极一时，与儒学并称“显学”。不言而喻，进一步认识墨学及儒墨关系很有意义。

一、墨子也是训练“士”的大师

由于缺乏确切记载，关于墨子的生活年代，自司马迁开始就说法不一。司马迁在《史记·孟子荀卿列传》中说：“或曰并孔子时，或曰在其后。”《汉书·艺文志》说墨子在孔子后，《后汉书·张衡传》说“公输般与墨翟当子思时，出孔子后”，意思是墨子大约与孔子的孙子子思或孔子的再传弟子同时。

墨子是微子启的后代，他的先祖宋公子目夷是微子的第十七代孙，宋桓公之子，宋襄公兹父的庶兄。墨子被称为“贱人”（《墨子·贵义》）、“北方之鄙人”（《吕氏春秋·爱类》），可见他身份低微，但墨子凭借聪明才智，很快成为所在阶层的佼佼者。他是一位能工巧匠，据说他的木工活足以和公输般媲美。公输般擅长制造攻城器械，墨子则善于制造守城的防御器械。《吕氏春秋·当染》记载他曾随周王室的史官史角的后人学礼，《淮南子·要略》记载他“学儒者之业，受孔子之术”，这使他的身份有所改变。他称自己“上无君上之事，下无耕农之难”，认为儒家“其礼烦扰而不说，厚葬靡财而贫民，久服伤生而害事”，故决心“背周道而用夏政”。为宣传和实践自己的主张，他聚徒授业，创立了墨家学派，并率领众弟子奔走于各地。他“生于鲁而仕于宋，其生平足迹所及，则尝北之齐，西使卫，又屡游楚，前至郢，后客鲁阳，复适越而未果”①，因此人称“墨子无暖席”。

---

① 孙诒让撰，孙启治点校：《墨子间诂》，中华书局 1986 年版，第 629 页。

墨子是继孔子之后又一位以私人身份训练"士"的大师。他有不少学生和信徒，这些人被称为"墨者"。他们在墨子的组织下，构成一个团体，这个集团既是一个学派，又是一个有着严密组织纪律的社团。墨子时代，他们以鲁国为活动中心，后来到秦国力量最为强大。墨子及墨家成员都把吃苦耐劳的实践精神奉为墨者之道，他们着短衣，穿草鞋，为利天下而"摩顶放踵"，昼夜不停地工作奔波。

墨家学派在战国中期盛极一时，《韩非子・显学》称墨学是与儒学并立的"世之显学"。《吕氏春秋・当染》记载：墨子"从属弥众，弟子弥丰，充满天下"，弟子"显荣于天下者众矣，不可胜数"；而《墨子・公输》篇中提到墨子弟子也动辄以百计，说明墨子弟子人数众多。墨子死后，墨家有所分化。墨子鼓励弟子们学习时要各有所重，成其所能，因此弟子们在学习、继承墨子的思想时有所侧重，也是顺理成章、自然而然的。

二、墨家出于儒家而背离儒家

墨子出于儒而反儒，创立墨家学派，揭开了战国时期百家争鸣的序幕。墨家思想以"兼相爱"为核心，从"交相利"出发，尚"力"贵"用"，与其他先秦学派相比，墨子和墨家独树一帜，主张"德""力"并重，注重实践活动，强调身体力行，特别重视对自然科学及各种手工技艺的研究。在与其他各派的争鸣中，墨家学说打上了深深的时代烙印。

墨家学派有突出的地域特征。《史记・货殖列传》记载："邹鲁滨洙泗，颇有桑麻之业。"邹鲁土地肥沃，地理条件优越，适于农牧业发展，而水滨之地及广泛种植桑麻的资源优势，促进了制陶和纺织等手工的发展。无论历史记载还是考古发掘，都证明这里曾聚居了许多古老而强大的部族，其文化可以上溯到七八千年以前，他们创造了灿烂的物质文明和精神文明。据王献唐先生考证，上古时代生产生活中的许多创造发明，都来源于这里。①

鲁国建国于商奄旧地，奄国到商末时已经发展为东方一个强大的方国。鲁国在春秋时期又成为华夏文化中心。鲁国周围的小国，有的成为鲁国附庸，有的则以鲁国为宗主国，他们被视为"夷"，受到周、鲁的歧视。在这些小国中，三郳离鲁国最近，所谓"鲁击柝闻于郳"（《左传》）。鲁国还是他们的宗主国，由于经常举行朝、聘、盟、会典礼，后又并于鲁国，因此三郳深受鲁文化的影响，从而形成了更高层次的邹鲁文化。这样的文化融合产生了墨子这样伟大的思想家，造就了墨家学说。

墨子生长的小郳国可能即受到宗主国的歧视，像墨子这样的小国之民，更身受双重

① 参见王献唐：《炎黄氏族文化考》，齐鲁书社 1985 年版。

压迫，一方面，他们处在本国的下层；另一方面，他们还要受到大国入侵者的欺凌抢掠甚至被杀。随着兼并战争的加剧，他们更是惊恐不安，随时有可能遭受灭国之痛、流离之苦。在深重的苦难之中，他们迫切渴望消弭战争，希望能在和平的环境中，通过自己的劳动，创造日益丰富的财富。墨家揭露统治者为了满足自己的享乐，“必厚作敛于百姓，暴夺民衣食之财”（《墨子·辞过》），强烈要求满足百姓基本的生存条件，使“饥者得食，寒者得衣，劳者得息，乱者得治”（《墨子·非命》），其学说的核心“兼相爱，交相利”及“非攻”的主张，就是为劳动者鸣不平，也反映了墨家自己的主张。

春秋末期，“工商食官”的格局被打破，出现了大批私营手工业和个体手工业者，小手工业者从官府手工业中分化出来，相对比较自由。这种私营或个体手工业是很脆弱的，任何的天灾人祸都可能使他们倾家荡产。同时，他们的社会地位仍然不高，据《左传》记载，成公二年楚国侵犯鲁国的阳桥，“孟孙请往赂之，以执斫、执针、织纴，皆百人”。这些人从官府中解脱出来，获得了一定的人身自由，但仍然被作为贿赂品送给他国。

邹鲁地区的手工业者，原本掌握着较高水平的手工技术，掌握着娴熟的手工工艺，都居住在城镇，又有墨子这样一位具有较高文化素养的领袖，因此他们能比较快地团结在一起，形成了代表小手工业者利益的学术团体——墨家。墨家发扬了手工业者重实践、能吃苦的精神，《墨子》中自然科学方面的成就，则是对邹鲁地区先进的科学成就尤其是手工业技术的概括总结。

墨家产生于邹鲁之地，并迅速壮大，与儒家分庭抗礼，还与当时鲁国宽松的政治文化环境有关。《墨子·鲁问》记载了墨子与鲁君的对话，孙诒让怀疑其中的鲁君就是鲁穆公。《孟子·告子下》记载，淳于髡说：“鲁穆公之时，公仪子为政，子柳、子思为臣。”公仪子（公仪休）、子柳（泄柳）、子思均为贤者，在他们为政期间，鲁国政治上比较清明，这是穆公礼贤的结果。据《孟子》记载，为使子思在鲁国安心从政，穆公经常派人去安慰子思，保证按子思的建议治理国家；最初，为了敦请泄柳出山，穆公更是亲自登门，泄柳“闭门而不纳”，穆公礼贤可见一斑。可能由于穆公的礼贤，“在这里儒、墨两派特别活跃”，“鲁缪（穆）公把‘孔子贵公’、‘墨子贵兼’的两派文化人兼礼”①，在这种宽松的环境中，墨子得以吸收各种思想之精华，不断充实自己的学说，壮大自己的团体。

《淮南子·主术训》记载：“孔子、墨翟皆修先圣之术，通六艺之论。”这说明儒墨两家都继承了邹鲁的文化传统，精通“六艺”，因而两家学派都有共同的作为，这就是《吕氏春秋·有度》所说“以仁义之术教导于天下”。但由于它们所代表的阶层不同，对

① 侯外庐等：《中国思想通史》第一卷，人民出版社 1997 年版，第 46 页。

先圣典籍的理解不同，因而墨子虽曾学习儒家之业，却最终“背周道而用夏政”（《淮南子·要略》），摒弃儒家提倡的“繁琐”礼节和“厚葬”“久丧”（三年之丧）的习俗，而倡言“节财”“薄葬”“简服”（三月之丧）的俭朴精神，创立了富有特色的墨家学说。

三、墨家学派的思想特色

春秋战国，社会发生了重大变革，新兴的社会阶层如个体工匠、小农、商人成为社会物质生产和流通的基本力量。他们凭借各自独特的技艺谋求生存、追求利润，这种以力谋利的新的价值观念以及各国为争霸而图强的现实，必然影响到社会心理，与传统的仁义观念相冲突，从而引起义利之争。这个话题不仅为统治阶级、知识阶层所关注，甚至渗透到百姓的日常生活当中，成为一个时代命题。

在这场有关义利的论争中，墨子旗帜鲜明地阐述了贵义主张，《墨子》中有《贵义》篇，系统阐述了贵义思想。《墨子·天志中》曰：“顺天之意者，义之法也。”“顺天之意”是义的最高准则，而能体现“天意”的“义”则是天地间最重要和最宝贵的，这正如《墨子·贵义》所谓“万事莫贵于义”，《墨子·耕柱》所谓“义，天下之良宝也”。义无所不在，它渗透到了社会的各个角落。《墨子·天志上》说：“天下有义则生，无义则死；有义则富，无义则贫；有义则治，无义则乱。”这些主张明显地继承了邹鲁地区重义的传统。

墨子也提出了“义，利也”（《墨子·经上》）的主张，认为义的最终目的是追求利。有人指出：“墨子所谓利，乃指公利而非私利，不是一个人的利，而是最大多数人的利。儒家说利则常指私利，而常认为私与利不可分。”① 墨子言利，都是指“人民之大利”“天下之利”“国家百姓之利”。作为小生产劳动者的代表，墨子切身体会到生命的可贵及生存的艰辛。他重视人之所欲，肯定人的生存及繁衍等自然本性存在的合理性及重要性，肯定个人之利存在的必要性。墨子强调个人之利只有在天下共利中才能实现。他倡导“兴天下之利，除天下之害”，以达到富国安民，只有民富国安，个人利益和愿望才可能得到满足，正如《墨子·兼爱中》所谓“利人者，人必从而利之”。

墨子贵义，以“兴天下之利”为目标，因此“利”成为墨子学说的理论基础，他的兼爱、尚贤、节用、非攻等十项主张及他的一整套政治、道德、宗教、伦理观都是以之为出发点而形成的，这使他的学说具有明显的功利色彩。他认为：“凡入国，必择务而从事焉。国家混乱，则语之尚贤、尚同；国家贫，则语之节用、节葬；国家熹音湛湎，则语之非乐、非命；国家淫僻无礼，则语之尊天、事鬼；国家务夺侵凌，即语之兼爱、非攻。”（《墨子·鲁问》）面对当时“大国即攻小国，大家即伐小家，强劫弱，众暴寡，

① 《张岱年文集》第2卷，清华大学出版社1994年版，第310页。

诈欺愚，贵敖贱，寇乱盗贼并兴不可禁止”（《墨子·非乐上》）的动荡现实，墨子提出了十项主张，认为只有针对不同的情况，切实采取适当措施，才能兴天下之利，最终达到国富民安。

为实现“交相利”，墨子提出“兼相爱”，以作为人们普遍的行为准则。在《墨子·兼爱》三篇中，墨子系统论述了这一学说。在墨子看来，兼爱就是“爱人若爱其身”，“视人之国若视其国，视人之家若视其家，视人之身若视其身”，即不分远近亲疏，就像爱自己那样爱一切人。他还认为，社会动荡的根源是大家不相爱，“乱何自起？起不相爱”，要消灭社会动荡，必须从根源做起，用兼爱代替人与人之间的隔阂和分别即“别”，肯定“别非而兼是”。“夫爱人者，人必从而爱之；利人者，人必从而利之”，只有自己先做爱别人和利别人的事，别人再报答自己的爱和利，才会人人得到爱和利，人与人之间充满了爱，就不会互相残害了，只有贯彻了兼爱原则，天下才能太平。

墨子认为，文王、大禹是实践兼爱的典范，他们就是用兼爱达成王道的，他分析“文王之兼爱天下之博大也，譬之日月，兼照天下之无有私也，即此文王之兼也。虽子墨子所谓兼者，于文王取法焉”，而“禹之征有苗也，非以求以重富贵，干福禄，乐耳目也，以求兴天下之利，除天下之害，即此禹兼也。虽子墨子之所谓兼者，于禹求焉”（《墨子·兼爱下》）。墨子正是从文王、大禹等先圣兼爱的实践中，总结出了这一闪光的思想，成为人类不断追求的社会理想。

兼爱作为墨子思想的核心，是一种高尚的品德，因为“兼即仁矣，义矣”，而这种兼爱亦是以利民、利天下为出发点和终极目的的，所以仁人乐为。墨子所言之利，不仅通于义，而且也与兼爱思想相通，所以墨子认为“兼相爱，交相利”，爱与利密不可分。正因如此，《墨子·法义》曰“天必欲人之相爱相利”，《墨子·尚同》说“兼而爱之，从而利之”，《墨子·尚贤中》说“爱利万民”。墨子的兼爱思想，体现在他思想的各个方面。

墨子分析了现实中“别相恶，交相贼”的现象，认为是由于“不能以尚贤事能为政也”（《墨子·尚贤上》），这正是推行尚贤尚同不力的恶果，因此必须大力倡导尚贤、尚同，这是“政之本”。墨子的尚贤、尚同思想，反映了小生产者企图摆脱受奴役的地位，要求取得政治地位的愿望。为了实现兼爱的理想，“兴天下之利”，使人人得利，还必须有日益增长的物质财富作为基础，墨子的经济思想就是实现理想的手段。墨子认为，“其倍之非外取地也，因其国家，去其无用之费，足以倍之”（《墨子·节用上》），要增加财富，并不需要扩张领土，而要尽量开发本国资源，崇尚节俭，省掉不必要的开支，就能使人们都丰衣足食。

为增加社会的财富，墨子主张“赖其力者生”，强调尚俭节用，这是他兼爱思想在经济领域的表现。墨子从小生产者的切身利益出发，对统治阶级的豪奢铺张生活进行了无情的揭露和批判。他认识到“节俭则昌，淫佚则亡”（《墨子·辞过》），明确提出不论人生前还是死后，都应当崇俭、节用。

当然，在墨子看来，当时社会上最违背兼爱原则的是愈演愈烈的兼并攻伐战争。《墨子·非攻》指出战争“倾覆社稷”，“贼虐万民，百姓离散”，“竭天下百姓之财用，不可胜数”，战争中直接死伤的人数“多必数于万，寡必数于千”，战争之下，人民生活穷困惨苦，“饥寒冻馁疾病而转死沟壑中者，不可胜计也”。战争不但给人民生命财产造成了重大损失，而且使百姓在春天无法耕种，秋天无法收获，“夺民之用，废民之利”。

墨子主张“非攻”，但并不是反对一切战争，对历史上正义的战争，如禹征有苗、汤攻桀、武王伐纣等，他认为是顺乎天、利于民而加以称颂。但战国时的兼并战争，墨子认为是非正义的，因此竭力反对。墨子也意识到，他所处的时代兼并战争不可避免，因此加强防御，使入侵者有所忌惮，从而防止侵略行为的发生是十分重要的。为了抵抗侵略战争，墨子与弟子们积极探索、研究，提出并制造了一整套严密的防御措施和防守器械，《墨子》从《备城门》到《杂守》等11篇，记述了战术和兵器等的专业知识，司马迁评价墨子“善守御”，后人还用“墨守”一词形容城防的坚固。墨子及弟子运用智慧和技巧，用实际活动来与攻城略地的兼并战争相抗争。

墨家特别强调实践，最重言行一致。在先秦诸子中，墨家是最强调言行一致的，其舍命行道、尚义重行的实践精神在先秦诸子中是最突出的。墨子本人以大禹治水的事迹为榜样，风尘仆仆，积极宣传实践自己的学说。墨子主张无论地位高低、身份各异，都要“各从事其所能”（《墨子·节用》），要求人人参加劳动，强调“赖其力者生，不赖其力者不生”。墨子认识到人类具有思维能力，并把它和“从事”相提并论，显示了墨子对劳动、对实践的深刻认识。由于重视实践，墨子概括出的关于逻辑推理的结构和形式，看重逻辑推理所揭示的内涵，其格式易于领会，切于实用。墨子说：“夫辞以故生，以理长，以类行也，立辞而不明于其所生，妄也。今人非道无所行，虽有强股肱而不明于道，其困也，可立而待也。夫辞以类行者也，立辞不明于其类，则必困矣。”（《墨子·大取》）

墨子思想的哲学基础反映在他“天志”“明鬼”之类的主张上。“天志”就是天的意志，墨子认为天是有意志的，“天志”施于所有国家、所有人，天下无论大国小国，都是天的城邑；人无论长幼尊卑，都是天的臣民。《墨子·天志》各篇认为天是厚爱天下百姓的，谓“天之意，不欲大国之攻小国也，大家之乱小家也，强之暴寡，诈之谋愚，贵之敖贱……欲人之有力相营，有道相教，有财相分也。又欲上之强听治也，下之强从事也”。《墨子·法仪》篇也说：“天必欲人之相爱相利，而不欲人之相恶相贼也。”墨子心目中的“天志”正是他兼爱思想的实施者，梁启超说：“墨子讲‘天志’，纯是用来做兼爱主义的后援，质言之，是劝人实行兼爱的一种手段罢了。”[①] 这才是墨子讲“天志”的实质。

“事鬼”即“明鬼”，也就是相信鬼神，在墨子看来，鬼神的愿望并不是贪求祭祀的仪式，也不是为享受祭品。那只不过是外在的形式，真正的愿望是“欲人之处高爵禄则以让贤也，多财则以分贫也”（《墨子·鲁问》），只有实现“兼相爱”“交相利”的理想，才符合鬼神的本意。为实现兼爱的原则，鬼神可以帮助“天”实行赏善罚恶，利用这增加自己学说的威慑力。对此，侯外庐先生说得比较中肯：“墨子的明鬼是一落后的思想传统，尤其是他为了明鬼的有无，引经据典，强辩甚多。然在古代，争取鬼神，谁知道不是一种斗争呢！”[②]

四、百家争鸣中的儒墨之争

墨家学说以交利为基础，以兼爱为核心，以天鬼为手段，以实践经验为检验的标准，以此构成一个完整缜密、颠扑不破的真理体系。墨子对自己的学说是自信的，他认为要救世，必须最终建立一个贤者当权、上下一义的大同社会，“吾言足用矣！”（《墨子·贵义》）墨学逐步完善，从而显赫于天下，以至于使人产生了“天下之言，不归杨则归墨”（《风俗通义》卷七）的惊叹。

墨家兴盛于战国时代，参与了百家争鸣的全过程，它与诸子百家在争辩中就许多问题互相诘难，相互促进，共同成长，成就了中国传统文化的所谓“轴心时代”。有关墨家的学派之争，《淮南子·氾论训》记载：“夫弦歌鼓舞以为乐，盘旋揖让以修礼，厚葬久丧以送死，孔子之所立也，而墨子非之；兼爱、尚贤、右鬼、非命，墨子之所立也，而杨子非之；全性保真，不以物累形，杨子之所立也，而孟子非之。趋舍人异，各有晓心。故是非有处，得其处则无非，失其处则无是。”概括了诸子学术论战的事实和焦点。

从学术渊源上讲，墨家与儒家应该是相通的。《淮南子·要略》说：“墨子学儒者之业，受孔子之术，以为其礼烦扰而不悦，厚葬靡财而贫民，久服伤生而害事，故背周道而用夏政。”墨子本来学于儒家，后来却背弃了儒家，墨家一出现便站在了儒家的对立面。墨家学说在战国时期影响很大，所以有人说只有儒、墨才是那时的“世之显学”。儒家的孟子也不得不承认这一点，他看到了墨家的重大影响，说：“杨朱、墨翟之言盈天下。天下之言不归杨，则归墨。”（《孟子·滕文公下》）杨朱是战国时期魏国人，他与墨子对抗，反对墨子学说，主张“贵己”“重生”，反对人与人之间互相侵夺，孟子则抨击他“拔一毛利天下而不为也”（《孟子·尽心上》）。作为学派，墨子的影响则大于杨朱。

---

① 梁启超：《墨子学案》，中华书局 1936 年版。

② 侯外庐等：《中国思想通史》第一卷，人民出版社 1997 年版，第 220 页。

起初，墨子主要学习儒家的六艺，他勤奋好学，自称遍读“百国春秋”，平时谈话也常常引经据典。可是，在学习中他渐渐发现了儒家的缺点，于是由尊儒、学儒，变成了反儒、非儒。为反对孔子的“仁爱”，墨子提出了“兼爱”的思想主张。孔子的“仁爱”是一种以血缘亲情为基础的亲亲之爱，它偏重于心理感情的要素，没有附加其他的内容。墨子的“兼爱”则有所不同，“兼爱”指的是普遍的爱、没有差别的爱，也就是爱一切的人。墨子的“兼爱”包含着功利性目的，“兼相爱”就是“交相利”，利是爱的基础和内容。“兼爱”是墨子思想的核心，他的其他主张都围绕着“兼爱”而展开，但这又都以利为出发点。不仅如此，墨子的一整套道德、宗教、哲理、政治等观点，也都是以利为出发点而形成的。

与儒家同源的墨家，抓住儒学中过分强调礼、乐的弊端，对儒家展开了批判。《墨子》一书中专门有针对儒家的《非儒》篇，原分为上、中、下三部分，现仅存下篇。《非儒下》前半部分先引儒家言论，然后逐步反驳。例如，借晏婴丑诋孔子的话说：“孔丘深虑周谋以奉贼，劳思尽知以行邪。劝下乱上，教臣杀君。”还编造一些故事，讽刺诋毁孔子。实际上，孔子与墨子所描绘的形象有显著差异，孔子希望匡时救世，为此而栖栖惶惶，到处奔走。只是到了后来，儒者末流过分注重形式，徒说空话，于事无补，他们没有能够继承孔子学说的要义，只讲究丧葬礼仪等琐碎小节，这种作风自然为注重实践力行的墨家所不齿。自古及今，没有把握孔子思想真精神，没有理解孔子儒家思想的特质，是一切反对孔子儒学者的共同弊端。

《非儒下》后半部分批判孔子说：“孔某盛容修饰以蛊世，弦歌鼓舞以聚徒，繁登降之礼以示仪，务趋翔之节以观众。博学不可使议世，劳思不可以补民，累寿不能尽其学，当年不能行其礼，积财不能赡其乐。繁饰邪术，以营世君，盛为声乐，以淫愚民，其道不可以示世，其学不可以导众。”为了增加批判的力度，他们还引用了孔子所崇敬的晏子的言论来攻击孔子和儒家，因为晏子的谏语与主张和墨家的理论非常接近，晏子对孔子和儒家的批判也相当严厉，正好为墨家所用。这就如《史记·孔子世家》所记述的“今孔子盛容饰，繁登降之礼，趋详之节，累世不能殚其学，当年不能究其礼”，口气如出一辙。可是，据《墨子·公孟》记载“子墨子与程子辩，称于孔子”，说明墨子实际也承认孔子的学说有合理成分。

墨子对儒家的批判内容，主要集中在四个方面。墨子总结说：“儒之道，足以丧天下者四政焉。儒以天为不明，以鬼为不神，天鬼不说，此足以丧天下；又厚葬、久丧，重为棺椁，多为衣食，送死若徙，三年哭泣，扶后起，杖后行，耳无闻，目无见，此足以丧天下；又弦歌鼓舞，习为声乐，此足以丧天下；又以命为有，贫富寿夭、治乱安危有极矣，不可损益也。为上者行之，必不听治矣。为下者行之，必不从事矣。此足以丧天下。”（《墨子·公孟》）墨子从批判儒家的“以天为不明，以鬼为不神”，“厚葬、久丧”，“弦歌鼓舞，习为声乐”，“以命为有”入手，阐明了自己的主张。在《非儒》篇中，墨子着力批判了儒家“亲亲有术，尊贤有等”的主张，阐发了“兼爱交利”和“爱无差等”的思想。

针对墨家的批判，儒家也针锋相对，予以还击。其中，孟子对墨家的批判最为激烈，也最为切中要害。据《孟子·滕文公上》，孟子说：“圣王不作，诸侯放恣，处士横议，杨朱、墨翟之言盈天下。天下之言不归杨，则归墨。杨氏为我，是无君也；墨氏兼爱，是无父也。无父无君，是禽兽也……杨墨之道不息，孔子之道不著，是邪说诬民，充塞仁义也。仁义充塞，则率兽食人。人相食，吾为之惧，闲先圣之道，距杨墨，放淫辞，邪说者不得作。”孟子看到了墨家学说的广泛传播对儒学构成的极大威胁，紧紧地抓住墨家思想的核心“兼爱”予以批判反击，抨击“兼爱”与中国宗法社会不合的事实，孟子以孝悌亲情为根本以“距杨墨”，捍卫儒家的地位。

荀子也对“礼乐灭息，圣人隐伏，墨术行”（《荀子·成相》）的现状忧心忡忡。《荀子·乐论》针对墨子的“非乐”展开辩论，分析了“乐和同，礼变异。礼乐之统，管乎人心矣”的道理，批判了墨子非乐的片面性；《荀子·天论》曰：“墨子有见于齐，无见于畸。”《荀子·非十二子》指责墨子曰：“不知壹天下，建国家之权称，上功用、大俭约而僈差等，曾不足以容辨异、县（悬）君臣；然其持之有故，其言之成理，足以欺惑愚众。”分析了墨子学说的特点，批判了墨家的主张，指出了墨家“蔽于用而不知文”的片面性。

从儒、墨两家对立的思想可以看出，墨家与儒家辩论的焦点集中在“兼爱”“天志”“明鬼”“节用”“节葬”“非命”“非乐”几方面。荀子认为，对礼的态度不同，取舍不同，是儒墨之分（《荀子·礼论》）；而在“尚贤”“尚同”“非攻”上，两家的观点是一致的。

墨家学派创立之始就与儒家展开了激烈的辩论，大致在《墨子》成书前后，虽然墨家学派的势力被削弱，但这种争论却几乎达到了白热化。这种争论主要集中在对孔子言行的评价及对孔子和晏子关系的看法上。从《论语》《孔子家语》及《晏子春秋》的记载看，孔子其实对晏子相当赞赏，甚至“以兄事之，而加爱敬”。但晏子对孔子却不时提出严厉的批评，他不赞同儒家的思想学说，认为儒家所倡导的礼乐制度，“烦人留日”“费财留工”“无补死者而深害生者”，认为是“圣王之所禁”。墨家利用这一点，竭力批驳儒家的思想。

《墨子》的流传引起了儒家的极大愤慨，为反驳墨家，维护先圣的形象，经过酝酿，儒家作《诘墨》篇予以还击。该篇现保存在《孔丛子》中。《诘墨》篇作者显然看到了《非儒》三篇，因此专门针对该篇，采用相同的方式，先摘录其中墨家评论孔子言行的文字，然后也逐条反驳，以达到“以子之矛攻子之盾”的效果。

然而，尽管儒、墨之间互相诟病，但两家毕竟有大致相同的时代背景，而且墨家与儒家都产生在当时的鲁国，都深深植根于鲁文化的土壤之中，所以它们其实也有不少相通之处。如儒家"宗周道"，墨家"背周道"，但墨家却在批判周礼所提倡的奢侈靡财的丧葬礼仪和"俯仰周旋威仪之礼"的同时，对周礼采取了退让和保留的态度。例如，周礼的基本精神是维护尊卑贵贱的等级秩序，而墨子则以为当时天下出现战乱的重要原因之一就是礼教遭到了破坏。他说："无君臣上下长幼之节、父子兄弟之礼，是以天下乱焉。"（《墨子·尚同中》）正因如此，墨子主张"亟遍礼四邻诸侯"（《墨子·鲁问》），试图用礼的秩序来安定社会。这表现了墨子在反对周礼的同时，又在向周礼复归。又如，墨子主张"兼爱""爱无差等"，并以之批判儒家的道德观念，然而在不少方面，墨家的价值取向几乎与儒家如出一辙。如前所说，墨子把父慈子孝的伦理道德遭到破坏作为天下丧乱的原因，他却又说："入则不孝慈父母，出则不长弟乡里，居处无节，出入无度，男女无别，使治官府则盗窃。"（《墨子·尚贤》）

在与诸子的争鸣过程中，墨学盛极一时。汉代"罢黜百家，独尊儒术"，其他各家虽然都受到了排斥，但仍然或隐或现，思想延续不断。只有墨家从此衰微，受到空前的冷遇。墨学"其显也盛，其衰也急"，其原因虽然是多方面的，但墨家学说自身的特征还是最为根本的方面。对于墨学，孟子之外，还有很多典籍记载指出过它的一些弱点。如《庄子》说："以此教人，恐不爱人；以此自行，固不爱己……其生也勤，其死也薄，其道大觳，使人忧，使人悲，其行难为也，恐其不可以为圣人之道，反天下之心，天下不堪。墨子虽能独任，奈天下何！"《荀子》说："不知壹天下，建国家之权称，上功用、大俭约而僈差等，曾不足以容辨异、县（悬）君臣。"又说："墨子有见于齐，无见于畸。"还说："墨子蔽于用而不知文。"墨学衰微后，人们继续关注墨家学说，检讨墨学衰微的原因。

大家看到墨家节俭自苦以求天下之利并非人人都能遵行，墨学也有自相矛盾处，如尚贤却要求尚同于明君、贤臣，强调实用重利而又禁欲节俭，既要"节葬"又要"事鬼""非命"却又讲"天志"，如此等等。

（作者单位：孔子研究院）

从墨家“内在超越”看中华文化的反思基因*

王 震

几个世纪以来，西方主流文化所建构的“普世价值”主导着世界秩序，成为现代文明进程的“座标”。西方文化相对于东方的优越性一度被反复解读、复制和传播。美国人类学家鲁思·本尼迪克特（Ruth Benedict）曾把日本与欧美之间的文化差异区分为“以耻为基调的文化和以罪为基调的文化”，其中后者“提倡建立道德的绝对标准并且依靠它发展人的良心，这种社会可以定义为‘罪感文化’”。罪感文化“依靠罪恶感在内心的反应来做善行”，对人性的残缺存有清醒的认知和心灵的不安，因而必须通过坦白和忏悔来释放罪感的包袱，通过爱与善来求得上帝的宽容，并以完美的上帝作为终极人格追求，构建充满爱与良知的正义社会。相比之下，“以耻为基调的”东方文化，“依靠外部的强制力来善行”，“只要不良行为没有暴露在社会上，就不会懊丧，坦白忏悔只能是自寻烦恼”。① 这虽是以日本文化为观照而得出的结论，却在过去一段时期内代表对整个儒家文化圈特别是中华传统文化的某种固化认知：缺乏反思精神，特别是对人性的缺陷缺乏清醒认识和有效约束，容易突破道德底线，导向价值混乱和信仰危机。

中国人对自身文化缺陷的警醒和批判至少有一百多年的历史。从五四运动开始，国人对传统文化的态度几经转变，中华民族一个多世纪以来的反传统和现代化的思想历程，表现为中国知识分子在民族危急时刻总能自觉反躬自省，从反思个体导向自我革命，再到文化重构，乃至社会重建。这尽管有民族危亡和西方思潮涌入的外部刺激，但其内生动力恰恰来自传统本身所蕴含的反思精神，这正是千百年来中华文化所传承的顽强基因。

---

* 本文系山东省社会科学规划研究项目“齐鲁文化与中华民族精神”（项目编号 18AWTJ59）及山东大学人文社会科学青年团队项目“兵学视域下的经传体式研究”（项目编号 IFYT17021）之阶段性成果。

① 参见［美］鲁思·本尼迪克特：《菊与刀——日本文化诸模式》，吕万和、熊达云、王智新译，商务印书馆 2012 年版，第 201～202 页。

一、儒墨异质下生成的中华文化反思基因

中华文化体系中的反思基因与儒家所倡导的内省精神不无关系。通过内省，提高自身境界，达到与世界万物的和谐，实现一种理想的生存状态，由是而形成一种不依赖于宗教的价值导向和信仰维系机制。所以，有人提出中国文化是“忧感文化”，忧国忧民、心忧天下，须臾不忘改造世俗世界的强烈历史使命，并为此而内省修己，身体力行。如果说西方人灵魂深处对原罪的忏悔与救赎是一种良心的自觉，那么中国传统文化中所蕴含的内省精神则承载了中华民族对社会责任的担当。这正如当代学者张宝明所指出：

> 历经艰险和坎坷、荆棘和沧桑，都无法抵挡诗意世界和远方灯塔的召唤，都无法放弃负荷“大任”而肩上如风的从容担当。孟子所说的“天将降大任于斯人也”（《孟子·告子下》）的箴言道破了中国人文情怀的质地。这种“大任”意识用今天的话来表述即是“担当”意识。“大任”内化于心的文化底色是“忧患”（意识），外化于行的责任意识则是“担当”，而最为关键的思想底线则是“人文”定力。千百年来，这种集忧患、担当、定力于一体的人文情怀如同历久弥香的包浆一样涂抹在中国文化的传统中，钙化在士大夫的心灵里，熔铸在士大夫的血肉之躯上。①

儒家的内省精神，在哲学的进路上则可以诠析为现代新儒学所提出的“内在超越”。这是现代新儒学提出的一个重要范畴，通常以牟宗三的论说为代表。牟氏论曰：

> 天道高高在上，有超越的意义。天道贯注于人身之时，又内在于人而为人的性，这时天道又是内在的（Immanent）。因此，我们可以康德喜用的字眼，说天道一方面是超越的（Transcendent），另一方面又是内在的（Immanent 与 Transcendent 是相反字）。天道既超越又内在，此时可谓兼具宗教与道德的意味，宗教重超越义，而道德重内在义。②

基督教的罪感文化以无所不能的上帝作为超越的存在，不仅可以反照人性的罪恶与残缺，而且以神的感召督教世人忏悔和反思，追求完美的境界。在西方宗教神学看来，独立于存在之外的超越世界，是安顿人的心灵不可或缺的栖园。牟氏提出的“内在超越”，无疑是在西方罪感文化压力，特别是现代宗教神学的挑战面前，为中华文化克服天与人、存有与价值之间的张力，提供了一种辩护的路径，从而引发了不少学者对这一

① 张宝明：《大家都是可怜的人间——“人类命运共同体”视野下的人文关怀》，《社会科学论坛》2018年第4期。

② 牟宗三：《中国哲学的特质》，台湾学生书局1974年版，第30～31页。

问题的讨论。

美国学者史华兹也认同中华文化超越性的存在，提出“向内超越”（transcendence inward）[①]，余英时借用这一概念，改造为“内向超越”（inward transcendence），他认为“‘道’的源头在‘天’仍是诸子的一个基本假设”，内向超越即“‘心’上通于‘天’”。[②] 近年来，也有不少学者开始质疑这种求助于“超越”或“宗教性”以解读孔子、诠释儒学的方式，如郝大维（Dvid L. Hall）、安乐哲（Roger T. Ames）[③]、张汝伦[④]、任剑涛[⑤]等。

在此，笔者无意论证儒学内在超越之是否存在，但既然这一学说已经在儒学界具有广泛影响，不妨借其进路对墨家学说做一审视。

《淮南子》认为，“墨子学儒者之业，受孔子之术，以为其礼烦扰而不说，厚葬靡财而贫民，服伤生而害事，故背周道而用夏政”[⑥]，即墨家脱胎于儒家。儒墨有很多相似之处，其创立者（即孔子与墨子）都是宋国贵族之后，两种学说尽管有周道与夏政之别，但实际上都有殷商文化遗存，对于“超越”世界的天命或天志都持敬畏态度。相比于其他诸子，两者对于社会公正与秩序建构都有着更加迫切的担当，都有直面礼崩乐坏、天下纷争而百姓罹难的社会现实的勇气，都致力于建设一个结束战乱的太平世界或大同世界。同时，两者都重视历史典籍，重视对上古三代圣王治世经验的传承。这就决定了儒墨两家相对于其他诸子具有两个鲜明的特点：一是在道义上更具有优越性，或者说儒墨两家的学说中都有一个与现实世界相矛盾的“超越”，都建构了弟子通过修身自律向往“超越”的道德范式；二是都力图形成对建构某类知识体系或阐释文化典籍的垄断，或者说更具某种“文化软实力”。正因为此，儒墨尽管难以受到急于富国强兵的诸侯的重用，却在当时的士人心目中最具吸引力和影响力，故能成为显学。

那么，墨子为何要与“孔子之术”分道扬镳呢？从表象上看是因为礼法烦琐、劳民伤财、贻误生产，根本原因则是儒墨两种学说所代表的社会阶层不同，前者代表宗法血亲体系下的旧贵族，后者则代表手工业劳动者。所以，儒家把秩序的维护放在首位，墨家把成本的考量放在首位。儒墨尽管都建构了一个与现实世界相矛盾的“超越”并持敬畏态度，但两者的具体行为方式还是有很大差异的。儒家对于超验世界的敬畏，以中庸之道处之。《论语·述而》篇云：“子不语怪力乱神。”这种敬而远之的态度，保持了贵

① 参见［美］史华兹：《古代中国的思想世界》，程钢译，江苏人民出版社 2004 年版，第 175～180 页。

② 余英时：《从价值系统看中国文化的现代意义》，氏著《文史传统与文化重建》，生活·读书·新知三联书店 2004 年版，第 205 页。

③ ［美］郝大维、安乐哲：《孔子哲学思微》，蒋弋为、李志林译，江苏人民出版社 1996 年版，第 5 页。

④ 张汝伦：《论“内在超越”》，《哲学研究》2018 年第 3 期。

⑤ 任剑涛：《内在超越与外在超越：宗教信仰、道德信念与秩序问题》，《中国社会科学》2012 年第 7 期。

⑥ 何宁撰：《淮南子集释》卷二一，中华书局 1998 年版，第 1459 页。

族式的理性，所以儒家把关注点放在了自我上。《论语・八佾》篇云："祭如在，祭神如神在。子曰'吾不与祭，如不祭'。"即刻意对"外在超越"保持距离，反身而诚。墨家的敬畏，将超验世界拉入经验世界，以上天与鬼神皆可在人间行其赏罚，并直接干预社会活动，这既不同于西方宗教的"外在超越"，也与儒家敬鬼神而远之的中庸之道有所不同。但从根本上说，墨家的"超越"依然是具有典型中华文化特色的"内在超越"，用世俗化的上天与鬼神的信仰，把儒家贵族式的内省变成了一种契合当时社会条件、更接地气的平民式的敬畏。

二、墨家"超越"的世俗色彩

作为墨家"超越"的上天与鬼神，较之西方宗教全能全知的上帝，显然具有中华文化的世俗化特质。这里我们不妨以牟宗三对康德哲学中 transcendental 与 transcendent 两个不同概念的分疏作为参照。

> 在康德，"超越"一词与"超绝"或"超离"的用法不大相同。"超越"是指某种先验的（apriori）东西，先乎经验而有，不由经验得来，但却不能离开经验而又返回来驾驭经验，有此一来往，便是 transcendental 一词之意义。假如是超绝或超离，即 transcendent，则此超绝或超离就是与经验界隔绝，完全隔绝，一往不返，而超越则往而复返。①

此说显与当前中国大陆学者的通行译法，将 transcendental 译为先验，transcendent 译为超越，颇为不同。郑家栋认为，"牟译 transcendent 为'超绝''超离'，应该说比较清晰地彰显出其作为某种不能够被'超越'的界限之含义，这一重含义是大陆通行的译法所无法表达的"②。从康德的意义上讲，墨家之"超越"，则近于 transcendental 而非 transcendent，因为上天与鬼神较之基督教中的上帝，似乎更接地气，它们与世俗之间并没有不可逾越的鸿沟，或者说墨家的超越世界——天志和明鬼本身就具有强烈的世俗色彩。

作为墨子的宇宙观，天志和明鬼是墨家"十论"的逻辑起点，兼爱、非攻、尚贤、尚同、节用、节葬、非乐、非命，从根本上说，皆是天志使然。天志就是天的意志。天是比天子更尊贵、更有智慧的存在，天志确立了宇宙万物的最高准则——恪守正义、爱人利人、兼而不别。《墨子・天志上》篇说："顺天意者，兼相爱，交相利，必得赏；反天意者，别相恶，交相贼，必得罚"，所以应以天为仪法，"譬若轮人之有规，匠人之有

---

① 牟宗三：《中西哲学之会通十四讲》，台湾学生书局 1990 年版，第 50～51 页。

② 郑家栋：《"超越"与"内在超越"——牟宗三与康德之间》，《中国社会科学》2001 年第 4 期。

矩”，自戒自律，谨慎遵循。明鬼，即明确鬼神的存在。鬼神无处不在，无所不知，时刻监督着人们的行为，赏善罚恶，而且无论人尊卑强弱，皆能信赏必罚，《墨子·明鬼下》篇说：“鬼神之所赏，无小必赏之；鬼神之所罚，无大必罚之”，所以“欲求兴天下之利，除天下之害”，就必须尊明鬼神之有。天志、明鬼是墨家从修身自省到改造社会的理想内核。正如上文所述，它不同于一般的宗教教义，具有鲜明的世俗主义色彩，或者说更接近于 transcendental 而非 transcendent，是一种具有强烈历史担当的人文信仰，具体表现是社会化、虚拟化和功利化。

首先是社会化。墨子所敬畏的上天和鬼神不同于一般宗教意义上的神，它们是一种“社会化的存在”。墨子将天视为宇宙万物的主宰，赋予其有意志、有好恶的人格精神，具有宗教中所描述的“神性”，从这个意义上说，墨子所说的“天”与宗教中的“神”一般不二。鬼神也是一种超自然的神秘存在，有像人一样的价值判断能力，并超越人的力量，无时无处不在监督着人的行为，行使着赏善罚恶的职能。然而，上天和鬼神都没有超越经验世界，这就与宗教中的神划定了一条最明显的界限。在基督教中，上帝具有 transcendent 的特点，是一种神秘的超验的存在。这种存在是绝对的、不容置疑的，无法用世俗世界的一般经验去证明，上帝不会直接参与人的社会活动。但墨子所敬畏的上天和鬼神是有社会性的。《墨子·天志中》篇指出，上天“贵且知于天子”，“若天子之贵诸侯”“诸侯之贵大夫”，所以上天与天子、诸侯、大夫等社会角色在同一序列当中，只不过位于最高层级而已，而且“天子为善，天能赏之，天子为暴，天能罚之”，“天之有天下”如此，“天子之有天下”“国君诸侯之有四境之内”，同样采取赏善罚暴的措施。这就是说，上天是处在一定社会关系中的，行使具体的社会职能，因而是世俗的。

鬼神也是如此。《墨子·明鬼下》篇列举了见诸史书的“闹鬼事件”。周宣王遇鬼，“著在周之《春秋》”；燕简公遇鬼，“著在燕之《春秋》”；宋文君遇鬼，“著在宋之《春秋》”；齐庄君遇鬼，“著在齐之《春秋》”。《春秋》是官方载录的编年体史书，周王室和各国公室都有，具有历史档案的性质。鬼的行迹被世俗地载诸史册，出现在经验世界的历史档案中，而且这些鬼深度地参与了贵族的纷争，如周宣王所遇之鬼，系被误杀的臣子杜伯的鬼魂，后竟射死宣王报仇。这都说明，墨子所说的上天和鬼神是世俗的。

其次是虚拟化。墨子所说的上天无非是一种法则和规律的“拟神化”描述，与“彼岸世界”无关，更不是 transcendent。《墨子·天志上》说：“我有天志，譬若轮人之有规，匠人之有矩。”天志重义，主张兼相爱、交相利，这是社会活动的根本法则，顺应这个法则就能得到积极的回报，违背这个法则必将遭受规律的惩罚。墨子呼吁置立天志“以为仪法”，说明天志是客观的存在，像轮人的规、匠人的矩一样，其赏善罚恶实质是一种客观现象，作用于现实社会生活，而并不问及经验之外的“彼岸世界”。墨子提出顺应天志，又主张非命。顺应天志是积极的，发挥人的主观能动性，主动适应天志法则，运用规律；“认命”则是消极的，人在“命”的面前无能为力，只能任由命运摆布。可见，天志与宗教中具有 transcendent 特征的全能神是有根本区别的。

虚拟化的背后是功利化。墨子所讲的鬼神作为一种意念性的存在，带有极强的功利主义性质。《墨子·明鬼下》篇说，当时天下大乱，“皆以疑惑鬼神之有与无之别，不明乎鬼神之能赏贤而罚暴”，可见鬼神就是为了威慑恶人恶行而存在的，是否真有鬼神并不重要，重要的是人们要信其有，“明乎鬼神之能赏贤而罚暴”，自我构筑劝善禁恶的精神防线。墨子认为祭祀鬼神是非常重要的，他认为“虽使鬼神请亡，此犹可以合欢聚众，取亲于乡里”（《墨子·明鬼下》），即便没有鬼神，祭祀活动仍然可以起到凝聚感情、团结同乡的作用。这就更加印证了鬼神仅作为意念性存在，作用于人的心理，发挥现实功用即可。

这种功利化在很大程度上源自对儒家思想专注于安顿社会治理与世道人心的传统的继承。天志、明鬼的主张是墨子早年“学儒者之业，受孔子之术”的思想遗存，实际上是墨子对儒家天命观、鬼神观的一种扬弃。

天命观是儒家的重要思想。孔子讲“天”，讲“命”，也讲“天命”，三者其实不尽相同。孔子说：“四十而不惑，五十而知天命，六十而耳顺。”（《论语·为政》）从不惑到知天命再到耳顺，是一个人随着阅历的增长而不断成熟的过程，即知识和经验达到一定积累，继而掌握背后的规律、准则，进而可以辨真伪、明是非。天命就是在一定知识和经验积累的基础上归纳抽象出来的内在规律，是做人做事的准则。孔子还说，“君子有三畏，畏天命”，“小人不知天命而不畏也”（《论语·季世》）。为什么说君子畏天命，小人不知天命而不畏呢？因为君子的认知层次决定了他能够领悟和敬畏宇宙人生的根本规律，遵循做人做事的原则和底线，小人则想不到也管不了那么多，可能就会无所畏惧，无所不为。这里的天命其实与墨子所说的天志是很接近的。但是在孔子那里，天命与天不完全是一回事，如《论语·子罕》篇云“天之将丧斯文也”，这是主宰命运之天，墨子其实是不认可的；天命与命也不完全是一回事，如“道之将行也与，命也，道之将废也与，命也”（《论语·宪问》），这是不可抗拒之命，也是墨子的非命所批判的。子夏说“死生有命，富贵在天”（《论语·颜渊》），天和命，人都必须被动接受。被墨子斥为“天下之大害”的“执有命者之言”（《墨子·非命上》），正是子夏这类言论。

墨子继承、改造和发展了孔子的天命观，提出天志的观念。相比而言，天志有了具体的内容，如“天欲义而恶不义”“兼相爱，交相利”（《墨子·天志上》），“大不攻小也，强不侮弱也，众不贼寡也，诈不欺愚也，贵不傲贱也，富不骄贫也，壮不夺老也”（《墨子·天志下》），这是墨家伦理价值和社会理想的内化。而且，与孔子所说的天命相比，天志的存在进一步客观化、功利化，如同“轮人之有规，匠人之有矩”，这就把人的主观作用突出了出来。

墨子的鬼神观与儒家同样具有承继关系。《墨子·明鬼下》篇说，圣王建国营都，无不先立宗庙、蕝位、祝宗，备置牺牲和酒醴粢盛，“先鬼神而后人”。又说：“古之今之为鬼，非他也，有天鬼，亦有山水鬼神者，亦有人死而为鬼者。”但是最重要的恐怕还是“人死而为鬼者”，“先死者非父则母，非兄而姒”，所以鬼在大多数情况下指的是逝去的亲人乃至祖先。明鬼的意义就体现在祭祖活动中，这与儒家“慎终追远”的观念一脉相承。

《墨子·明鬼下》篇还指出，如果鬼神真的存在，“是得其父母姒兄而饮食之也”，逝去的亲人就可以享用酒醴粢盛，“岂非厚利?”如果鬼神不存在，那些酒醴粢盛并没有“注之污壑而弃之”，而是“内者宗族，外者乡里，皆得如具饮食之”，大家分着吃了，也不会浪费，更重要的是，“此犹可以合欢聚众，取亲于乡里”。可见墨子本人也未必深信鬼神的存在，他重视的是祭祀活动的仪式感及其对弘扬正能量的积极作用。这与孔子对待鬼神的态度是相通的。孔子说“祭如在，祭神如神在”，又说“吾不与祭，如不祭”。“如在”也就默认了鬼神是一种意念上的存在，但是即便是意念上的存在也要虔诚，必须亲自参加，因为祭祀仪式净化心灵的意义远比鬼神更重要。

所以说，墨子天志、明鬼的主张表面上看是为反对儒家而提出，但其实具有很深的儒家印记，是对孔子学说的吸收转化与改造。墨家“超越”的功利化特征，正是源自对儒家经世精神的继承。

三、墨家“超越”的反思意识

与儒家中和宁静的君子修持不同，墨家所追求的“内在超越”，要借助天谴鬼罚的震慑示警与艰苦环境的意志锤炼，更加注重现实效果，更加契合平民生存状态下的心理期求，也更加适应春秋战国礼崩乐坏的混乱局势。墨子所处的时代，正是社会政治激烈动荡、新旧秩序激烈冲突、道德信仰与伦理价值遭到颠覆和践踏的时代。要实现墨家理想中的社会重构，在思想上激浊扬清、拨乱反正，必须建构一套破立并举、正向引导与警示威慑相结合的理论，从而为乏力的正向说教提供一种具有震慑作用的精神救济，因此墨子赋予上天与鬼神惩恶扬善的力量。在宗教神学中，超越力量对背离“神意”的罪恶予以惩罚，原本要到“彼岸世界”才能兑现，但墨家的天谴鬼罚却是具有典型中华文化特质的“现世报”。墨家的超越世界尽管全能全知、高高在上，但并非遥不可及，甚至并不神秘，这在一定程度上弥合了超越世界和经验世界的对立，缓解了理想与现实的紧张。

天行赏罚，并非上天直接为之，上天只是树立了“欲义而恶不义”的根本法则，遵循则受其益，违背则受其害。所以，天志是客观化的“神”，人的能动性的发挥才是关键，天志的根本职能是制定法则。如果上天是“立法者”，那么鬼神就是“监督者”“执法者”，是执行赏善罚恶、赏贤罚暴的主体，鬼神职能的行使也是以天志为法仪的。墨子认为，自三代圣王之后，出现了“天下失义，诸侯力正”（《墨子·明鬼下》）的局面，君臣之间、父子之间、兄弟之间的关系失序失范，官员不尽职履责，平民不尽力从事，暴乱并作，盗贼蜂起，原因就在于人们不信鬼神，作恶施暴者缺少心理上的震慑。为此墨子提出了尊明鬼神的主张。在墨子看来，鬼神力量之强大，足以成为悬在作恶施暴者头上的达摩克利斯之剑，无论“富贵众强，勇力强武，坚甲利兵”，鬼神之罚必胜之；又赏信罚必，“无小必赏之”，“无大必罚之”（《墨子·明鬼下》）。然而事实上，墨子对于鬼神是否存在又并不那么深信，上文对此已做专述。所以，明鬼思想实质上是人为划定的一条道德底线，其意义在于时时提醒人们作恶必遭报应。因此，墨家天志明鬼的宇宙观，与其说是一种来自超验世界的精神震慑，倒不如说是一种直面“当下”、直击内心的拷问。

这种拷问体现了对当时社会旧秩序的反思。与儒家借助上天权威论证尊卑秩序的神意性相比，墨家回归“惟天无亲，克敬惟亲”（《尚书·太甲下》）的原初信仰，秉持“天无私覆，地无私载”（《礼记·孔子闲居》）的公正精神，公开批评现存秩序的非理性。“墨子的可贵之处在于他超越了古人的时代局限，看出任何个人都是不完美的、不可盲从的”，“墨家敢于冲破氏族的纽带，建立起信仰共同体与一种共同的生活伦理，提出了一种优越于血亲共同体的全新的普遍伦理，这在那个时代是绝无仅有的”。①

这种拷问，不仅停留于对“当下”批判的维度，而且升华到自我修为和身体力行的境界。这是因为，墨家“天鬼”信仰的真正基础，绝非迷信鬼神、惧怕惩罚的朴素动机。墨子强调鬼神能够洞察一切，无论幽间、广泽、山林、深谷都无法藏匿，“鬼神之明必知之”（《墨子·明鬼下》），人在做、“鬼”在看，这实际上是儒家所说的慎独的另一种形式。所以说，明鬼表面上是一种宗教观念，其实所指向的是人的修为。“墨家突出了天志在社会秩序建设中的政治功能，但这种政治功能化的解释、功利化的解释在一定程度上也消解了天志本身的神圣性和超越性。”② 事实上，墨子天佑鬼罚学说受到内部弟子的长久质疑③，于维系信仰所发挥的作用十分微弱。这符合中国古代民间宗教的特点，即多元性、多变性和随意性，“信则有不信则无”、半信半疑的情况比较普遍。尽管墨家鬼神往往不太灵验，但其注重砥砺操行，精神凝聚力、感召力在先秦诸子中却首屈一指，最能说明问题的是《吕氏春秋·上德》篇记载的墨家巨子孟胜率弟子180人为阳城君舍生守义的壮举。

墨家的“内在超越”之所以如此强大，在于他们倡导为实现理想不辞劳苦，身体力

① 参见赵威：《试析墨家“天志”正义观的超验性》，《哲学研究》2017年第1期。

② 盖立涛：《墨家天志思想探微》，《世界宗教文化》2018年第4期。

③ 参见郑杰文：《中国墨学通史》，人民出版社2006年版，第22页。

行，在艰苦的物质条件下自我节制、自我磨炼。《吕氏春秋·爱类》篇载墨子为制止公输般助楚攻宋，从鲁国出发，“裂裳裹足，日夜不休，十日十夜而至于郢”①。《墨子·备梯》篇载：“禽滑釐事子墨子三年，手足胼胝，面目黧黑，役身给使，不敢问欲。”孟子称“墨子兼爱，摩顶放踵，利天下为之”（《孟子·尽心上》），庄子谓墨徒“多以裘褐为衣，以跂蹻为服，日夜不休，以自苦为极”（《庄子·天下》）。墨家苦行僧式的内省与淬炼，其根本驱动是一种强烈的历史责任感，为信仰献身，建立一个兼爱交利、尚贤尚同的大同社会。

四、墨家信仰的伦理建构路向

墨子提出的天志与明鬼思想，是与儒家殊途同归的另一种“内在超越”，是中华文化反思基因的重要体现，具体来说就是借天志、明鬼的信仰，自警、自省、自律、自砺、自强，以身体力行辐射和引领整个社会建构以兼爱为普遍伦理追求的太平天下，这一路向与儒家如出一辙。

墨子自苦其极，而胸怀天下，“以绳墨自矫，而备世之急”（《庄子·天下》），具有强烈的干预现实的愿望，而儒家则以修身、齐家、治国、平天下的情怀积极入世。所以，从这个意义上讲，墨家的兼爱与儒家的仁爱颇为近似，都是以修身自律为原点，在德行上做出表率，然后将这种美德推广，实现社会伦理价值的重构，以重建世道人心与理想的社会秩序。然而，如果进一步分析，我们会看到，墨子改造现实社会的救世情怀与儒家有一个重要差别：儒家的思想进路是家国同构，其所倡导的社会核心价值是家族情感的引申，而墨家则是友情的扩展。通俗地说，儒家认为，整个社会就是一个大家庭，所有的人际关系都可以抽象为父子、夫妇、兄弟，而墨家则将社会人际关系抽象为朋友关系。

墨子认为，人的伦理情感有“兼”有“别”，“兼之所生天下之大利”，“别之所生天下之大害”。一个人如果秉持“别”的原则，就难以做到把朋友当作自己，把朋友的亲人当作自己的亲人，对朋友“饥即不食，寒即不衣，疾病不侍养，死丧不葬埋”；相反，一个人如果秉持“兼”的原则，就能够把朋友当作自己，把朋友的亲人当作自己的亲人，对朋友的饥寒病死都会伸出援手。后者所秉持的“兼”，其实是一种互惠互利的友爱之情，墨子将这种友爱之情，视为“圣王之道也，王公大人之所以安也，万民衣食之所以足也”（《墨子·兼爱下》）。墨家改造现实社会的理想，是渴望建构新型的城市手工业者视角下的伦理价值，期求在整个社会编织一张互助友爱的关系网络，实现良性竞争与合作共赢。

---

① 许维遹集释：《吕氏春秋集释》，中华书局 2009 年版，第 594 页。

墨子及其弟子大都出身平民，更确切地说，以城市手工业者为主。春秋以前的手工业，是《国语》中所说的“工商食官”（《国语·晋语四》），也就是官府垄断，家族经营。手工业者和商贾都归官府管辖，他们必须按照官府的规定和要求从事生产和贸易；同时，工商业家族具有职业世袭的特征，擅长经商的家庭或家族在被国家认可之后，又以国家法令的形式固定下来，世代相袭，不得改弦易辙。从春秋时期开始，随着社会阶层的重新整合，私营手工业得到发展，手工业者更多地从农业人口中分离出来，在一定程度脱离了春秋以前村社组织和家族结构的血缘纽带，组成分散的小作坊。

春秋战国正是天下大乱的时期，《孟子·滕文公下》说：“世衰道微，邪说暴行有作，臣弑其君者有之，子弑其父者有之。”同是为扭转当时礼崩乐坏、社会失序、道德失范的混乱局面，拯救黎民百姓，儒家提出仁政主张，建立一个仁爱的社会。仁爱所倡导的是以家族关系为纽带、以血缘亲疏为依据的有差等的爱，因为儒家是站在传统周室贵族的立场上，主张恢复周公所推行的层层分封的宗法制度和社会秩序。上至王公贵族，下至氏族村社，按血缘分配权力和财富，家庭或家庭成员和国家子民品质相统一，家国同构、忠孝同义，所以在伦理上就是“亲亲而仁民，仁民而爱物”（《孟子·尽心上》）。

墨子早年学习儒家思想，也有“爱”的主张，期求人与人之间建立美好和谐的关系，实现大同社会。然而，墨子提出的“兼爱”，消解了“仁爱”所蕴含的血缘亲疏的差等。因为墨子及其弟子所代表的城市手工业者，其家庭关系相对单一，很难具备大家族结构下的血亲意识，从人性的角度说，或许也有亲情、友情等情感诉求，但这种情感是平面化的。城市手工业者最普遍的社会关系是邻里、同行的合作关系、互助关系、共赢关系，当然也有竞争关系，但必须避免零和博弈、恶性竞争，以减少消耗不必要的生存成本，确保弱势群体在这个社会中得以共生共存，所以墨子说“兼相爱，交相利”。《说文解字·秝部》曰：“兼，并也，从又持秝。兼持二禾，秉持一禾。”① “兼”即两个“秉”字的合体，意为双手各持一株禾稻，事物的两面，彼此皆有之，谓之兼。《墨子·鲁问》篇记载了这样一则故事：

> 公输般为楚国创制了钩、镶，使其在水战中战胜了越国，于是讽刺墨子说：我能够用钩、镶赢得水战，不知您所说的“义”，是否也具备钩、镶的优势？墨子回答说：我的“义钩”远比你的战钩更有优势，因为“我钩之以爱，揣之以恭”，所以能与对方“交相爱，交相恭，犹若相利也”，而你的战钩是“钩而止人”，“强而拒人”，所以最终“交相钩，交相强，犹若相害也”。

① 段玉裁注：《说文解字注》，中华书局 2013 年版，第 332 页。

处于社会中下层的城市手工业者，其生存体验是艰难的、险恶的，如果动辄“钩而止人”“强而拒人”，势必陷入“交相钩，交相强”的恶性循环，自身脆弱的境遇难以承受。既然人与人的关系是相互的，就必须把握好“兼”的原则，不分彼此、平等互爱，才能双双获利。这就是说，兼爱思想其实是墨家社会出身的写照，也是保障生存权益的现实需要，是在试图为维系人与人不分彼此、平等互爱、共赢共利的兼爱关系，建构一种有序有效的永续规则。

总的来说，与儒家充溢着君子气质的中和内省精神不同，墨家建构的“内在超越”，指向了另一种被赋予神圣性质的价值，即兼爱交利。由天志决定并受鬼神监督，其逻辑进路契合了中国上古社会条件下的平民意识，虽然掺杂着原始宗教和民间信仰的成分，但无疑却更有成效地启发了草根式的自警、自省、自律、自砺、自强，更加促进了墨家终极价值的开显。

（作者单位：山东大学儒学高等研究院）

历史社会学视野下的墨学命运考察

——兼论儒墨显学的当代定位

秦彦士

先秦时代，儒墨都是名震一时的显学，但它们的历史命运却大相径庭。到了近代，这两个学派的命运出现了反差极大的变化并一直延续到今天。对于这些问题，学者们都有不同的解答。与此同时，当代“新儒学”与“新墨学”也都被学人提及，而且学界也开始了儒墨的直接对话。在大量论著中，对于儒墨的思想异同以及两千多年以来它们的不同命运，以及当今时代如何定位儒墨两家的思想价值，学术界的争论一直没有停止。不过论争虽然激烈，但真正有创意的思想突破却并不多。其原因就在于绝大多数论著仅仅停留在学术史的角度进行思考，因此许多问题是很难说清楚的。可是，如果我们运用社会历史学的观点与方法来进行重新审视，就会得到许多新的启示，并对墨学与儒学的当代价值产生新的认识。因为古往今来无论任何一种思想的出现与传播，无一不是当时社会发展的产物，儒墨思想学派的产生同样也是如此。两千多年之后儒墨以及道释乃至西方的各种思想都被人们重新审视，因为这些在当时出现的思想虽然是为了因应彼时社会的需要，但作为轴心时代智者的智慧结晶却具有超越时代与地域的价值，即它们的一些思想精华依然能够在当今社会发挥重要的作用。而深入分析这些思想同时结合时代的需要，即在当代的社会发展与新文化的创建中将如何发挥作用，是我们需要着重加以探讨的问题。

对于墨家兴起的原因，学术界的争议似乎并不大，但对于其思想产生的社会背景进行全面深刻探讨的却并不多（过去我们更多的是从阶级斗争的角度加以分析）。但如果我们要对墨子思想产生以及墨学成为“显学”以后的历史有更加准确深刻的认识，就必须首先对墨学产生两百多年的社会历史背景有更多的了解，同时对战国后期及秦汉之后中国社会政治、经济、文化以及上层贵族和下层民众的生活、思想的变迁与历史的发展进行深入的研究。这是一个宏大的课题，在这篇文章当中，我们只能涉及一些重要的研究点开展初步的抛砖引玉尝试。

结合史料与考古发现，我们可以明显地看到从春秋后期到战国初期中国的社会形态发生了前所未有的巨变，这个历史变化造成儒墨之兴的社会背景呈现出几个鲜明的特点，这些前所未有的新特点可以概括为以下三个方面：一是生产工具、生产方式与经济形态变化引起王权下移，由此带来“世卿制”社会解体以及“士”阶层——新兴知识分子的兴起；二是“工商食官”制度的演变带来了学术思潮的新变；三是引领时代飞速发展的各国变法引发的政治、社会新变以及民间力量（尤其是草根民众力量）的兴起——这正是墨家成为“显学”以及由此形成“巨子”集团的社会基础。而这些变化也是墨家作为历史上全面影响社会的第一个也是唯一的一个平民思想学派的根本原因。

这里我们首先要关注的是在古老的农耕社会中农业生产工具的改革进步带来的经济发展，这是最终成为社会变化进步的根本动力。对于周代社会的改变而言，铁器农具的广泛运用是社会进步的一个巨大推动力：铁器农具的使用不仅极大地提高了原有农田的粮食产量，而且也使得大量的荒地得到开垦。加之牛耕与水利灌溉等新技术的进步，粮食亩产量得到很大的提高，“百亩之田”的收成可以“上农夫食九人……下食九人”（《孟子·万章下》），甚至“一人治之，十人食之”（《吕氏春秋·上农》）。这就使古代的“五口之家”“八口之家”的小农经济成为由商周社会演变成为战国林立的各国君主政权的社会基础（中国两千多年不变的帝制根源亦在于此）。在这种新的社会背景下，上层贵族需要维持自己的统治保持他们的权势财富，而作为社会上绝大多数人的农民、工匠等下层民众则不断提出他们的诉求，也必然要寻找自己的代理人，这样的现实才得以产生儒家与墨家这样的学术派别的社会基础。而经济的发展带来的小手工业者的壮大更是成为墨家集团的直接社会基础力量。其次，从生产方式看，商周时代的农业生产是“普天之下，莫非王土”的“十千维亩”的“公田”生产方式，到了春秋时代，随着周王朝权威的不断衰落，各个诸侯国“民不肯尽力于公田”（《国语·周语上》）。于是在“公田不治”的情况下，晋国等开始实行“治爰田”的改革。[①] 随着时间的推移，脱离“公田”的自耕之农不断增加，《墨子·鲁问》篇记载的“冬陶夏耘”的“吴虑”之类的“鄙人”就是其中的代表，甚至连一些过去的贵族后代也成为其中一员。比如，晋国的范氏和中行氏被赵氏战败逃亡到齐国，其子孙就被迫“耕于齐”（《国语·晋语》）。随之而来的就是原来的“公田”不断地通过买卖而私有化。而与此相应的变化则是田亩租税制的改革，对此《墨子·辞过》和《贵义》都有记载：“以其常正（征），收其租税，则民免而不病”，“农夫以其利于大人”。在这种社会背景下，以农人为主的“国人”的人生权力价值相对增加，他们表达自己权益的机会也比过去大为增加，后世墨者集团的“农与工肆之人”正是在这种背景之下出现的。

---

① “爰田”，《国语》称“辕田”，韦注引贾逵曰：“‘辕，易也’，为易田之法。”《左传》孔疏引服虔曰：“‘爰，易也’。赏众以田，易其疆畔。”

另一方面，随着经济与政治的变化，过去“世卿制”的社会结构也随之解体。本来在周初与宗法制密切相连的封建制具有明显的世卿制特点，即王国维《殷周制度论》所说：“周人既立嫡长，则天位素定，其余嫡庶子皆视其贵贱贤否授以国邑。……后王之子亦皆使食畿内之邑。”① 这样就形成了尊卑贵贱不可移易的等级秩序，正如顾颉刚概括的那样：“推封建诸侯之义于卿大夫、士、嫡子、庶子各有其职。父亲的职位由嫡子继任，上下阶级厘然不混。所以它的效用能使民服事其上而下无觊觎。”② 但由于战争的打击和“禄谷”制度的推行等社会巨变，“世卿”地位不断坠落，而过去处于社会下层的阶层人员却有了不断上升的机会，从而引发了巨大的社会变化。③ 梁启超就曾经这样概括：“封建初期，政治教育与政治经验皆少数贵族所专有，一般平民则既无了解政治之能力，复无参加政治之欲望。及其末期，则平民之量日增，而其亦渐变。”④

正是平民数量的不断增加以及他们的社会影响日益扩大，才有可能出现墨子这样的“农与工肆之人”的代表。尤其是后者更是与“工商食官”制度的变革有直接关系。

“工商食官”制度的变化之所以成为墨家出现与活跃的重要原因，就是因为它涉及社会阶层前所未有的变化。对此，《国语·晋语》记载：“公食贡，大夫食邑，士食田，工商食官。”其中的“工商食官”是一种官方垄断的手工业生产方式。在古代，从商朝开始就有大规模的青铜祭器和兵器的制造，为了管理王室工匠集中的工场，商周王朝专门设置了“冢宰”（商代称为“大宰”）的职官。权力巨大的“冢宰”之类的官吏不仅可以随意驭使这些工匠，甚至可以将他们像物品一样赠送他人。《左传》记载：“楚侵阳桥，孟孙请往赂之，以执斫、执针、执纫，皆百人”。这些百工从事繁重的劳作，但在政治上却毫无权利，甚至受到非人的待遇以致残酷迫害。当这样的迫害不堪忍受之时，他们就拼死反抗，百工为首的这种反抗甚至曾经将残暴的周厉王赶走。另一方面，随着政治经济的变化特别是土地私人占有和买卖的增加，其中有关土地的纠纷也不断增加，这样民与官的争执也必然增多。在出土文献《包山楚简》中，就有这样的记载（《睡虎地秦简》等中也有大量这样的内容）。其中的 151、152 号就记载了一名曾经担任“左御”之职的番某在“食田”上发生的土地所有权纷争，第 81 号竹简更记载了一位叫周

① 王国维：《观堂集林》卷第十《史林二·殷商制度论》，河北教育出版社 2003 年版，第 238 页。

② 顾颉刚：《禅让传说起于墨家考》，《顾颉刚古史论文集》第一册，中华书局 2011 年版，第 427 页。

③ 随着周代社会礼崩乐坏的历史变迁，过去井然有序的姓氏贵贱等级制——世官制——不断遭到破坏：王室公族的力量从普遍的强势变成弱势，而非公族的力量却不断增长，到战国时代，原来公族占优势的鲁、郑、卫都已经成为各国当中力量弱小的邦国，而瓜分晋国的赵氏和魏氏都不是公族。更多的世家大族过去显赫的历史也都一去不复返，原来春秋时期历史著作中记载的鲁、晋、楚、宋、郑五国史载的 85 位执政者中，百分之九十二的世族和百分之七十六的世卿之族经过天翻地覆的变化都已经荡然无存。台湾学者许倬云说：“整个战国时代几乎未见春秋时代的那种巨室，若新贵没有填补旧有贵族的社会地位，而且连可以对应的家族也找不到……新的社会结构已经取代了旧的秩序。”（许倬云：《求古编》，新星出版社 2006 年版，第 249 页）这正是儒墨之兴的社会背景。

④ 梁启超：《先秦政治思想史》前论第六章“阶级制度兴替状况”，东方出版社 1996 年版，第 55 页。

赐的人，控告他所在的地方“执事人宫司马竞丁”“征其田”。这样的事件一方面说明一般的民众敢于控告官府之人随意征发土地，即证明土地私有的性质得到承认，另一方面也反映了民众自我意识的觉醒。这些自我意识觉醒者必然寻找反映他们意愿的思想代理人，这种社会背景正是墨家平民学派产生的重要背景。

在工商食官制度解体的社会背景下，随之而来的商业经济的活跃也给当时的学术思想带来明显影响，这种影响形成儒墨分野的一个重要方面，而这恰恰是学术界较少关注的。我们只要将孔孟与墨子的相关论述加以比较就可以明显地看到这一点：孔子将义与利对立，并将它作为君子与小人的分野标准，还斥责逐利之人“放于利而行，多怨”（《论语·礼仁》）。孟子进一步将义利视为道德的善恶两极，即“为富不仁，为仁不富”，甚至将逐利的商人视为罪恶的代表，而谓“鸡鸣而起，孳孳为善者，舜之徒也；鸡鸣而起，孳孳为利者，蹠（跖）之徒也。欲知舜与蹠之别，无他，利与善之间也”（《孟子·尽心上》）。然而，在《墨子》书中，对利的诠释则大异其趣，谓“义，利也”，“利，所得而喜也”（《墨子·经上》）。墨家有意识地将他们的这种认识与儒家对立：“圣人有爱而无利，儒者之言也。”这样的认识明确地显示了墨家所代表的社会阶层与儒家鲜明的不同之处。

商业在社会上地位的变化，还带来学术思想的新现象，那就是以墨家与名家为代表的名辩思潮。汉代的司马迁对此有一个精辟的概括，就是经商风气带来的新的社会习气：他认为三晋与郑卫之地的人正是由于商业气息浓厚所以才“足智，好议论”（《史记·货殖列传》）。对于这种新的风尚与名辩抽象思维的关系，著名学者嵇文甫精辟地论述道：“在市场上，货币起着重要的作用，货币把一切商品都抽象化了。一尺布不只是一尺布，一斗米也不只是一斗米，它们之间性质的差异完全失掉，而都是若干数量的货币来代表。在市场上，货币就是一切，货币把一切商品都抽象化了。换句话说，我们在市场上所看到的，不是使用价值，而是交换价值；不是具体劳动，而是抽象劳动。懂得这个道理，则从市民间孕育抽象性的学说，其原因自易明白了。”① 由此可见，无论是墨家的逻辑学，还是惠施“合同异”、公孙龙“离坚白”的名辩学，这类对事物性质的高度抽象分析的学术思想正是战国中后期商业不断发展的产物，这与代表自给自足的农耕自然经济背景的老子、孔子的学术背景有明显的区别。

相对于春秋战国之际以前的两千年中国历史，诸子学派产生和繁荣的时间其实是很短暂的，然而这个历史转折时期出现的学术思想不仅极大地影响了当时的政治走向，而且对后世产生的影响也是近代之前的任何一个时代不可比拟的。如果我们深入探讨这个新的历史现象，就能够清楚地看到一个至今对我们具有极其重要启示的问题：一个社会

---

① 栾星：《公孙龙子长笺》，转引自嵇文甫：《先秦诸子与古代社会》，《嵇文甫文集》上册，河南人民出版社1985年版，第328页。

如果要脱离历史固有的惰性，就必须实行大胆的改革。正是因为各国的变法与改革，推动历史前进的生产力不断被激发，人的创造性也发挥到前所未有的极限。而越是彻底的改革，所带来的变革力量就越是强大。影响后世两千多年的历史前进的动力，以及墨家学派产生的深刻社会背景也是这样出现的。

我们看先秦争霸的历史就会看到，最早称霸的国家就是率先实行改革的齐国。齐国的改革首先是将原来由世卿掌握的军政大权分由大司马、大司田、大司理等职官来执掌，这就极大地限制了原来世卿的权力。其次，充分利用齐国的地利发展渔盐经济，由此大大增强了国家实力。复次，实行粮食税收的“平准”政策，限制贫富的差距，同时通过改革在一定程度上承认了农民自由买卖粮食的权利，由此就刺激了农民种植粮食的积极性。再加上任用管仲实行“五家连兵”等制度，从而极大地增强了齐国的军事实力。齐国的变革给予其他国家很大的启发，此后就有魏国、楚国、吴国等多个国家效仿。尤其是魏国李悝的变法改革不仅成效极为显著，还形成了成文的法令制度，从而给予后世更大的影响。这种影响最显著的当然就是秦国的商鞅变法，其不仅成为秦国由弱转强并最终统一中国的关键因素，而且为先秦时代的学术思想带来决定性的改变，而墨家学派也正是在这种历史背景下形成的。

墨家源于儒家，《淮南子·要略》明确说：“墨子学儒者之业，受孔子之术。以为其礼烦扰而不悦，（久）服伤身而害事，故背周道而用夏政。”墨家最早活跃在齐鲁，后来不断扩展到楚越与三晋等地（“南方之墨者”与“北方之墨者”），但到战国中后期，“秦墨”却成了墨家学派最活跃的群体，从而对秦国产生了重要的影响。一个历史上“兴天下之利，除天下之害”的平民学派何以在一个“专制”国家有如此的影响呢？除了墨家“善防御”而为秦所用之外，秦国变法之后的制度与此有密切关系，比如秦国的客卿制以及彻底的变革就与墨家的思想理念有深刻的联系。从思想联系上看，秦国之所以能吸引大量墨者，这与客卿制和墨家尚贤论有着相当大的关系。墨子主张举贤必须“重予之器”，“任之以事，断之以令”，要对有能者“举而上之，富而贵之，以为官长”，无能者“抑而废之，贫而贱之，以为徒役”。而当时各国普遍实行的世官制则与此格格不入。墨子在楚国即被视为“贱人”，其言也被斥为“贱人之言”。而秦国的客卿制则与各国世官制大异其趣，尤其是商鞅变法之后对无军功的宗室子弟更是一概废除其名位，而按军功重新确定尊卑爵秩等级。墨者在这种背景之下当然找到了用武之地，于是大量涌入秦国。二者的双向互动不仅在《墨子》一书中有所反映，从近年来发现的出土文献中也得到更多的印证。因此，秦的客卿制与军功爵禄制便显示出与墨家尚贤论有极大的相通之处，在六国皆行世官制而不用墨子之言的对比下，这一点显得尤为突出。作为一个最严格的法制国家，秦王竟然会对墨家领袖法外施恩，由此我们可以看到墨家在秦国的影响一定大大超出我们的想象。虽然史料并没有留下更多的记载，但只要我们联系秦王要赦免秦国墨家巨子腹䵍之子的杀人死罪（而且史料中没有记载大臣有反对的声音），我们就可以想见墨家在秦国的特殊地位与影响。历史上没有“西方之墨者”的记载，但却有《吕氏春秋》等史料记载的著名的“秦墨”。影响这个学术史上的时代变化因素除了秦国的一般社会背景之外，还与墨子尚贤思想与秦国的客卿制有着直接且深刻的联系。

从历史文化的角度看，秦国一方面受到商周华夏文化的影响，另一方面又接受了西北少数民族文化的因素，所以在人才任用方面，它比其余各国更多地任用本国以外的人才，甚至将其作为制度加以贯彻，这就是著名的“客卿制”。从秦穆公时代就有重用由余这样的外来人才的例子，秦国的国君继承制也有“择勇猛者立之”的传统。尤其是商鞅变法更是将奖励耕战、打破宗室世卿制度与不拘一格选拔人才结合起来。《史记·商君列传》就记载商鞅变法明确规定：“宗室非有军功者，不得为属籍。”“有军功者，各以率受上爵。”对于这样彻底变法的规定，秦国在事实上完全进行了贯彻执行（即使商鞅被杀之后变法规定仍然得到坚定的执行）。学者根据徐复《秦会要订补》的统计有九人，黄留珠《秦汉仕进制》一书依据先秦史料统计的仅秦惠王十年到秦始皇时代的客卿就多达 22 人。[①] 在历史上，对于秦国发展尤其是统一中国起到过重要作用的人物，除了樗里疾和魏冉之外，其余如商鞅、吕不韦、张仪、范雎等人，都来自其他各国，这绝不是偶然的现象。这种社会背景导致了对墨家正反两个方面的影响，也使得墨家后学产生了严重的分化。

一方面客卿制在思想上与墨家的“尚贤”学说产生特别的联系，从而形成对墨子后学墨者的特殊吸引力，尤其是与六国相比更是显示出很大的差别。战国后期，群雄争霸的局面已经发生了巨大的变化，以礼义著称于世的鲁国日渐衰败，国势强大的楚国也因内忧外患而不断被削弱，而从前被东方各国视为“夷狄”的秦国却日渐强大。尤其是商鞅变法之后，秦国国势更为强盛，令世人刮目相看。这种崭新的局面引起大儒荀卿的极大关注。他在亲自考察了秦国之后大加赞赏，在《强国》一文中写道：“其固塞险，形势便，山林川谷美，天材之利多，是形胜也。入境，观其风俗，其百姓朴，其声乐不流污，其服不挑，甚畏有司而顺，古之民也。入其国，观其士大夫，出于其门，入于公门；出于公门，归于其家，无有私事也。不比周，不朋党，倜然莫不明通而公也，古之士大夫也。观其听决百事不留，恬然如无治者，古之朝也。故四世有胜，非幸也，数也。”力主礼义的荀卿尚且被秦国深深吸引，主张“一同天下之义”的墨者被大量吸引到这里也就毫不奇怪了。

---

① 根据黄留珠《秦汉仕进制》的统计，仅秦惠王十年之后秦“以客出仕”的就有张仪、乐池、樗里疾、甘茂、屈盖、向寿等 22 人之多。而出仕的途径则有通法出仕、征士而进、军功入仕等多种方式。最为奇特的更有“甘罗十二为上卿”，这在其他六国是绝对不可能的事情。

另一方面，秦国的政治社会背景吸引了墨家后学弟子，并使墨学形成了不同地域派别的思想差异，正是由于秦国的背景，墨家的思想观点也对秦国的社会文化产生了独特影响。

首先，从秦国官方文献《吕氏春秋》来看，其受墨家思想的影响是十分明显的。全书不仅记载了大量墨子与墨家后学弟子的珍贵资料，书中的许多篇幅更对墨家的一些重要思想做了专门的阐述：《节葬》《安死》论述了“节葬”“节用”主张，《侈乐》对墨家的“非乐”思想也做了肯定，《当染》一篇的大部分文字甚至基本上抄录《墨子》的《所染》。这些方面都是治学术史的学者所公认的。

其次，在秦国的一些官方文献中（主要是秦刻石等文献），尤其是近年来出土的秦代简文中，我们也能看到墨家思想的痕迹：比如墨家重兼爱，倡言为天下“兴利除害”，而睡虎地秦简《为吏之道》同样明确提倡“兴利除害，兹（慈）爱百姓”。墨子推崇尚贤，反对“贪于政者不能分人以事，厚于货者不能分人以禄”，而《为吏之道》反对的“吏有五失”，其中就有“五曰贱士而贵货贝”。这与墨子的上述思想完全可以相互印证。①

在新的社会历史背景下，无论是政治权力的变更还是社会阶层的变化流动，无一不出现新的特点。特别是由于新的变法革新的潮流引发的社会巨变——过去较少影响社会发展的基层政权与民众的变化更为突出，尤其是秦国的彻底变法大大地激发了下层民众的活力。这种新的现象也对当时的学者产生直接的影响，而对平民学派的墨家影响特别明显。传统的正史虽然因为更多关注高层王权的政治而很少有相关记载，但不断增加的出土文献中却显示了这方面的大量证据，尤其是在秦简中我们可以看到这种社会变化，同时我们可以结合《墨子》一书中大量的记载进行研究。这里我们主要就以下两个方面进行论述。

首先，商鞅变法对墨者产生了很大的影响，并因此出现了墨家后学思想上的变化。在商周时代对于中国社会影响巨大的主要是上层王权的变化，周代实行分封制以后，各个诸侯国甚至他们的“家臣”的权力也不断增加，但对于广大基层农村而言，这种权力的延伸并未达到乡里。商鞅变法实行奖励耕战和“集小都乡邑聚为县”之后，农民不断从过去的单纯务农向耕战结合发展；农村的“乡”“里”地位也越来越高，其乡里基层出现了“乡老”“里长”“乡啬夫”等各种名目的官吏。张金光先生在《秦制研究》中有大量的考证，而他的新论大部分证据正好来自出土文献。比如，在放马滩秦墓出土的文

① 墨子与孔子虽然都是鲁国人，但由于各自出身的差异，所以二人的思想也就必然产生很大的分歧。《墨子》书中曾记载“郑人缓”信奉墨子学说，而弟弟却信仰儒家，于是他与自己的兄弟发生争执，结果发生悲剧。而在秦代的简牍中也发现了“黑夫”“惊”两兄弟的战地往返家乡的通信。“缓”“黑夫”“惊”这样连名字都没有的下层平民，正是墨家“农与工肆之人”的主要成员，而在《论语》中则找不到这样的人。

物中，有一幅绘在松木板上的地图，其中有七处地名都加了方框的特殊标记。在这七个地名中有“杨里”“真里”，显示它们是里一级的行政单位。张金光认为：秦国的“自然村合编行政里的现象，这实为一次新的地缘化行政编制活动，是将地缘、人缘（不同于血缘）统一结合在一起的地方行政系列组织创制的标识，亦是国家行政区划制度走向更高级阶段的标识。因之，不可小视商鞅变法‘集小都乡邑聚为县’的地方行政系统编制的更为深刻广泛的社会政治意义”。①

在这种新的制度下，过去国家郡县以下的行政机构进一步下移，新的县、乡、里、伍（伍老——五家之长）的下层机构也就建立起来。在这种新的背景下，一方面，出现了原来极少见到的乡里“三老”“里老”“父老”“豪杰”，他们在地方事务中发挥着越来越大的作用；另一方面，过去纯粹从事耕地劳作的农民也更多地担负起出征作战的事务。这两个方面的社会现象在《墨子》一书尤其是墨家后学的《备城门》篇中有大量的反映：“召三老在葆宫中者，与计事得先（孙诒让注：当为‘失’，属上，‘与计事得失’为句），行德计谋合，乃入葆。”《号令》篇载曰：“守入临城，必谨问父老吏大夫，请（孙校为‘诸’）有怨仇，仇不相解者，召其人，明白为之解之，守必自异其人，而籍之，孤之。”同篇又载：“述乡长者父老豪杰之亲戚父母妻子，必尊宠之。”

在《备城门》诸篇中我们还可以清楚地看到，墨家在城市防御战中实际上已经形成城市与乡村的有机结合，从“三十里”的“城之外”就开始城防准备以及部署防御设施（甚至“百里之外”就要开始做准备）：“三十里之内，薪、蒸、木皆入内，狗、彘、豚、鸡，食其肉，敛其骸以为醢，腹病者以起。”“寇近，亟收诸杂乡金器若铜铁及他可以左守事者。”这样就形成了军政合一的“城、地、人”紧密结合的平战结合的强大政治军事力量。他们甚至将农业产生与城市防守结合起来，这在《墨子》中也有明确说明：“安国之道，道任地始，地得其任则功成，地不得其任则劳而无功。”《号令》篇记载守城之法甚至将“百里”之外以至于国家的边境包括进来，“敌去邑百里以上，城将如今尽召五官及百长，以富人重室之亲，舍之官府，谨令信人守卫之，谨密为故”。还说：“数使人行劳赐守边城关塞、备蛮夷之劳苦者，举其守卒之财用有余、不足，地形之当守边者，其器备常多者。边县邑视其树木恶则少用，田不辟，少食，无大屋草盖，少用桑。”这些举措都是将城市乡村“城、地、人”综合起来考虑的结果。在与《墨子·备城门》诸篇地域时代特别相近的《尉缭子·兵谈》篇中，同样有这样的内容：“量土地肥饶而立邑建城，以城称地，以地称人，以人称粟。三相称，则内可以固守，外可以战胜。”出土文献银雀山竹简《田法》正好提供了相应的证据：“量土地肥饶而立邑建城，以城称……三相称，出可以战……”在《备城门》等篇中，我们也看到在这种“农、

① 参见张金光：《秦制研究》，上海古籍出版社2004年版，第600～601页。

军、政”一体化的背景下，“离乡民”遇到敌人来犯时，要由“三老”之类的人物统领相关事务，包括组织坚壁清野，准备战斗所需的物资，防范敌人的间谍渗透等。“三十里之内，薪、蒸、木皆入内。狗、彘、豚、鸡，食其肉，敛其骸以为醢。”（《迎敌祠》）“传令里中者以羽，羽在三老所。家人各在其家中，失令与稽留令者，断。”（《号令》）“寇去，事已，塞祷。守以令益中豪杰力斗请有功者，必身行死伤者家以吊哀之，身见死事之后。城围罢，主亟发使往劳，举有功及死伤者数使爵禄，守身尊宠，明白贵之。”（《号令》）由于进入秦国的墨家弟子增加，当时已经有了“秦墨”之称，这在不少典籍里多有记载。他们是《备城门》诸篇的主要作者，因此《墨子》书中的城守部分自然也就有了与秦国军政、社会相关的内容，比如与秦国同样的授爵记载。在《商君书》中有按照军功提升爵位的规定：“故爵公士也，就为上造；故爵上造也，就为簪袅；故爵簪袅，就为不更；……故爵公大夫，就为公乘。”而《号令》篇也记载：“其疾斗却敌……封城将三十里为关内侯，辅将如令赐上卿，丞及吏比于丞者赐爵公大夫，官吏、豪杰与计坚守者……皆赐公乘。”再比如，秦国的法令还规定取得军功的人可以以爵免除亲人的奴隶身份。秦简《军爵律》记载：“欲归爵二级以免亲父母为隶臣妾者一人，及隶臣妾斩首为公士，谒归公士而免故妻隶妾一人者，许之”。《墨子·号令》篇同样有类似记载：“其不欲为吏，而欲以受赐禄，若赎出亲戚，所知罪人，以令许之。”

遗憾的是，墨家虽然被大量吸引到秦国，并出现了历史上著名的“秦墨”（据史料记载，当时有“北方之墨者”“南方之墨者”“东方之墨者”，却没有“西方之墨者”，但后者其实就是秦墨——因其影响巨大而代替了“西方之墨者”），但也对相当一部分墨家后学弟子的思想产生了明显的负面影响，并导致了墨家集团的分裂。早在墨子在世的时候就警告弟子中的“背义向禄”者（比如跟随齐军“三侵鲁地”的胜绰，言行不一的巫马子等人），同时对于墨家大义也多次论述（在《鲁问》篇中还针对孟山“誉王子闾”的案例，从本质上辨析了“义”“仁”的根本问题）。但随着秦国客卿制对墨者的吸引力不断增强，墨子担忧的问题还是出现了。这就是对墨家“尚贤”大义的消减，同时将墨子的“尚同”弊端不断引申，《吕氏春秋》记载的秦国墨者唐姑果与谢子的故事就是一个极具代表性的例子。东方之墨者谢子想到秦国去见秦惠王，但是秦之墨者唐姑果却“恐王之意谢子贤于己也”，于是就在秦惠王面前进谗言说：“谢子，东方之辩士也，其为人甚险，将奋于说以取少主也。”其结果就是：“王因藏怒以待之。谢子至，说王，王弗听。谢子不说，遂辞而行。”墨家后学的这种恶性争斗显示了墨子去世之后墨家弟子思想人格的分裂，这种分裂是墨学衰亡的重要原因。本来墨子在世的时候弟子就有分歧，受到墨子斥责的跟随“三侵鲁地”而“三从之”的弟子胜绰就已经显示了这种危险，另外墨子还当面指责墨家弟子中的“禄胜义”者，这些例子都说明墨家在墨子还在世的时候就已经出现危机，只不过当时以禽滑釐为代表的绝大多数弟子依然能够坚守墨家大义。但到了秦墨迅速发展壮大的时候，唐姑果这种“背义向禄”的墨者极大地破坏了墨家的声誉。这样的历史悲剧之所以发生，除了他们个人变质的因素之外，也与后期的墨者混淆墨子“尚同”思想与秦国“客卿制”的根本宗旨有极大的关系。墨子主张不计贵贱尊卑的“尚贤”，并且前所未有地明确推崇“举贤不避农与工肆之人”。然而，墨子身处的现实却是各国世官制度依然盛行，他在楚、越等国就遇到过自己的主张虽然为国君认同，却因其言为“贱人”之言而不被采用的遭遇。然而，秦国在变法之后大量任用国外的人才，并且将客卿制作为国家的重要政策。在这一形势之下，秦国的举贤不论出身贵贱的国策也就显示出与墨家主张的极大相似性，“秦墨”的大量出现的现象正是在这种社会背景之下才产生的。

在这种新的形势之下，尤其是秦国“客卿制”的利禄诱惑之下，墨家后学弟子从首领巨子到普通的墨者就进一步消减了墨家“尚贤”的根本大义，从而将平民主张的精髓与秦国君主的“壹同”天下君主集权的思想混淆：墨子“尚贤”的出发点是要贯彻墨家兼爱的“兴天下之利，除天下之害”的平民意志，实现使天下百姓“便宁无忧”的理想，而秦国君主的“壹同”天下则是为了以自己的意志统一天下，最终实现“万世一系”的帝王专制集权。正是由于无视这个根本的区别，所以“秦墨”的发展方向就出现了根本性的错误，导致他们距离自己先师的目标越来越远。这正是后来墨家不幸衰微的根本原因。墨家巨子孟胜带领弟子为阳城君死难的故事被《吕氏春秋》作为墨家大义的典型，这恰恰反映了墨子后学对先师大义的背离。阳城君对于孟胜而言，只是个人“师”“友”，而且他是因为吴起之事而逃亡的，其中并不涉及百姓的利益。所以孟胜标榜他带领弟子阳城君守城是“行墨者之义”，完全混淆了事情的性质。同时，“弟子百八十人”为阳城君而死显示了两个重要的信息：一是墨家集团的成员已经丧失了辨别墨家大义的能力（无一人质疑反对），二是墨家集团已经形成了“巨子之所是而是之，巨子之所非而非之”的局面。这样就放大了墨子“尚同”的弊端，从而消减了墨子强调的“一同其国之义”的原则和“兴天下之利”“除天下之害”的宗旨。这正是墨家逐渐走向衰亡的重要内因。① 从这个角度理解墨学的发展变化，我们会对其间社会因素对墨家的影响形成更为深刻的认识。

其次，社会变化对墨学的影响还有一个极少有人关注的地方——《墨子》一书中反映出来的商业经济发展对社会的影响较之过去更加明显。这种情况在秦国同样有明显的反映：无论是在史料还是出土文献中，我们都可以看到商业发展的社会影响。在这种情

① 更多相关的详细内容可以参见李学勤《秦简与墨子城守各篇》、江柏庆《睡简为吏之道与墨学》以及笔者《墨子考论》和《〈墨子·备城门〉综合研究》。墨家的巨子在前期是由墨家集团在理论宣传与思想实践中自然形成的，墨子、禽滑釐这样的领袖人物就是这样产生的。但到了后期，巨子则已经变成由前任巨子直接指定而不是集团内部共同推举，这种组织形式为墨家留下了极大的隐患。同时还形成了“巨子之所是皆是之”的盲从局面。可是，无论是《墨子》书中还是今存史料我们都看不到有名有姓的巨子曾经做出过什么学术上的重要贡献。

况下，政府机构必然对工商业加以管理，其中的管理者不仅有王朝官吏，还有“乡亭”等下层政府官员。《商君书·说民》规定“器成于家，而行于官”，即民间所生产的手工业品要经过官方有关机构的验证许可才能够流通到市场。出土文物中有不少“市亭”“亭”“市”“市府”等印章，正好证明了秦国的确存在这种制度。在这种制度下，许多“乡”“亭”的官员都参与了此类事务。出土文献秦简《效律》就有相关规定：“都仓、库、田、亭啬夫坐其离官属于乡者。”《墨子》书中正好也有类似的记载：《备城门》“帛（孙诒让校改‘亭’）尉”。此外，商业的影响也在《墨经》不少与商业相关的条目里面有所反映，比如“买无贵，说在仮其贾”（《墨经》131 条），“刀、粜相为贾。刀轻则粜不贵；刀重则粜不易。王刀无变，粜有变。岁变粜则岁变刀”（本条《经说》）。结合是《经》与《经说》的意思，作者明确概括了商品交易的一项重要原则：物价是随社会的需要而制定或达成的，在商品交易中没有固定的价格，商品的价格与币价的关系是物价贵即币价贱，反之币价贵则物价贱。《经说》的解释以刀币与粮食为例，当币价贬值的时候，物价就显得昂贵；币价高的时候物价则降低。这说明作者已经认识到货币的价值与粮食的价格是随着两者的供应量关系的变化而变化的。

在上文中我们谈到了货币将商品价值抽象化的问题，其中的社会变化正是名家与墨家名辩学产生的重要原因。我们阅读史料就会发现，名家的有名人物大多出现并活跃在齐、宋、卫、中山等商业经济相对发达的地区。不仅名家的产生与商业社会有直接关联，名家人物的活跃也与此有极大的关系。兒说、田巴等人在稷下学宫的活动就是一个典型的代表。《韩非子·外储说左上》记载：“兒说，宋人，善辩者也。持白马非马也，服齐稷下之辩者。”有学者论证，《墨经》的作者中也有以齐国墨家弟子为主的“东方之墨者”。

墨家原本产生于鲁国，墨子的思想是由于观察思考社会的人际矛盾、贫富差异以及战乱破坏等问题而产生的。后来，墨家后学则向不同的方向发展，尤其是以《墨经》作者为代表的科学逻辑学的探讨者，他们的思维兴趣随着时代的发展更多地着眼于科学理论的研究（对于科学技术的抽象），同时也对名辩逻辑之类的问题（名家辩说正是科学思维与研究的工具）产生了很大的兴趣。加之他们在与公孙龙、惠施等名辩学派学者的辩论中不断砥砺自己，从而与名家一起发展出代表中国古代逻辑学最高水平的具有民族特色的名辩逻辑学。

秦汉之后，墨学虽然总体表现出沉寂之势，但随着两千多年历史的发展，尤其是在各个王朝的社会转折时期，墨学亦呈现出不同沉浮形态：汉代后期伴随着王权的逐步解体与经学权威的消解，墨学逐渐被一些有见识的学者关注，魏晋南北朝的政治格局变化、社会形态变异（特别是氏族大家与庄园经济的兴起）以及人文思潮的变迁更是引发了众人的关注，如葛洪对墨子的改造，张湛《列子注》与《文选》注释对《墨子》的大量引用，甚至数学名著《九章算术》的研究方法都体现出墨学对其之影响。及至唐代，韩愈的孔墨相用论、佛教徒对《墨子》的引用都与新的城市经济的发展和外来文化的传播以及中外文化的交融有直接或间接的关系。

到了明代后期，伴随着城市经济与市民阶层前所未有的发展，中国社会形态与社会阶层都有很大变化。这个时候以利玛窦为代表的西方传教士来华传教，引发了中国士大夫中一些有识之士对域外文化的关注与接受：徐光启翻译了《几何原本》，方以智与李贽都和利玛窦有过交往。在城市经济的繁荣与泰州学派的刺激之下，诸子学重新进入读书人的视野，墨学正是在这个时候随同诸子学的时兴而引起学者们的进一步关注与研究，尤其是对墨子思想做出了革命性创新解读的思想界新领袖李贽，他的石破天惊的回归墨子精神的呐喊，使我们看到当时的社会形态与社会思潮的变化。李贽对商人赞誉的背后不仅有自己家族的影响，同时也与他的家乡泉州对外贸易的繁荣有直接的关系。[①]

人们津津乐道的墨学复兴终于在中国最后一个封建王朝彻底覆灭的历史性关键时刻到来。在“两千年未有”的《墨子间诂》作者孙诒让身上，我们看到了当时社会背景对他撰写这部巨著的刺激——他“用心笃厚”的目的正是“勇于振世救弊”；而“轻生死，忍苦痛”的变法志士谭嗣同更是大声疾呼：“欲救今日之中国，舍墨学……何以哉！”千年未有的社会巨变正是在这种风起云涌的疾呼与血雨腥风之后出现。

然而，墨学全面的“千年绝学的伟大复兴”却是在20世纪80年代改革开放之后才得以真正实现。这个历史性的变革背后的社会因素就是中国几十年来从未有过的政治、思想、经济、文化的巨大变化。这个巨变一方面是对于过去阻碍中华民族前进因素的反思与蜕变，并经由社会变革的实践而带来了中国面貌的焕然一新与国际地位的极大提升；另一方面无论当今社会如何改变，中华民族数千年文明积淀下来的优秀文化遗产一直潜移默化地滋养着我们。作为民族文化宝贵精神遗产的墨学正是在经历了无数历史变革之后，它的思想光辉才不断散发出新的光芒。而未来墨学要真正的开花结果，也必将是在中国社会进一步全面革新和中华民族伟大复兴之后。就整个人类社会而言，虽然几个世纪以来人类在科学技术方面已经取得巨大的进步，但在道德与精神上却没有取得相应的发展，尤其是自“轴心时代”以来两千多年，困扰人类的战争、贫富悬殊等重大问题非仅没有得到解决，反而有不断加剧之势。在这种情况下，墨学思想不仅没有过时，而且在当今时代显示出更加耀眼的价值。就中国历史的发展而言，相对于墨家，两千多年以来对历朝历代的政治、经济以及民族思想、性格的影响当然还是儒家的影响更为深广，经历了近代以来对儒家的否定与批判，目前学术界对此已经有了反思。两次儒墨高

---

① 李贽的家世先祖很早就从事商业活动，在其生活的时代泉州是当时对外贸易的重要港口。李贽的先世有许多代人从事海上商贸活动。李贽曾在《焚书·又与焦若侯》一文中表现出历史上文人对商人的罕见赞美。他甚至用“市道之交”的关系来说明孔子与弟子的关系，这些叛逆的思想以及他对墨子的极高评价，其背后都有新时代的社会影响存在。

端论坛也已经在儒墨互补等观点上达成了不少共识，但更深入的探讨还有许多工作要做。

探讨墨家的当代意义时，我们还必须强调墨学在建设现代公民社会中的借鉴价值。由于中国封建社会历来都是在强国家（权力机构）弱社会（民众组织）的架构之下发展的，所以公民社会历来就是华夏的稀缺事物。但如果我们要建设一个真正的民主法制的社会，那么这个历史的欠缺就必须补上。在这个方面，墨学的历史经验可以为我们提供有益的借鉴。就思想基础而言，墨子的“兼相爱交相利”因其超越时代、地域与民族的价值，可以成为建设当代公民社会的理论基础——不仅是中国也是沟通全球公民社会组织的桥梁（全球非政府机构的非政府组织有4600多个，这个数字和它们的影响还在不断增加，遗憾的是其中却很少有中国的身影）。一个非常现实的问题是：目前国内的社会组织不仅数量很少——相对于中国的人口而言——而且组织机构内外都有不少问题，并且一般人对于参与公共事务少有兴趣，因此其社会作用也就必然受到很大的局限。在这种情况下，墨家的价值就凸显出来：就思想意识方面而言，墨家通过“兼相爱交相利”的方式可以很好地实现“兴天下之利”的大义；就公民意识的欠缺而言，墨家“有道者劝以教人”的引导可以激励更多的普通民众参与维护自己利益的行动（比如城市小区的“业主委员会”虽然还普遍存在不少问题，但它的确吸引了许多居民住户参与公共事务，这是一个历史性的进步）。此外，墨家后期巨子集团的弊端也为我们提供了教训：必须避免社会组织领导人的私欲膨胀与独断专行，这也是公民在实践中必须学习的重要一课。在这种情况下，中华民族的历史思想资源就显得更加重要。我们必须从这个高度才能够真正认识墨家“兼爱”思想的真谛与价值，遗憾的是，学术界的一些学者却是仅仅以所谓“不切现实”置之。须知墨学本来就是一个最注重实践的学派，所以我们探讨当代墨学的价值与定位就不能仅仅局限于纯学术的研究，也要注重墨学的实践并在实践过程中不断推动墨学历史文化资源在当今时代的创新型发展（国内的中国青年墨子学会与武都墨学社以及全国各地的墨学实践，包括高校和社会不断增加的墨学自发研究组织等机构在这方面已经开了先河）——不仅是国内，而且包括它的域外价值影响的开发与创新的运用。

目前有越来越多的国外学者认为，墨学在解决当代国际冲突的问题方面可以给予我们深刻的启示，因为人类虽然在科学技术方面已经取得了巨大的历史性进步，但在道德精神方面却并没有取得相应的进步。在许多方面，两千多年一直困扰人类的财富不均、冲突战乱等问题目前不仅没有解决，在一些地方甚至更加严重。即使过去对世界经济发展起到了重要作用的经济全球化也出现了新的问题。最近有学者谈道：发达国家的社会转型与产业升级正在挤占底层劳动者的生存空间。随着西方后工业化社会的来临，特别是服务业比重不断上升，传统的蓝领工人和非熟练劳动力的经济、社会地位均趋于边缘化，对国家和社会的不满情绪也逐渐增长。这构成认同政治的重要基础。①

在这种情况下，我们有必要重新审视先秦时代的两大显学：就两千多年一直是中国主流社会统治思想的儒学而言，它超越时代的价值并没有随着农耕帝制时代的结束而丧失，儒家“中庸”“和合”的理念与“修齐治平”的社会治理思路依然具有相当深刻的现代价值。在当前疫情肆虐的现实面前，西方极端自由主义展现的肆无忌惮的个人自由已经给疫情防控造成极大的阻力，而中国“和合”传统形成的上下一心的合力则有效地阻止了疫情的蔓延。如果在灾难面前一个国家的社会稳定都无法得到保障，那么其他一切也就无从谈起。当然，对于“集中”的传统悠久而民主法制建设相对欠缺的中国，儒家必须在现代社会进行换血式的创新。在这种情况下，儒家与墨家的新时代会通就具有了极其重要的意义。作为先秦平民思想代表的墨家，其科学理性与平民化特质都是对儒家的重要补充。对于建设人类命运共同体而言，儒墨的会通可以把过去分离（甚至某种程度上对立）的“精英文化”与“平民文化”有机对接，使墨家思想最优秀的文化基因“科学”与“理性”补充儒家的欠缺。早在近百年之前胡适就提出中国传统文化的改造之路：在中国古代非儒家的墨家、名家学派中，可以找到移植西方哲学与科学的最佳土壤。如果是那个时代这种期望还难以实现的话，那么在中国文化自信日益增长的当代，这种文化的创新有了更为充分的条件。经由儒墨会通进而吸收、整合西方自由主义适应当代民主法治建设的精华成分，我们吸取适应时代发展所需要的文化新鲜血液将像汉末魏晋—盛世唐朝一样，因融汇异域文化而形成中华民族更为具有活力的创新文化。就现实而言，儒墨互补对当今新文化构建以及社会治理同样具有重要的启示：在哲学上，儒墨互补能使“以人为本”理论更具体化；在政治上，“儒墨互补”能让社会主义政治更加民主化；在经济上，“儒墨互补”能使公平和效率二者更为平衡；在思想上，儒墨互补能使儒家道德理想主义与墨家理性经验主义结合得更为合理；在文化上，儒墨的互补与会通能对当今中西文化进行更好的交融，从而避免各种矛盾造成的国家之间的冲突，并通过这种交融最终实现人类永久和平。

回顾历史，同时结合当今社会的实际需要，我们可以明显看到墨学与儒学这两个“同源异流”的学派在当下的新定位：相对于儒家在前现代的悠久传统与影响而言，本来就与之具有深刻渊源关系的墨家思想在实现中华民族伟大复兴的当代更凸显了它特别的意义，尤其是墨家的实践精神、科学精神、牺牲精神都是我们非常缺乏因而特别应该加以弘扬与创新的（推而广之，道家、法家、佛家思想乃至古今中外的一切人类思想精

---

① 引自北京大学李强教授的讲演，题目是“文明的冲突与世界秩序——重读亨廷顿《文明的冲突》”。其中还提到，世界经济一体化在推动许多国家经济发展的同时，贫富差距非但没有缩小反而进一步扩大。尤其是贫穷人口的收入增长缓慢甚至相对停滞。麦肯锡的一项研究表明，自 2005 年以来，全球化的迅速发展加剧了发达国家的贫富分化，普通劳动者的收入增长缓慢甚至相对停滞。81% 的美国家庭、70% 的英国家庭和 97% 的意大利家庭收入出现下滑。

华都值得我们学习借鉴）。在两次“儒墨高端论坛”中，参与对话的学者达成了一个重要共识：无论是孔子的思想还是墨子的精神，都是需要我们今天共同重视并加以创造性发挥的重要历史遗产。同时，我们还要针对当代人类面临的挑战进一步探讨儒学与墨学的当代意义，尤其是它们对于反对国际强权武力威胁、争取世界和平的巨大现实价值。在这方面域外的学者已经进行了卓有成效的探索，我们今后的一个重要任务就是与他们开展更加紧密有效的合作，从而进一步创造性发挥儒墨学说的价值。为此，我们不仅需要关注中国社会的发展，而且也要注意到整个人类社会的发展变化，尤其是新冠肺炎疫情暴发以来对于各国社会方方面面的冲击。在新的国内外形势变化之下，儒家的和谐思想以及墨家的兼爱交利、节俭强力、国际伦理等思想观点都显示出现实的针对性和特殊意义。要完成中国传统思想与智慧的现代转化与创新这个伟大的历史使命，学术界同仁任重道远。①

（作者单位：山东大学儒学高等研究院）

① 在国际上对于中国的迅猛发展有两种截然相反的观点：一种认为中国的崛起是对世界的威胁（尤其是对西方世界），另一种观点则认为中国的发展是世界的福音。对于前者这种基于冷战时代的意识形态偏见我们不必过多计较，而对后者我们需要冷静地加以辨析。比如，不久之前在国际上引发了巨大反响的两部书：一部是约翰·加尔通的《美帝国的崩溃》，另一部是马丁·雅克的《当中国统治世界》。虽然两本书都提出了值得我们注意的观点，但我们切不可因为其中对中国的赞誉而沾沾自喜。在成绩面前保持清醒的头脑并正视自己的问题，这是我们在思考儒墨会通问题时必须要清醒认识到的问题。

孔子与周制

赵法生

先秦诸子学说的产生，都是为了应对宗周礼乐制度崩解的挑战，孔子亦然。但与诸子不同的是，孔子对于崩溃中的周制充满眷恋，公开声言“周监于二代，郁郁乎文哉！吾从周”（《论语・八佾》），并因此而获得了保守的名声。但是，首先需要搞清楚的是，孔子心目中的周制究竟为何？孔子要保守的又是什么？

一、宗法结构

王国维认为周制的三大主要内容是嫡长子制、庙数制和同姓不婚制，其中嫡长子制最为重要：“一曰立子立嫡之制，由是而生宗法及丧服之制，并由是而有封建子弟之制、君天子臣诸侯之制。”[①] 把嫡长子制作为宗法与丧服的基础，实际上发现了周礼的制度基础。关于周代宗法的具体情况，《礼记・丧服小记》与《礼记・大传》皆有论述。

《礼记・丧服小记》载：

> 别子为祖，继别为宗，继祢者为小宗。有五世而迁之宗，其继高祖者也。是故祖迁于上，宗易于下。尊祖故敬宗，敬宗所以尊祖祢也。庶子不祭祖者，明其宗也。庶子不为长子斩，不继祖与祢故也。庶子不祭殇与无后者，殇与无后者从祖祔食。庶子不祭祢者，明其宗也。亲亲、尊尊、长长、男女之有别，人道之大者也。[②]

《礼记・大传》载：

① 王国维：《殷周制度论》，《王国维集》，中国社会科学出版社 2008 年版，第 125 页。

② 陈澔注：《礼记集说》，凤凰出版社 2010 年版，第 257～258 页。

上治祖祢，尊尊也；下治子孙，亲亲也；旁治昆弟，合族以食，序以昭缪，别之以礼义，人道竭矣。圣人南面而听天下，所且先者五，民不与焉。一曰治亲，二曰报功，三曰举贤，四曰使能，五曰存爱。五者一得于天下，民无不足无不赡者。五者，一物纰缪，民莫得其死。圣人南面而治天下，必自人道始矣。立权度量，考文章，改正朔，易服色，殊徽号，异器械，别衣服，此其所得与民变革者也。其不可得变革者则有矣：亲亲也，尊尊也，长长也，男女有别，此其不可得与民变革者也。同姓从宗，合族属；异姓主名，治际会。名著而男女有别。其夫属乎父道者，妻皆母道也；其夫属乎子道者，妻皆妇道也。谓弟之妻"妇"者，是嫂亦可谓之"母"乎？名者，人治之大者也，可无慎乎？四世而缌，服之穷也；五世袒免，杀同姓也。六世，亲属竭矣。其庶姓别于上，而戚单于下，昏姻可以通乎？系之以姓而弗别，缀之以食而弗殊，虽百世而昏姻不通者，周道然也。服术有六：一曰亲亲，二曰尊尊，三曰名，四曰出入，五曰长幼，六曰从服。从服有六：有属从，有徒从，有从有服而无服，有从无服而有服，有从重而轻，有从轻而重。自仁率亲，等而上之，至于祖，名曰轻。自义率祖，顺而下之，至于祢，名曰重。一轻一重，其义然也。君有合族之道，族人不得以其戚戚君，位也。庶子不祭，明其宗也。庶子不得为长子三年，不继祖也。别子为祖，继别为宗，继祢者为小宗。有百世不迁之宗，有五世则迁之宗。百世不迁者，别子之后也；宗其继别子者，百世不迁者也。宗其继高祖者，五世则迁者也。尊祖故敬宗。敬宗，尊祖之义也。有小宗而无大宗者，有大宗而无小宗者，有无宗亦莫之宗者，公子是也。公子有宗道：公子之公，为其士大夫之庶者，宗其士大夫之适者，公子之宗道也。绝族无移服，亲者属也。自仁率亲，等而上之，至于祖；自义率祖，顺而下之，至于祢。是故，人道亲亲也。亲亲故尊祖，尊祖故敬宗，敬宗故收族，收族故宗庙严，宗庙严故重社稷，重社稷故爱百姓，爱百姓故刑罚中，刑罚中故庶民安，庶民安故财用足，财用足故百志成，百志成故礼俗刑，礼俗刑然后乐。①

《说文》谓："宗，尊祖庙也。"段注："凡言大宗小宗，皆谓同所出之兄弟所尊也。"嫡长子主祭，是宗脉代表，为众兄弟所尊，以兄统弟遂成为封建制的核心，故程瑶田说："宗之道，兄道也。"② 从周王室而言，嫡长子继承君位，为天下之大宗，《诗经·公刘》曰："君之宗之。"传曰："为之君，为之大宗也。"《诗经·板》曰："大宗维翰。"传曰："王者，天下之大宗。"关于"别子为祖"，郑玄注："诸侯之庶子，别为后世为始

① 陈澔注：《礼记集说》，凤凰出版社2010年版，第268～272页。

② 程瑶田：《通艺录》，《程瑶田全集》第1册，黄山书社2008年版，第137页。

祖也。谓之别子者，公子不得祢先君。"[①] 王国维认为："是天子诸侯虽本世嫡，于事实当统无数之大宗，然以尊故，无宗名。其庶子不得祢先君，又不得宗今君，故自以为别子，而其子为继别之大宗。"[②] 王夫之谓："'别子'者，世子之母弟也。世子无母弟，则庶弟之长者亦为'别子'。"[③] 综上可见，别子之周王或诸侯之庶子，嫡长子即立，庶子不能祢先君，又不能宗现有君主，故通过封土赐氏而别为一宗之始，故毛奇龄说："同姓之祖，吾既不得而祖之矣，则同宗之祖，请自我始。故曰'自我作祖'，言为此一宗之始耳。祖者，始耳。"[④] "继别为宗"，郑玄解为"别子之世适也，族人尊之，谓之大宗，是宗子也"[⑤]。别子之后，也以嫡长子作为正体承重之人，即宗子。宗族所有人皆以宗子为宗，遂成百世不迁之大宗，故《大传》曰："宗其继别子之所自出者，百世不迁者也。"关于"继祢者为小宗"，孙希旦曰："祢，即别子之庶子。继祢者，即别子庶子之子也。"[⑥]"继祢者"所继乃别子之庶子，形成小宗，五世则迁，以别于大宗，彰显宗统有本支之异。如此则周王为天下不易之大宗，分封别子为诸侯，"继别为宗"，遂有诸侯国内百世不易之大宗，别子之庶子之继承者则为五世之迁的小宗。西周立国后，这种以嫡长子制为基础的宗法，普遍推行到士大夫阶层，使宗法成为通行于全国之制度。

宗法之大致情形如上，其中关于周天子、诸侯与宗法的关系，却有不同理解。《礼记·大传》认为："君有合族之道，族人不得以其戚戚君，位也。"郑玄注："君恩可以下施，而族人皆臣也，不得以父兄子弟之亲自戚于君。位，谓齿列也，所以尊君别嫌也。"孔颖达疏："人君既尊，族人不以戚戚君，明君有绝宗之道也"，"族人不得以其戚属上戚于君位，皆不得以父兄子弟之亲上亲君位也"。[⑦] 意思是说，国君作为宗法中的嫡长子，居宗子之位，故有合族之道，这是就亲统而言。但是，国君治临范围不限于一姓一族，君位非其亲族所能得而私有，故族人不能仅仅从宗法角度以宗子待国君。这一辨析反映了国君与族人间具有恩义双重关系，于宗法亲统而言，他是本族宗子；于尊统而言，他是一国之君。《礼记·大传》所谓"位也"，即他集双重身份于一人。孔颖达解为"君有绝宗之道"，只强调了其中的一重身份，无法反映国君恩义并在的双重关系。如果以门外之治的尊统而言，自然要求"义断恩"；如果回到宗族内的门内之治，则要

---

① 郑玄注，孔颖达疏：《礼记正义》，《十三经注疏》，中华书局2009年版，第3240页。
② 王国维：《殷周制度论》，《王国维集》，中国社会科学出版社2008年版，第128页。
③ 王船山：《礼记章句》，《船山全书》第4册，岳麓书社2011年版，第793～794页。
④ 转引自陈赟：《周礼与"家天下"的王制》，中国人民大学出版社2019年版，第146页。
⑤ 郑玄注，孔颖达疏：《礼记正义》，《十三经注疏》，中华书局2009年版，第3268页。
⑥ 参见孙希旦：《礼记集解》，中华书局2012年版，第868页。
⑦ 参见郑玄注，孔颖达疏：《礼记正义》，《十三经注疏》，中华书局2009年版，第3268页。

求“恩掩义”（《礼记·丧服四制》）。[①] 单方面的“君有绝宗之道”显然与此两造之事实不符。徐复观认为：“《毛传》在上引诗的解释中，尚保持原义，其他汉儒，则常以汉时的君臣关系，推论秦汉以前的君臣关系；并以当时宗法的状况，推论周初的宗法状况。”[②] 他是基于诗家的解释，肯定国君依然在宗法之内，自然有其合理性，但对于国君与族人关系中同时具有的尊统一面则未能兼顾。比较而言，仍以王国维的解读较为客观合理：“故由尊之统言，则天子诸侯绝宗，王子公子无宗可也；由亲之统言，则天子诸侯之子，身为别子而其后世为大宗者，无不奉天子诸侯以为最大之大宗。特以尊卑既殊，不敢加以‘宗’名，而其实仍在也。”[③] 由此可见，所谓“绝宗”，只是基于尊统的一面之论，因周代宗法以嫡长子制为前提，故尊统本身基于亲统，无亲统则尊统不立，虽有尊统而不废亲统，故曰“其实仍在也”。也就是说，虽然在国家治理意义上，宗统不能等同于君统，但是，天子或者诸侯所以继统，其首要合法性依据却是其宗子地位，君统也没有否定其在宗族内的宗子地位。故王氏之说更加符合周代宗法制的情形。

虽曰“君之宗之”，但从血缘关系讲，王者毕竟不是天下所有人之宗子，这一问题如何解决？这就涉及周制“同姓不婚之制”。由于同姓不婚，婚姻只能在异姓宗族之间进行。女子嫁入夫家为妇，在两个本来没有血缘关系的家族之间形成了血缘关系。此种血缘关系与西周宗法制度相结合，便不能不产生相应的政治影响，因为宗法封建制度中的亲亲与尊尊是合为一体的。异姓通婚使姬姓贵族与外姓贵族之间形成亲缘关系，将宗法关系也延伸到异姓诸侯之间，从甥舅意义上形成了一种广义上的宗法关系。[④]“于是天下之国，大都王之兄弟甥舅；而诸侯之间，亦皆有兄弟甥舅之亲。周人一统之策，实存于此。”[⑤] 不仅周王与诸侯之间，百姓之间同样有着不断扩大和深化的姻亲关系，使“‘百姓’相互间，织成一亲戚网”[⑥]，于是，“有嫡庶之制，于是有宗法、服术，而自国以至于天下合为一家”[⑦]。周人之取得政权无疑是通过剧烈的革命，但其治理天下，却是通过宗法与同姓不婚制度所建构的宗法情谊和礼乐教化，形成了“天下一家”的社会格局，并将众多部落民族逐渐抟融成一个真正意义上的文化共同体，即华夏民族。

二、尊尊与亲亲

《礼记·丧服小记》认为“亲亲、尊尊、长长、男女之有别”为“人道之大者”。

---

① 郑玄注，孔颖达疏：《礼记正义》，《十三经注疏》，中华书局2009年版，第3680页。

② 徐复观：《两汉思想史》第1卷，华东师范大学出版社2001年版，第11页。

③ 王国维：《殷周制度论》，《王国维集》，中国社会科学出版社2008年版，第128页。

④ 广义宗法关系之说，参见俞荣根：《儒家法思想通论》，商务印书馆2018年版，第117页。

⑤ 王国维：《殷周制度论》，《王国维集》，中国社会科学出版社2008年版，第134页。

⑥ 梁启超：《先秦政治思想史》，天津古籍出版社2004年版，第46页。

⑦ 梁启超：《先秦政治思想史》，天津古籍出版社2004年版，第46页。

《礼记·大传》认为“亲亲也，尊尊也，长长也，男女有别，此其不可得与民变革者也”。其中，亲亲和尊尊尤其重要，可谓周代宗法制度的两大基本原则。那么，两者关系如何？王国维说：殷人祭祖“祭各以其名之日，无亲疏远迩之殊也。先公先王之昆弟，在位者与不在位者，祀典略同，无尊卑之差也。……是殷人祭其先，无定制也”①。不分远近亲疏而“祀典略同”，所谓有亲而无尊，可见殷人之尊尊与亲亲之间未能建立内在联系。而周人嫡长子制度的确立，为两者建立形成有机关联找到了共同基础。王国维认为：“周人以尊尊之义经亲亲之义，而立嫡庶之制；又以亲亲之义经尊尊之义，而立庙制，此其所以为‘文’也。”②“经”是贯穿之意。嫡长子继统制本于血统的嫡庶定尊卑，借以明分止争，故尊统之建构并没有违背亲统，恰是以亲统为基础，这便是以亲亲“经”尊尊，以亲亲作为尊尊的基础和依据，故《中庸》说：“亲亲之杀，尊贤之等，礼之所由生也。”同时，周人以嫡长子继统为基础，根据血缘关系远近与亲情之厚薄而确立庙制与丧服制度，便使得亲亲有了远近等差之“文”，在亲统之内形成尊统，把尊统精神注入亲统之内。如此，尊统不过是使亲统“有文”而已，它建构了一种有序的亲统，且不否定亲统本身。尊统和亲统在周礼中迭相贯穿，互为经纬，合二为一。如此，“天子、诸侯、卿、大夫、士，使有恩以相洽，有义以相分，而国家之基定，争夺之祸泯焉。”③ 尊亲双行，恩义并重，正是周制不同于殷制的基本特征，也是孔子所赞赏的周文精神之所在。

陈赟认为，尊尊原则要重于亲亲原则，“尊尊成为丧服乃至整个周礼的首出性原则”④ 原因有三：(1)“嫡子并不是因为亲而尊，不是因为亲而贵，而是因为所受宗庙、土地、人民之重，实为整个宗族或国家……他不是因为他个人而被尊，也不是因为他个人和与父亲的亲近关系而被尊，而是作为这个符号而被尊为尊者。”⑤ 此说或容商榷，嫡子之身份乃是先君之嫡长子，这首先是一种先天性的血缘关系，其承国体之重的君位继承权完全系由此天然的亲缘关系而来，继统权对他乃天生的。就此而言，他是因亲而尊，因亲而贵，也就是王国维所谓“以亲亲经尊尊”。王国维说：“无嫡庶，则有亲而无尊，有恩而无义，而丧服之统紊矣。”⑥ 为克服殷文化无文之弊，周人立嫡庶，以便亲而有尊，但并不是要置亲尊于矛盾境地。崔述认为周人丧服制度之设立，是“尊尊、亲亲不使两相悖也”⑦。此虽就丧服制度而言，实际却表达了周制的基本精神。(2)“尊尊

① 梁启超：《先秦政治思想史》，天津古籍出版社2004年版，第131页。
② 梁启超：《先秦政治思想史》，天津古籍出版社2004年版，第131页。
③ 梁启超：《先秦政治思想史》，天津古籍出版社2004年版，第134页。
④ 陈赟：《周礼与“家天下”的王制》，中国人民大学出版社2019年版，第359页。
⑤ 陈赟：《周礼与“家天下”的王制》，中国人民大学出版社2019年版，第361页。
⑥ 王国维：《殷周制度论》，《王国维集》，中国社会科学出版社2008年版，第129页。
⑦ 转引自陈赟：《周礼与“家天下”的王制》，中国人民大学出版社2019年版，第356页。

原则重于亲亲原则的另一体现是为人后之制度"[①]，即大宗宗子如果无嫡子，可从正妻以外的妾所生之子中，过继一位作为继承人，此即"为人后者"，此人要为所后之父斩衰三年。但"为人后"其实是祭统中的一种特例，并不能以此说明亲亲与尊尊可以不存在内在联系，或者亲亲原则让位于尊尊原则。它实际上是对血缘亲情关系的模拟，并没有改变问题的本质，反而是从法统上将尊尊基于亲亲加以制度化。比如，如果其他妾也无男孩，则不得不从兄弟的儿子中过继一位继承人。即使他与宗子无父子之亲，他对于宗子的称呼也不能是叔伯之类，而必须是"父"，然后才能有享国之重，这是继统受重的必要条件。这恰好为尊尊基于亲亲提供了证明。(3)"尊尊原则又一重要体现是臣为君斩衰。"[②] 其实，《礼记・丧服四制》说过："其恩厚者其服重，故为父斩衰三年，以恩制者也。门内之治恩掩义，门外之治义断恩。资于事父以事君，而敬同，贵贵尊尊，义之大者也。故为君亦斩衰三年，以义制者也。"[③] 王国维说："丧服之大纲有四：曰亲亲，曰尊尊，曰长长，曰男女有别。"[④] 亲亲是丧服的第一原则。至于为君斩衰三年，君臣关系属于门外之治，严格意义上不属于宗法服制范畴。但是，由于君臣关系对于社会的重要性，所谓"义之大者"，故以义治礼，斩衰三年，但丧期并未超过父子服制。从政治意义而言，君臣之义重于父子之义，因为国大于家。但即使如此，也不能超过父子之斩衰三年，说明尊尊并没有凌驾于亲亲之上，反倒是不得不以亲亲为限，亲亲依然是丧服的基础性原则，以使两者不相悖。[⑤]《中庸》说："亲亲，则诸父昆弟不怨。……尊其位，重其禄，同其好恶，所以劝亲亲也。"尊尊所以"劝亲亲也"，亲亲显然更具有目的指向性。不仅宗族之内如此，社会范围内亦如此。《周礼・天官・大宰》说"以八统诏王驭万民，一曰亲亲，二曰敬故，三曰进贤，四曰使能，五曰保庸，六曰尊贵，七曰达吏，八曰礼宾"[⑥]，八项措施中以亲亲为首；《国语・晋语》则说"亲亲，民之结也"，"民无结不可以固"，形成社会有机体的基础乃亲亲之情。

尊统与亲统彼此互经，在社会政治关系中打上了深刻的烙印。徐复观认为："在其基本意义上，伯叔兄弟甥舅的观念，重于君臣的观念。《左传・僖公九年》，会于葵丘，周王使宰孔赐齐桓公胙（祭肉），宰孔致辞说：……'天子有事于文武，使孔赐伯舅胙'，这是以舅称齐桓公。《左传・僖公二十八年》冬，晋文公王于河阳，王命晋侯为

① 陈赟：《周礼与"家天下"的王制》，中国人民大学出版社 2019 年版，第 362 页。

② 陈赟：《周礼与"家天下"的王制》，中国人民大学出版社 2019 年版，第 363 页。

③ 郑玄注，孔颖达疏：《礼记正义》，《十三经注疏》，中华书局 2009 年版，第 3680 页。

④ 王国维：《殷周制度论》，《王国维集》，中国社会科学出版社 2008 年版，第 129 页。

⑤ 崔述《五服异同会考》认为丧服制度目的在于"尊尊亲亲不使两相悖也"，转引自陈赟：《周礼与"家天下"的王制》，中国人民大学出版社 2019 年版，第 356 页。

⑥ 郑玄注，贾公彦疏：《周礼注疏》，北京大学出版社 1999 年版，第 31 页。

‘侯伯’，其命辞中谓‘王谓叔父，敬服王命’，这是以叔父称晋文公。”① 在国家重大政治典礼上不称其职级，却呼之以叔伯甥舅，表明亲亲在周人心目中占有更重要的位置。这也是周制和秦制的区别。前者是亲亲和尊尊互经而成的礼乐文明，后者则为垂直化行政权力主导的社会。

没有尊统则无法完成超越宗族的国家共同体建构，即所谓“乐胜则流”；尊统过重会导致社会有机体的离心离德，即所谓“礼胜则离”。预防此弊，须得尊尊与亲亲两者互经，互经的目的在于使两者不相悖，进而达到某种平衡，使尊统的运行不至于抑制亲情的推扩，且使亲亲之情的推扩有序有节；亲统的存在并不否定尊统的功能，以有利于国家共同体的建构。以亲亲之情来润泽尊尊之义，使之富有活力更加稳固。

值得注意的是，在七十子及其后学的表述中，“亲亲、尊尊、长长、男女之有别”，又被称为“人道”：

> 亲亲、尊尊、长长、男女之有别，人道之大者也。（《礼记·丧服小记》）
>
> 圣人南面而治天下，必自人道始矣。立权度量，考文章，改正朔，易服色，殊徽号，异器械，别衣服，此其所得与民变革者也。其不可得变革者则有矣：亲亲也，尊尊也，长长也，男女有别，此其不可得与民变革者也。（《礼记·大传》）
>
> 上治祖祢，尊尊也；下治子孙，亲亲也；旁治昆弟，合族以食，序以昭缪，别之以礼义，人道竭矣。（《礼记·大传》）
>
> 自仁率亲，等而上之，至于祖；自义率祖，顺而下之，至于祢。是故，人道亲亲也。亲亲故尊祖，尊祖故敬宗，敬宗故收族。（《礼记·大传》）
>
> 仁者，人也；义者，宜也，尊贤为大。亲亲之杀，尊贤之等，礼所生也。（《礼记·中庸》）

《礼记·丧服小记》以“亲亲、尊尊、长长、男女之有别”作为“人道之大者也”；《礼记·大传》以“亲亲也，尊尊也，长长也，男女有别，此其不可得与民变革者也”，“亲亲”居首，强调的正是其基础地位。《礼记·大传》又说：“是故，人道亲亲也。亲亲故尊祖，尊祖故敬宗，敬宗故收族”，直接以“亲亲”说人道，由亲亲而有尊祖敬宗收族之功，将亲亲的基础性表达得更清楚。《礼记·大传》又说：“上治祖祢，尊尊也；下治子孙，亲亲也；旁治昆弟，合族以食，序以昭缪，别之以礼义，人道竭矣”，以“上治祖祢”为“尊尊”，则尊尊仍基于宗法亲情，亲亲显然更为基本。需要说明的是，这里说的“亲亲”虽以宗族亲情为主，却并不局限于宗族之内，经过与尊尊的连接推扩

① 徐复观：《两汉思想史》第1卷，华东师范大学出版社2001年版，第17页。

之后，它已经变成具有普适性的人道亲情。所谓“人道”，本身必然是普遍的而非特殊的，只有普适于所有人者方可称为“人道”。除了亲亲和尊尊外，长长确立了兄友弟恭的长幼伦理，与嫡长子制相一致，也是家庭伦理的重要内涵。至于男女有别，则被提到了“人禽之辨”的高度来定位。《礼记·曲礼》说：“鹦鹉能言，不离飞鸟；猩猩能言，不离禽兽。今人而无礼，虽能言，不亦禽兽之心乎？夫唯禽兽无礼，故父子聚麀。是故圣人作，为礼以教人。使人以有礼，知自别于禽兽。”① 《礼记·郊特牲》说：“男女有别，然后父子亲，父子亲然后义生，义生然后礼作，礼作然后万物安。无别无义，禽兽之道也。”在周制的四项人道原则中，男女有别看上去并不突出，却是其余三者的前提，因为男女无别，雌雄杂居，则父子不亲，兄弟无义。从逻辑关系而言，男女有别是家庭建立的前提，也是社会文明秩序形成的基础，故《礼记·曲礼》和《礼记·郊特牲》将其视为禽兽之道与人道的关键区别所在。因男女有别才有了家庭制度和家庭伦理，才有了亲亲、长长，所以有别、亲亲、长长乃是最基本的人道，是人类由野蛮状态步入文明时代的标志。

至于作为政治原则的尊尊之统，孔子与哀公对话时说：

> 孔子侍坐于哀公。哀公曰：“敢问：人道谁为大？”孔子愀然作色而对曰：“君及此言也，百姓之德也，固臣敢无辞而对？人道政为大。”公曰：“敢问何谓为政？”孔子对曰：“政者，正也。君为正，则百姓从政矣。君之所为，姓之所从也。君所不为，百姓何从？”公曰：“敢问为政如之何？”孔子对曰：“夫妇别，父子亲，君臣严，三者正，则庶物从之矣。”公曰：“寡人虽无似也，愿闻所以行三言之道，可得而闻乎？”②

孔子说“人道政为大”，突出了政治之重要，同时将政治纳入人道之中，继而以“正”解“政”，将政治的定义从统治权力转为修身正己，这是礼乐文明特有的政治观。钱穆在分析《论语》“子奚不为政”一章时说：“孔子论政，常以政治为人道之一端，故处家亦可谓有家政。孔门虽重政治，然更重人道。苟失为人之道，又何政治可言？”③揭示了孔子政治思想的重要特征。孔子从根本上改变了对政治的定义，将其纳入人道范畴之内，以礼乐教化作为政治的基本手段，以正己化人作为政治的指导原则。在现代民主法治之前，这是最具有人道主义的政治理念。周制遵循人道主义精神，并力图将政治纳入人道原则的规范约束之下，以防止政治对于人道之背离与破坏，这实际上为政治确

---

① 陈澔注：《礼记集说》，凤凰出版社 2010 年版，第 3 页。

② 陈澔注：《礼记集说》，凤凰出版社 2010 年版，第 391 页。

③ 钱穆：《论语新解》，生活·读书·新知三联书店 2005 年版，第 46 页。

立了一个最高的标准和理想，表明人道主义才是政治的根本法则与价值。人类社会变革政治的一切努力，都在为实现此一理想目标而奋斗。将“亲亲、尊尊、长长、男女之有别”作为“人道之大者”，说明孔子后学清楚地意识到周制的基本精神乃是人道主义。这是周制不同于夏殷两代之制的重要区别，也是孔子心仪周制的根本原因。但是，人类文明的建构并非一劳永逸，《礼记·乐记》指出：“君子于是语，于是道古，修身及家，平均天下。此古乐之发也。今夫新乐，进俯退俯，奸声以滥，溺而不止；及优侏儒，獶杂子女，不知父子。乐终不可以语，不可以道古。此新乐之发也。”① 在子夏看来，古乐得中和之道，故有修齐治平之效。而新乐丧中和之节，这种毫无道德理性的新乐，将使人们突破人道底线而重返“糅杂子女，不知父子”动物状态。这就提醒人们，那些极其重要的人道底线，并不是牢不可破的，而在此地基上建设起来的文明大厦并非像表面看起来的那样坚如磐石。人道与文明，将会时常面临人类自身的挑战。

周制中的人道主义精神，在周礼中会有更为具体的展现。

三、周制与周礼

基于亲亲和尊尊互经相体而成的周制，才是宗周礼乐文明的制度基础。周制与周礼，泛言则同，细言则别。王国维指出：“由是制度，而生典礼，则《经礼》三百，《曲礼》三千是也。”② 这就意味着周制乃周礼之基础，周礼乃周制之表现。关于周公制礼作乐之说，应首先从制度建构的角度来理解。周公制礼作乐，《逸周书》《左传》《国语》等史有明文，自非空穴来风。但值得注意的是，《周书》大谈天、命、德、民，却很少谈到礼，其中只有五个礼字，差不多全是指祭礼，与春秋时期的礼字之含义具有显著差异。《周书》中既没有明确的礼治思想，也没有关于周公制礼的具体论述，令人费解，以至于清代以来，有学者对周公制礼提出怀疑甚至否认。但是，明白了《殷周制度论》的主旨，关于这一问题的疑窦就会消失。周公摄政七年，于戎马匆匆之际所完成的最重要工作，就是主导了殷周之际的宗教革命和制度革命。王国维指出，“此种制度，因亦由时势之所趋，然手定此者，实惟周公”③，而“由是制度，乃生典礼”，周公最先确立了周制的基本架构与原则，后来的典礼设计不过是落实亲亲、尊尊、长长和男女有别的原则，为制度的运行确立具体的仪式规范。这些仪式规范的制作自然需要一个过程，但周初封建所需的一些政治典礼，如册命、巡狩、朝聘、贡赋等，关系到周天子与诸侯国的政治权利与义务，应当首先完成，当为周公所作。《逸周书》讲说：“周公摄政君天下，弭乱，六年而天下大治，乃会方国诸侯于宗周，大朝诸侯明堂之位。……明堂，明

① 陈澔注：《礼记集说》，凤凰出版社2010年版，第307页。
② 王国维：《殷周制度论》，《王国维集》，中国社会科学出版社2008年版，第134页。
③ 王国维：《殷周制度论》，《王国维集》，中国社会科学出版社2008年版，第134页。

诸侯之尊卑也，故周公建焉，而朝诸侯于明堂之位。制礼作乐，颁度量，而天下大服，万国各致其方贿。七年，致政于成王。”《礼记·明堂》也说：“武王崩，成王幼弱，周公践天子之位，以治天下。六年，朝诸侯于明堂，制礼作乐，颁度量，而天下大服。”两者关于周公制礼作乐的说法大致相似，察其本意，是周公弥乱之后，“会方国诸侯于宗周，大朝诸侯明堂之位”，从而正式确立了宗周、诸侯与方国的政治关系，通过“明诸侯之尊卑也”，确立有周一代的尊统，乃是其中的关键所在。实际上，周人之制礼作乐本身是一项系统工程，周公为其确立骨干和原则后，历经百余年，直到西周中期昭王和穆王时期，才大致完成，形成了《礼记·昏义》冠、昏、丧、祭、朝、聘、乡、射等礼仪，覆盖政治、文化与生活的各个方面，制礼作乐才得以完成。

周礼虽是损益夏礼、殷礼而来，但与夏礼、殷礼相比，其内涵与精神已经发生了深刻变化，这是周代政治革命和宗教革命双重作用的结果。亲亲与尊尊互经迭用的原则，对周代的政治社会组织产生了巨大影响。王国维说：“且古之所为国家者，非徒政治之枢机，亦道德之机枢也。使天子、诸侯、（卿、）大夫、士各奉其所制度典礼，以亲亲、尊尊、贤贤，明男女之别于上，而民风化于下，此之为治，凡是则谓之乱。是故天子、诸侯、卿、大夫、士者，民之表也；制度典礼者，道德之器也。周人为政之精髓，实在于此。”① 也就是说，礼乐制度将周朝的政治机构转化为伦理机构，贵族阶层皆根据制度典礼而行动，以为民表率。如此一来，制度典礼便成为体现道德精神的手段，此种道德精神，就是“曰命、曰天、曰民、曰德，四者一以贯之”②。以德配天的天命论和民本论，是西周伦理宗教的主要精神，它通过周制与周礼得以贯彻落实。必须看到，西周的所谓德与孔子以后的德具有显著不同，它尚未与人心建立直接联系，不是人的心性之德，而是一种神秘性宗教之德，是天之所命，王国维并没有忽视这种历史性差异：“且其所谓‘德’者，又非徒仁民之谓，必天子自纳于德而使民则之。”③ 周初天子王公关怀黎民之“德”，并非只是出于对民的仁爱，同时也出于对天命的敬畏和祈天永命的目的。所以，最终将国家从单纯的政治器械变成了道德器械，宗教信仰发挥了重要作用。如果说亲亲、尊尊和男女有别等是周礼制作的基本原则依据，天命信仰则是其发挥有效作用的精神保障，两者赋予了周礼新特征，也形成了有周一代“为国以礼”（《论语·先进》）的独特政治文化。

历史上最早的礼是奉神之礼。西周中期，制礼作乐基本完成，礼的内涵从神人之际发展到人人之际；春秋时期，形成系统的礼治思想，礼成为天道和人道之枢纽。周代政治文化之特征，与一般意义上的古代威权政治之区别，正在于礼。荀子曾用“养”和

---

① 王国维：《殷周制度论》，《王国维集》，中国社会科学出版社 2008 年版，第 134～135 页。

② 王国维：《殷周制度论》，《王国维集》，中国社会科学出版社 2008 年版，第 135 页。

③ 王国维：《殷周制度论》，《王国维集》，中国社会科学出版社 2008 年版，第 185 页。

“别”总结礼的功能。礼通过明分止争，更好地满足了人类的自然欲求，以此“养人之欲，给人之求”（《荀子·礼论》），所以他说：“礼者，养也。刍豢稻粱，五味调香，所以养口也；椒兰芬苾，所以养鼻也；雕琢、刻镂、黼黻、文章，所以养目也；钟鼓、管磬、琴瑟、竽笙，所以养耳也；疏房、檖貌、越席、床笫、几筵，所以养体也。故礼者，养也。”（《荀子·礼论》）除了养口、鼻、目、耳、体外，礼还可以“养威”“养信”“养安”“养情”等（《荀子·礼论》），说明礼不但确保了人类自然欲求的满足，而且也维系着社会基本伦理秩序。礼的“养”的作用，以其“别”的功能为前提：“君子既得其养，又好其别。曷谓别？曰：贵贱有等，长幼有差，贫富轻重皆有称者也。”（《荀子·礼论》）《荀子·乐论》曰：“乐合同，礼别异。礼乐之统，管乎人心矣。”《礼记·曲礼》说：“夫礼者，所以定亲疏，决嫌疑，别同异，定是非也。”《礼记·乐记》也说：“礼义立，则贵贱等矣；乐文同，则上下和矣。”可见，“别”是通过礼来区分名分，规定人们的社会地位，即《礼记·礼运》所谓“礼达而分定”。这里的“分”，不仅是政治地位，还包括家庭成员的家庭分工与角色，其意义有超出政治等级之外者。前面已经引用《礼记·郊特牲》和《礼记·曲礼》，强调男女有别然后才父子有亲，意味着周礼之别异首先是别男女，男女有别才能父子相亲，从而有了家庭中最主要的两伦关系即夫妇伦和父子伦的建立。人类由男女有别而终结了乱性的自然状态，由此走向了族外婚制，形成夫妻家庭，标志着人类开始步入文明时代。“别异”的目的之一是“尊尊”，而周代尊尊的核心是嫡长子制，这在现代社会无疑不能代表先进文化，但正如王国维所指出的，从殷商的兄终弟及到周代的嫡长子继统制，为君位传承找到了天然客观标准，在当时乃是政治文明的巨大进步，所谓“任天者定，任人者争；定以天，争乃不生”。孔子赞赏周制为“文质彬彬”，正是由于周人在别异的基础上建立了系统发达的礼制，从而将文明向前推进了一大步。除了家庭伦理身份外，礼还规定了上下尊卑的政治名分，这就涉及近代以来对孔子维护等级权威进而阻碍现代转型的批评。毫无疑问，传统意义上的尊尊完全不适用于权利平等的现代社会，但是，正如史华兹指出的，等级制的权威“在所有处于疆土广阔的国家控制下的古代文明中都被看成是理所当然的”，“孔子本人似乎充分注意到了等级与权威的弊端，尽管他也同样地关注他生活的时代由于颠覆权威而造成的危害。历史给他的启示是：这两者都是致命的”。[①] 显然，孔子并没有直接否定等级权威，他或许意识到，即使没有贵族等级也会有新的等级出现，没有等级的时代远未到来，而新的等级未必更先进。孔子既想挽救政治失序所导致的生灵涂炭，又想解决等级制威权本身的僵化和异化，他认为唯一的途径就是“克己复礼”（《论语·颜渊》）、“道之以德，齐之以礼”（《论语·为政》），礼既能维系社会秩序，又能避免完

① 参见［美］史华兹：《古代中国的思想世界》，程钢译，江苏人民出版社2004年版，第69页。

全行政化对社会的戕害。

另外，除了“养”和“别”之外，礼的精神的另一内容是“让”与“敬”。《左传》襄公十三年说“让，礼之主也”，《左传》昭公二年则说“忠信，礼之器也；卑让，礼之宗也”，以让为礼的根本精神。《礼记·曲礼》认为“夫礼者，自卑而尊人。虽负贩者，必有尊也，而况富贵乎？富贵而知好礼，则不骄不淫；贫贱而知好礼，则志不慑”，其中“自卑而尊人”就是“让”的具体表现。《礼记·坊记》说“君子贵人而贱己，先人而后己，则民作让”，其中的“贵人而贱己”则与“自卑而尊人”义近。“自卑而尊人”，表达的其实是对人的敬意，故在春秋关于礼的思想中，让与敬紧密相连。《礼记·曲礼》以“毋不敬”开篇，郑玄释为“礼主于敬”①。礼的目的之一是通过区分名分防止人们彼此侵夺残害。这仅靠区分名分本身还不够，因为外在的规范如果没有内在的自觉，是不能奏效的，而让与敬正是礼的内在精神，两者源于古礼中的尊神之意，渐渐发展为人与人之间的互相敬让。此种敬让不仅适用于以下事上，而且适用于以上对下，即孔子所谓“君使臣以礼，臣事君以忠”（《论语·八佾》）。古代国君之称孤道寡，体现的正是“自卑而尊人”的礼的精神。

由此而决定了宗周礼乐政治不同于古代一般威权政治的另一重要特点，即礼是双向的而非单向的，它同时规定了双方的道德义务，而不像秦制那样是单方面强制与服从。孔子强调“君使臣以礼，臣事君以忠”（《论语·八佾》），如果君不能使臣以礼，则臣也没有义务事君以忠，即所谓“以道事君不可则止”（《论语·八佾》），故君主仅凭其势位而强迫臣下是非礼的，这是礼的双向调节模式的典型体现。政治责任并非来自上对下的强制，而是来自礼的约定，上级并不能外在于礼要求之外，而应率先行礼如仪，作为表率，以感动兴发属下，此种表率作用被孔子视为周制的要义所在。所以，孔子说“政者正也，子帅以正，孰敢不正？”（《论语·颜渊》）“其身正，不令而行，其身不正，虽令不从”（《论语·子路》），由此总结出“恭己而正南面”（《论语·卫灵公》）的治国之道，作为“为国以礼”的精义所在。于是，“爱人不亲，反其仁；治人不治，反其智；礼人不答，反其敬。行有不得者，皆反求诸己，其身正而天下归之”（《孟子·离娄上》）。普通民众身上的一切道德缺陷，原因都不在于民众本身，而要从为政者自身的不仁、不智和不敬中去寻找。这种修身为本的治理理念，将社会一切问题的根源统统追溯到为政者，与将一切责任推给民众并以权力高压作为治国手段的传统威权政治不可同日而语。为国以礼和为政以德的精神，虽然以孔孟的论述最为透辟，其内涵却早已经包含在宗周礼乐文明之中。不仅君臣关系如此，先秦儒家的父子、夫妇、长幼与朋友伦理也是如此，先秦儒家重视双方伦理义务的五伦之道，与汉以后儒家强调单方面服从的三

---

① 郑玄注，孔颖达疏：《礼记正义》，《十三经注疏》，中华书局 2009 年版，第 2659 页。

纲之说，具有本质的不同，此种不同源自周制和秦制两种不同的文明形态。

敬与让已经作为礼的本质而内含于礼乐规范之中，故礼让的精神是普遍而非特殊的，适用于所有礼乐实践者，这便在纵向的名分之间植入了一种横向的平等精神，在社会等级名分中注入了一种温情，使僵硬的等差关系柔性化了。这实际上是在政治关系中注入了“人道”精神，力图将政治运作纳于“人道”的规范与约束之下，这乃是周礼与周道最可注意的特征。

如果说养、别、敬、让代表了礼的功能，那么礼的本源何在？对此，春秋已降有礼本于天地之道说，如《左传》昭公二十五年太叔引子产的话：“夫礼，天之经也。地之义也，民之行也。天地之经，而民实则之”，“天地之经”即天地之常道；《礼记·乐记》则说：“礼乐偩天地之情，达神明之德，降兴上下之神，而凝是精粗之体”，都将礼乐追溯到天地之道，以探寻礼乐的宇宙论根源。礼乐本于天道之说一直为后世儒家所继承。但春秋以来，关于礼的起源的另一种说法——礼本于人情说成为后来儒家人性论探索的基础。《礼记·礼运》认为礼是“报本反始”，提出礼“有本有文”；《礼记·礼器》说“礼也者，反本修古，不忘其初者也”，也提出了礼之“本”即根源问题，这个本就是人之情。《性自命出》说：“礼作于情”，“道始于情”。《礼记·乐记》说：“先王本之情性，稽之度数，制之礼义”，“合情饰貌者，礼乐之事也”。《礼记·三年问》说：“三年之丧，何也？曰：称情而立文，因以饰群。”《礼记·礼运》说：“故礼义者，人之大端也……所以达天道顺人情之大窦也。”《礼记·坊记》则说礼是“因人之情而为之节文”。这些言说明确将人之情性作为礼乐建构的基础，礼乐之度数节目皆源于人情，礼义是顺着人情为之节文而不是相反，情与义并不处于对立的两极，而是因情以见义，由义以达情。情性与礼义的这种有机关系，恰好是周制中亲亲与尊亲互经为一的结果，也是周制不同于一般威权政治的内在原因。礼乐制度不同于一般威权政治，乃是基于一种特殊的人性论。《左传》昭公二十五年载子产的话：“气为五味，发为五色，章为五声，淫则昏乱，民失其性。是故为礼以奉之。……民有好、恶、喜、怒、哀、乐，生于六气。是故审则宜类，以制六志。哀有哭泣，乐有歌舞，喜有施舍，怒有战斗；喜生于好，怒生于恶。是故审行信令，祸福赏罚，以制死生。……哀乐不失，乃能协于天地之性，是以长久。”礼之产生是为了调节好、恶、喜、怒、哀、乐六种感情，六情“生于六气”，须是以礼节之，以防“淫则昏乱，民失其性”。显然，好、恶、喜、怒、哀、乐六种感情就是人性的内涵。这可以说是一种自然人性论，但不同于后来以欲论性的性恶论，它主要将性之内涵落实到情上，是一种以情论性的性情论，也是礼乐文明的人性论前提。虽然性情论在春秋时期已经发端，但其思想内涵及其与礼乐文明的内在联系，直到七十子及其后学才得以充分阐发。《性自命出》说：“喜怒哀悲之气，性也。”这是承接了子产以六气论六情的性情论。

《礼记》"因人之情"的情，首先是宗族人伦亲情，但又不局限于宗族，因为宗法社会的基本结构是宗权与君权合一，作为嫡长子的周王本身是姬姓宗子，同时也是天下共主。尽管他不是外姓诸侯的宗子，却通过异姓婚姻建构起与其他诸侯国的亲缘关系，进而有了"宗周"的概念。其余诸侯与卿大夫在其辖区内同样也遵循着宗权君权合一的原则，因亲而尊。这种独特的社会结构，使得家礼在周礼中居于基础性地位，同时也使家庭成为整个社会的模板。《礼记·昏义》说："夫礼，始于冠，本于婚，重于丧、祭，尊于朝、聘，和于乡、射，此礼之大体也。"这里所认为的八种礼中，家族礼就占了四项。王侯卿大夫的首要职能是齐家，然后将齐家的经验推扩应用到封地辖区的治理。如此齐家本身就具有了政治意义，而且是其政治活动的核心部分，因为宗子地位是承重治民的必要前提，尊尊地位由此亲亲地位而确定。所以，孔子才说："《书》云：'孝乎惟孝，友于兄弟，施于有政'，是亦为政，奚其为政？"（《论语·为政》）由此而决定了家庭在中西古典哲学中的不同地位。史华兹曾经比较柏拉图和孔子的家庭观，认为柏拉图《理想国》中的精英"不会从家庭中吸取任何精神教训和道德教训。对孔子来说，正是在家庭中，人们才能学会拯救社会的德性。因为家庭正好是这样一个领域，在其中，不是藉助于体力强制，而是藉助于基于家庭纽带的宗教、道德、情感的凝聚力，人们接受了权威并付诸实施。正是在家庭内部，我们才找到了公共德性的根源"①。这对孔子家庭观的分析十分到位。孔子心仪的道德权威只能从家族文化氛围中培育出来，家族也有等级，甚至有家法以维护基本家庭伦理。但家族的等级与政治等级具有质的不同，它是基于血缘亲情的伦理辈分，门内之治遵循着恩掩义原则，强制力量的使用必须受到亲情原则的严格约束，以不违背和破坏人伦亲情为前提。在家庭中，强制或者暴力乃是一种不得已的恶，它必须被控制在最低程度。这正是孔子德治思想的含义之一，孔子正是在齐家之道中发现了政治的规律与奥秘。柏拉图的城邦精神与家庭是对立的，但孔子的大同世界却是家庭伦理的放大，进而超越家庭本身，建构更具有公共性的理想社会。这两种公共性采取了全然不同的建构方式，前者特别推崇理性的作用，而后者则把美好情操的培育与推扩视为主要途径，从而塑造了东西方法治和礼治两种不同的治理形态。

从"天地之情"到人之情，表明孔子后学对礼乐文明的理解进一步聚焦到人道。从亲亲、尊尊、长长、男女有别到"因人之情""道始于情"，则是对人道界定的具体与深化。如果说前四者是人道原则，人之"情性"便是人道的内涵，如《乐记》所言，它构成了礼乐之"度数"乃至"礼义"的基础。故荀子曰："礼者，人道之极也。"（《荀子·礼论》）《礼记·乐记》则说："是故先王之制礼乐也，非以极口腹耳目之欲也，将以教民平好恶而反人道之正也。"② 礼乐之道即人道，礼乐法则即人道法则，故《性自命出》

① ［美］史华兹：《古代中国的思想世界》，程钢译，江苏人民出版社2004年版，第71页。
② 陈澔注：《礼记集说》，凤凰出版社2010年版，第294页。

说："道四术，唯人道为可道也。"①

如果说周制的原则是人道主义，那么礼乐便是人道主义的具体形式，并将人道原则落实到生活世界。从《礼记》《周礼》的记载看，周代国子教育的主要内容是《诗》、《书》、礼、乐，推行礼乐也是政治的主要任务。根据《礼记·王制》所载"司徒修六礼以节民性，明七教以兴民德，齐八政以防淫，一道德以同俗，养耆老以致孝，恤孤独以逮不足，上贤以崇德，简不肖以绌恶"，在"六礼""七教"之外尚有"八政"，但"八政"之作用主要在防范，与礼教相比显然处于次要地位。孔子明确主张"道之以德，齐之以礼"，反对"道之以，政齐之以刑"（《论语·为政》），正是为了将政治置于人道的统领之下，也是对周代礼治精神的总结。

礼乐之治的特点是为政者率先垂范以感化民众，通过礼乐教化而一道同风。《礼记·乐记》这样描述礼乐教化的效果："乐极和，礼极顺，内和而外顺，则民瞻其颜色而弗与争也；望其容貌，而民不生易慢焉。故德辉动于内，而民莫不承听；理发诸外，而民莫不承顺。故曰：致礼乐之道，举而错之，天下无难矣。"② 它将这种政治模式称为"揖让而治天下"，并感慨"先王之道，礼乐可谓盛矣"。这样一种理想的礼乐文明，在西周的全盛时期是接近达到的，《史记·周本纪》所谓"故成康之际，天下安宁，刑措四十余年不用"，周代也是通过礼乐制度维系了长时间的国内和平稳定，并持续八百余年。

梁启超曾说周礼的"立法精神"在于"盖利用人类通性善导之"③，可谓抓住了问题的本质。周代礼乐文明的核心是人道主义精神，此种人道主义精神以家庭为基础发展而来，因为家庭是最富有人道主义精神的社会组织。周礼的确包含尊卑等级，但是尊卑等级必须服务于人道原则，它在周制中经过了礼的浸润与改造，被有意识地置于礼的统属之下，以使亲亲、尊尊两不相悖，以不破坏人道精神为前提。孔子则进一步强调了周礼之人道价值，使得尊尊只具有手段的意义，人道主义才是最高目的。邹昌林先生说："儒家根本的立脚点是以父系血缘关系为基础的社会礼仪，而不是那种造成社会不公的、以君臣关系为核心的、严格的政治等级礼仪。儒家的全部努力，就是为了把这种政治等级制度纳入人生社会礼仪的系统中，而不是牺牲人生社会的利益去维护以君臣关系为核心的等级制度。"④ 正因为如此，周制得以保持亲亲、尊尊两者的平衡，将政治强制降低到了最低程度。至于人道主义的内涵，除了男女有别、父子有亲、长幼有序、君臣有义这些具体要求外，孔门后学还通过对人性论的考量与反思，产生了性情论。性情论的

① 李零：《郭店楚简校读记》，中国人民大学出版社 2007 年版，第 136 页。

② 陈澔注：《礼记集说》，凤凰出版社 2010 年版，第 295 页。

③ 梁启超：《先秦政治思想史》，天津古籍出版社 2004 年版，第 48 页。

④ 邹昌林：《中国古礼研究》，（台北）文津出版社 1992 年版，第 143 页。

特征在于以情论性，将情作为人性的基本内涵，一切礼乐制度并非违背人性人情而是为了以文明的形式成就人性人情，此周文之所以为文，也是周礼人道主义的具体表现。周礼综合三代礼制，将自身立于人道、人性和人情的根基之上，取得了良好的治理效果，并对孔子产生了巨大的吸引力。这种以人道主义为主导的礼乐文明，即使在现代社会依然具有重要参考意义。当然，周礼毕竟是一种古典政治形态，礼乐制度的有效性以天命信仰为依托，此种依托一旦弱化，礼乐制度就失去了精神支撑，礼坏乐崩的局面就会出现。

四、孔子与刑鼎之争

孔子意识到，这样一种基于人道主义的礼乐文明，在古代世界具有独特的性质，从人道主义标准衡量，它代表着古典文明的最高水准。而正在孕育中的法家思想，从人道标准来看，或许不见得比周礼先进，由此才可以理解孔子对铸刑鼎的态度问题。

> 冬，晋赵鞅、荀寅帅师城汝滨，遂赋晋国义铁鼓，以铸刑鼎，著范宣子所为刑书焉。仲尼曰："晋其亡乎，失其度矣！夫晋国将守唐叔之所受法度，以经纬其民，卿大夫以序守之，民是以能尊其贵，贵是以能守其业。贵贱不愆，所谓度也。文公是以作执秩之官，为被庐之法，以为盟主。今弃是度也，而为刑鼎，民在鼎矣，何以尊贵？贵何业之守？贵贱无序，何以为国？且夫宣子之刑，夷之搜也，晋国之乱制也，若之何以为法？"（《左传》昭公二十九年）

有学者评价说："孔子在这个动荡的变革的时代，明确地站在保守、落后的一方。"①孔子的确是保守的，但他到底要保守什么，以及保守是否等同于落后，尚待进一步分析。周制重视德礼，并非不要刑政。据《国语·周语上》载，穆王将征犬戎时，祭公有一段"先王观德不耀兵"的劝诫：

> 夫先王之制，邦内甸服，邦外侯服，侯、卫宾服，蛮、夷要服，戎、狄荒服。甸服者祭，侯服者祀，宾服者享，要服者贡，荒服者王。日祭、月祀、时享、岁贡、终王，先王之训也。有不祭则修意，有不祀则修言，有不享则修文，有不贡则修名，有不王则修德，序成而有不至则修刑。于是乎有刑不祭，伐不祀，征不享，让不贡，告不王。于是乎有刑罚之辟，有攻伐之兵，有征讨之备，有威让之令，有文告之辞。布令陈辞而又不至，则增修于德而无勤民于远，是以近无不听，远无不服。②

---

① 李泽厚：《中国古代思想史论》，天津社会科学院出版社2004年版，第7页。

② 《国语》，齐鲁书社2005年版，第2～3页。

这表明周天子对违背礼制的诸侯有征伐权，即所谓“刑不祭，伐不祀，征不享，让不贡，告不王”。但与一般威权政治不同的是，对于违礼的诸侯，周天子并非立即使用刑罚与征讨，而是先自省自修，依次修意、修言、修文、修名和修德之后，如果诸侯依然不履行义务，才有征讨刑罚之用，以期收远近听服之效。这说明周礼本身具有两面性。它首先是礼，但在一定条件下会转化为法，以确保礼的权威性。但是，在礼乐文明中，礼向法的转化是有条件的，周公“明德慎罚”的训诰，明确将德置于刑之上，祭公所说体现了这一点。但是一旦感化无效，便是“礼之所去，刑之所取”（《汉书·陈宠传》），这实际上已经确立了此后中国法律“出礼入刑”的指导原则。

周礼以细密著称，即所谓“《经礼》三百，《曲礼》三千”（《礼记·礼器》），既然“礼之所去，刑之所取”，也就意味着周制同时织就了一副繁密的刑法之网，不过二者有阴阳之别罢了。所以萧公权指出了周礼有“礼烦政苛之倾向”①，甚至有人认为周礼是一部法家著作②。不过，明德慎罚的理念与相应的礼治秩序一直制约着这张刑法之网，一旦礼崩乐坏，刑罚也就成为必然选择。故尽管许多学者强调周秦之制的本质差异，但秦制实际上是周制所内含的一个构成要素。从制度史上看，晋国和楚国的历史表明，郡县制恰是从周制内部成长起来的，说明它并不是完全外在于周制。就此而言，一个法家社会其实已经内含于周制之中，只要礼治秩序的主导地位稳固不变，这种潜在的法家化倾向就会受到抑制而只能处于从属地位，而一旦礼治秩序产生动摇，法家政治便会脱颖而出。所以，尽管法家政治最终取代了周制，但它并不完全是周制的对立面，而是周制内部的一种可能性，它在一定条件下就会成为现实。这自然是先秦史的一大关键所在，其明确的历史信号就是晋国铸刑鼎事件。

显然，孔子反对的并非刑法本身，礼乐文明并非不要刑法，曾经做过鲁国大司寇的孔子自然深知刑法的力量，他曾称赞晋国的叔向“治国制刑，不隐于亲……杀亲益荣，犹义也夫”（《左传》昭公十四年）；又曾肯定子产德刑并举的治国方略，认为：“宽以济猛，猛以济宽，政是以和”（《左传》昭公二十年），而“致中和”正是礼乐的主要功能。故孔子主张“夫晋国将守唐叔之所受法度”，这个法度的主要精神是为国以礼和明德慎罚，确保德礼对于刑法的优先性，防止政治权力的无限制扩张而背离人道原则。晋国显然正处在脱离这一法度指引的过程之中。孔子所说“贵贱不愆，所谓度也”，向来被作为落后反动的表现。实际上，“贵贱不愆”是指礼治秩序而言，铸刑鼎并没有取消贵贱，它不过是要确立新的贵贱原则。新社会体系中的政治权力将会成为贵贱的唯一标准，这将导致尊尊与亲亲两者远离平衡，违背别异与合同之间的中道，从而颠覆周礼中的人道

① 萧公权：《中国政治思想史》第1册，辽宁教育出版社1998年版，第28页。

② 参见邹昌林：《中国古礼研究》，（台北）文津出版社1992年版，第170页。

主义精神，这是孔子真正担心的。铸刑鼎预示了治国理路将从“道之以德，齐之以礼”转向“道之以政，齐之以刑”（《论语·为政》），这将导向一个行政权力主导一切的社会，礼乐文明所孕育的人道精神和人性温情将会荡然无存，人本身将被工具化和异化，孔子敏锐地意识到了这种萌芽中的危险。周代礼治之特征，如王国维所说，是贵族阶层首先自纳于道德进而纳天下于道德，贵族阶层本身是礼乐与德行的模范，他们的“贵”不仅表现在门第出身上，更表现在道德涵养上。但在法家那里，法乃君主的私器与工具，君权乃法外之地，君主以势行法而以术御众，而他本人则完全置身于礼法之外，而御民于权术之中。

如果说周制是用礼乐软化驯化权力，进而将权力纳入礼的约束之下，那么刑鼎的出现意味着礼治精神的倾覆，将以刑治取代礼治。所谓“今弃是度也，而为刑鼎，民在鼎矣”，所谓“民在鼎矣”，其实是“民在刑矣”。① 礼乐中的民众拥有人性和人格的尊严，刑鼎上的民众已沦为单纯刑法处置的对象，丧失其作为礼乐践行者的道德主体性与人格尊严，同时也意味着周礼所孕育的人道理想的幻灭。孔子因此主张晋国应该遵守当年周公确立的法度，重返尊礼重信的“被庐之法”，并断言范宣子的刑鼎“乱制”。相似的看法，晋国叔向在昭公六年致信子产中也有清楚的表达：

> 始吾有虞于子，今则已矣。昔先王议事以制，不为刑辟，惧民之有争心也。犹不可禁御，是故闲之以义，纠之以政，行之以礼，守之以信，奉之以仁。制为禄位以劝其从。严断刑罚，以威其淫。惧其未也，故诲之以忠，耸之以行，教之以务，使之以和，临之以敬，莅之以强，断之以刚。犹求圣哲之上，明察之官，忠信之长，慈惠之师，民于是乎可任使也，而不生祸乱。民知有辟，则不忌于上，并有争心，以征于书，而徼幸以成之，弗可为矣。……民知争端矣，将弃礼而征于书。锥刀之末，将尽争之。乱狱滋丰，贿赂并行，终子之世，郑其败乎！肸闻之：“国将亡，必多制。”其此之谓乎！（《左传》昭公六年）

叔向担心刑书的公布将开启民之“争心”，谓“民知有辟，则不忌于上，并有争心，以征于书，而徼幸以成之，弗可为矣”。这里的“争心”首先是争于利益，趋利避刑成了人们关注的焦点，即所谓“锥刀之末，将尽争之”，只要“徼幸以成之”，可以无所不为，结果只能是“乱狱滋丰，贿赂并行，终子之世，郑其败乎”，这是“弃礼而征于书”的必然结果。它会将社会推向有功利而无廉耻的境地，加速道德崩溃和社会败亡。应该说，孔子“晋其亡乎”的预言、叔向“郑其败乎”的预言，均为历史所证实。这两位被

① 参见俞荣根：《儒家法思想通论》，商务印书馆 2018 年版，第 203 页。

后世视为保守的贵族政治的代言人，对于历史的预言都不幸而言中，足以表明他们的历史洞察力，也说明他们的思想并非仅仅“保守”二字可以概括的。他们身处贵族制度衰亡和郡县制萌芽的时代，却对于与西周贵族制相表里的礼乐文明的精神价值有深入洞察，并对孕育中的法家社会深表忧虑。

顾炎武在评论周制时说：“人君之于天下，不能以独治也，独治之而刑繁矣，众治之而刑措矣。古之王者，不忍以刑穷天下之民也，是故一家之中，父兄治之，一族之间，宗子治之，其有不善之萌，莫不自化于闺门之内，而犹有不帅教者，然后归之士师。然则人君之所治者约矣。……是故宗法立而刑清。天下之宗子，各治其族，以辅人君之治，罔攸兼于庶狱，而民自不犯于有司，风俗之醇，科条之简，有自来矣。……夫惟收族之法行，而岁时有合食之恩，吉凶有通财之义。本俗六安万民，三曰‘联兄弟’，而乡三物之所兴者，六行之条，曰‘睦’曰‘恤’，不待王政之施，而矜、寡、孤、独、废、疾者皆有所养矣。……然后知先王宗法之立，其所以养人之欲而给人之求为周且豫矣。”① 顾氏所言，指出了周制能够做到刑措而不用，关键在于宗法制具有“众治”的特点。他说的“众治”，其实是周制的社会自治②，社会治理权由天子层层分解到诸侯、大夫、士，而宗族成为社会治理的基本单位。宗族本身也是一个有效的教化组织，可以通过教化和必要惩戒有效结合，确保家族成员改恶从善，天下宗子“各治其族”，从而将各种犯罪问题消灭在“闺门之内”，所以说“宗法立而刑轻”。不仅如此，作为最具有人道情怀的社会单位，血缘宗族还担负救济本宗族成员的责任，是早期的公益救助组织，在没有国家社保制度的情况下，实现了矜、寡、孤、独、废、疾者都能有所养，确保了基层社会的稳定与和谐。顾氏的评论，揭示了周礼人道主义的治道根源。

这里无意简单地将孔子的“保守”说成是“进步”，更无意将他打扮成现代政治的代言人，思想史的研究不是划分政治成分。我们力图对孔子思想做一些同情的理解，并致力于搞清楚他究竟要保守什么，然后加以客观研判。通过以上分析可见，简单地将孔子划归到某一阵营，其实并没有太大意义。史华兹指出，孔子的选择“并非在一个自由人与平等人组成的政府，与等级制的威权的政府之间，而是在一个充满了维持理想家庭生活的和谐精神的政府，与一个纯粹以粗鲁暴力或利益为基础的等级制的威权的政府（这个政府根本不受道德—精神约束）之间进行的”③。其说甚是。实际上，在当时历史

① 转引自孙希旦撰：《礼记集解》，中华书局 1989 年版，第 918 页。

② 梁启超曾说：“吾中国则数千年来，有自治之特质。其在村落也，一族有一族之自治，一乡有一乡之自治，一堡有一堡之自治；其在集市也，一市有一市之自治，一坊有一坊之自治，一行有一行之自治。……人民之居于其间者，苟非求富贵利达及犯大罪，则与地方有司绝无关涉事件，唯每年纳钱粮地丁少许而已。”（梁启超：《饮冰室合集》第 1 册，中华书局 1998 年版，第 49 页）

③ ［美］史华兹：《古代中国的思想世界》，程钢译，江苏人民出版社 2004 年版，第 71 页。

背景下，孔子维护贵族制的努力本身注定将归于失败，但是孔子所发现并珍视周制中的人道主义精神，正如他本人所言，却是“虽之夷狄不可弃也”（《论语·子路》）；周礼的人道主义精神，不但在古典世界中熠熠生辉，而且具有永恒的魅力。它所展示的对人道的追求和人性的尊重，把人本身作为目的，即使在现代社会也依旧是人们孜孜以求的目标。

（作者单位：中国社会科学院世界宗教研究所）

孟子的精神世界是如何确立的?

——兼论孟子对墨家思想的继承、扭转及其拓展

丁为祥

在儒家思想谱系中，孔孟历来并称；即使认为孟子的“亚圣”地位主要是来自唐宋以降的“孟子升格运动”，但其对孔子思想之“谛解”却是无人能够轻易否定的。不过，如果说到孔孟之异尤其是孟子独以儒家心性之学标宗这一点，那就不能不提到墨子。虽然孟子始终是以“辟杨墨”标宗的，并认为“能言距杨墨者，圣人之徒也”（《孟子·滕文公下》），但孟子之异于孔子以及其成为儒家心性之学开创者这一点却主要源于墨家，甚至在一定程度上说，孟子心性之学的学术性格主要源于墨家的塑造。因而，如果要客观地分析孟子精神世界之所以形成，那么也可以说孟子思想就源于孔子而又成于墨家——成形于其对墨家思想之积极响应与批判地继承。也就是说，孟子思想之根源固然在于儒家，但其精神之表现形式却全然缘于墨家。这就决定了孟子思想之儒墨融合的性质。

当然，从根源上说，孟子儒家心性之学的性质及其对墨家思想之“借力”又首先源于墨子对儒家思想的批评。所以，要理解孟子精神世界之所以形成，又必须从墨家对儒家思想之批评与改造说起。

一、墨子的永恒之问

史称“墨子学儒者之业，受孔子之术，以为其礼烦扰而不悦，厚葬靡财而贫民，(久）服伤生而害事，故背周道而用夏政”（《淮南子·要略》）。就是说，墨子本来是习儒出身，可以说是孔子比较边缘的再传弟子，那么，究竟是什么原因导致或促使墨子不得不“背周道而用夏政”呢？请看墨子对于当时社会的认识。在墨子看来，“圣人以治天下为事者也，必知乱之所自起，焉能治之。不知乱之所自起，则不能治”（《墨子·兼爱上》）这说明墨子也是明确地把如何“治天下”作为其献身学术事业之头等关怀的，这无疑是沿着儒家的思想路数前进；至于其对“乱之所自起”的思索，则又成为墨子告别儒家的根本原因。

墨子既然“学儒者之业”，为什么最后又走上了“背周道而用夏政”之路呢？在墨子看来，这主要是因为儒家思想不能解决墨子心中的焦虑与问题，或者说，正因为儒家思想的影响，才出现了“子自爱，不爱父，故亏父而自利；弟自爱，不爱兄，故亏兄而自利；臣自爱，不爱君，故亏君而自利。此所谓乱也”（《墨子·兼爱上》）的现象，因而最值得思索的反而是儒家理论本身。在墨子看来，儒家最大的问题就在于其理论必然导致“亲疏尊卑之异”，而这一点则正是当时人人自爱而不相爱的根源。所以，在集中批评儒家的《非儒》篇中，墨子写道：

儒者曰“亲亲有术，尊贤有等”，言亲疏尊卑之异也。

显然，在墨子看来，“亲疏尊卑之异”就是儒家思想最大的负作用，当然也是墨子“背周道而用夏政”的根本原因。正是儒家以“亲疏尊卑之异”为核心的礼乐教化之道，才导致了当时“民之巨患”的社会普遍现象，所以墨子又说：“饥者不得食，寒者不得衣，劳者不得息，三者民之巨患也。”（《墨子·非乐上》）而这种“不得食”“不得衣”与“不得息”的现象肯定为墨子所常见，所以才被其视为“民之巨患”；至于儒家的“亲疏尊卑之异”，非仅无助于这些问题的解决，反而只能加剧这种现象，因为儒家推己及人的理论本身就包含着以“我”为始与从“我”做起的意涵，因而这一点既是儒家自我意识及其做人精神自觉的表现，同时也是墨子不得不“背周道而用夏政”的根本原因。

那么在墨子看来，真正合理而又能够满足人之理想的社会应当是什么样子呢？对此，墨子描述说：

以德就列，以官服事，以劳殿赏，量功而分禄。故官无常贵，而民无终贱，有能则举之，无能则下之。（《墨子·尚贤上》）

显然，这种以“德”“事”“劳”为特征的社会评价标准至少包括“官”与“民”、“贵”与“贱”，当然也包括“亲”与“疏”在社会机会上的平等；而作为平等的基础与标准，就是“有能则举之，无能则下之”，从而才能实现“官无常贵，而民无终贱”的理想。那么，这究竟是一种什么理想呢？应当说这就是一种人人平等的理想。正是这种人与人的平等意识，才成为墨子观察社会、衡论思想流派的基本出发点。

这种平等意识表现于人际上，就是“爱人若爱其身”；表现于国与国之间，就是“强不执弱，众不劫寡”。所以，在作为墨家核心主张的《兼爱》篇中，墨子就将这种人伦关系充分表达了出来。他推论说：

若使天下人兼相爱，爱人若爱其身，犹有不孝者乎？视父兄与君若其身，恶施不孝？……视弟子与臣若其身，恶施不慈？……视人室若其室，谁窃？视人身若其身，谁贼？……视人国若其国，谁攻？（《墨子·兼爱上》）

强不执弱，众不劫寡，富不侮贫，贵不敖贱，诈不欺愚。（《墨子·兼爱中》）

很明显，正是从人与人的平等意识出发，墨子才能提出“视父兄与君若其身”“视弟子与臣若其身”进而“视人室若其室”“视人国若其国”尤其是作为其根本出发点的“爱人若爱其身”的要求。由此出发，则无论是“强”与“弱”、“众”与“寡”还是“富”与“贫”、“贵”与“贱”乃至“诈”与“愚”，也就成为一种完全平等基础上的相错相形、相亲相爱的关系了。所以说，对于墨家的思想主张，完全可以从其人人平等之主观愿望的角度来理解。

那么，如何使天下人都能够“爱人若爱其身”呢？这可真是震古烁今的一问！考虑到春秋战国是中国历史上一个长期战乱的时代，而墨子又是出身于社会最下层的“百工”，因而其对“民有三患”的认知就绝不仅仅是冷眼旁观的结论，其对儒家“亲疏尊卑之异”的反感也绝不限于理论的层面，则完全可以说是一个社会下层在饱经战乱、饥寒之苦后对于人伦文明最殷切的期盼。

墨子的这一期盼是否合理以及如何才能真正落实并具体实现，也就构成了孟子建构儒家人伦文明的基本出发点或基本的参照坐标。

二、“天之所与”与“我固有之”

孟子时值“杨朱、墨翟之言盈天下”的时代，当时的思想格局就是“天下之言不归杨，则归墨”（《孟子·滕文公下》）。这样一来，虽然孟子曾明确表示“乃所愿，则学孔子也”（《孟子·公孙丑上》），但墨子的思想以及其对人伦文明的震古烁今之问却是孟子不能不正视的问题。因而，对于墨子所提出的人人平等的愿望，孟子也就不能不从儒家的角度做出回应。因为只有如此，才真正是其所谓的“能言距杨墨者，圣人之徒也”（《孟子·滕文公下》）。

儒家是一种较为彻底的人本主义，因而其所有关于人伦文明的论说也只能建立在以人为本的基础上。那么，这种人伦文明应当从哪里开始呢？虽然《孟子》七篇是从最现实的与梁惠王论政开始的，表明了孟子也像孔子一样关心现实、关心政治，但作为一种具有典范意义的心性之学，《孟子》的思想体系却绝不可能仅仅是从现实政治开始的，因为所谓“现实政治”说到底不过是其以人为本的思想体系之外在表现而已。这样，我们也就不能不从现代的哲学视角来解读孟子思想体系之所以形成。

在前人关于孟子思想体系的解读中，赵岐是第一位对《孟子》七篇展开整体诠释之人，其在《孟子篇叙》中指出：

孟子以为圣王之盛，惟有尧舜。尧舜之道，仁义为上，故以梁惠王问利国，对以仁义为首篇也。仁义根心，然后可以大行其政，故次之以公孙丑，问管晏之政，答以曾西之所羞也。政莫美于反古之道，滕文公乐反古，故次之以文公，为世子始有从善思礼之心也。奉礼之谓明，明莫甚于离娄，故次之以离娄之明也。明者当明其行，行莫大于孝，故次之以万章，问舜往于田号泣也。孝道之本，在于情性，故次之以告子论情性也。情性在内，而主于心，故次之以尽心也。尽己之心，与天道通，道之极者也，是以终于尽心也。①

赵岐的这一“篇叙”等于是对《孟子》七篇次序的总体说明。就其对《孟子》七篇关系的分析来看，也属于一种典型的线性思维，并没有显现出孟子世界的立体性。也就是说，赵岐的“篇叙”相当于对《孟子》七篇的可见部分进行了一种编排次第式的分析；至于其不可见的部分，既然孟子无所论及，所以赵岐也就无从分析。

那么，《孟子》七篇究竟有没有其不可见之形而上层面的根据呢？无疑是有的。这就像其人性论一样，虽然性善论是通过孟子得以确立这一点已经成为学界的基本共识，但《孟子》七篇却从未正面谈及性善；而其关于性善的主张也主要是通过心之善加以表达和证明的。从这一类推出发，孟子的世界其实早在其七篇以前就已经形成了，而其七篇及其关系不过是其精神世界的一种外在表现而已。这样看来，孟子精神世界的内在结构也就必须通过对其七篇的另一种解读才能加以阐发。

与汉唐儒学相比，两宋理学代表着儒学的再次崛起，也代表着中国文化的发展高峰；而两宋理学超越汉唐儒学的标志，就在于其对现实世界之现象与本体的两层分划以及由之所表现的形而上与形而下相统一的论证，这就以太极与阴阳、太虚与气、道与阴阳，尤其是朱子的理气关系为典型表现。在理气关系中，朱子既强调“理先气后”，同时又突出“理与气之不可分割”的关系。这就体现了两宋理学对于现实世界的两种不同把握方式。所谓“理先气后”，就是“在理上看”，就是要强调天理的形而上本体地位，因而其所表现的就是一种超越的本体论视角；所谓“理与气之不可分割”，则又是指“在物上看”②，就是关于实然世界的一种宇宙论视角。这两个层面的统一，就使朱子哲

① 焦循注：《孟子正义》，《诸子集成》第一册，上海书店出版社 1986 年影印本，第 1 页。

② 朱子说：“所谓理与气，此决是二物。但在物上看，则二物浑沦，不可分开各在一处，然不害二物之各为一物也。若在理上看，则虽未有物，而已有物之理，然亦但有其理而已，未尝实有是物也。大凡看此等处，须认得分明，又兼始终，方是不错。”（朱熹：《答刘叔文》，《朱熹集》卷四十六，四川教育出版社 1996 年版，第 2243 页）

学整体上表现为一种本体宇宙论；本体论与宇宙论之不同视角，也就代表着整个理学把握世界的双重视角。

这种超越的本体论与实然宇宙论的双重视角，就为我们把握孟子世界提供了一种基本的方法；而这种方法，既表现着孟子的心性关系，同时也表现着其人性论的双重基础。请看孟子通过凡人必具的“四端”之心对人之善性的论证：

> 耳目之官不思，而蔽于物。物交物，则引之而已。心之官则思，思则得之，不思则不得也。此天之所与我者。先立乎其大者，则其小者不能夺也。(《孟子·告子上》)
>
> 仁义礼智，非由外铄我也，我固有之也，弗思耳矣。(《孟子·告子上》)
>
> 口之于味也，有同耆焉；耳之于声也，有同听焉；目之于色也，有同美焉，至于心，独无所同然乎？心之所同然者何也？谓理也，义也。圣人先得我心之所同然耳。故义理之悦我心，犹刍豢之悦我口。(《孟子·告子上》)

上述就可以被视为孟子对人之“四端”的论述，虽然只有寥寥几句，却体现着孟子超越与实然两种不同的视角。

首先，孟子从现实的人或人之当下的现实出发，通过“耳目之官”与“心之官”的比较，明确肯定人都具有“心之官则思”的能力，尽管这两种能力有所不同——“耳目之官”由于停留于“物交物”的层面，因而只是一种追随外物的能力；至于“心之官”，孟子则明确将其定位在“思”的层面，并直下肯定“思则得之”。那么，这种“思则得之”的根据何在呢？这就是孟子所明确断定的“此天之所与我者”，即“心之官则思”的能力包括“思则得之”的根据都在于“天”。在当时的语境中，追根于“天”就代表着对一个事物之穷根究底性的思考，也代表着追溯这个事物之最高最后的根源，所以也可以说是关于一个事物之超越的形而上根据的思考。作为论证，则是一种来自超越维度之本体论的论证。

其次，对于这种“思”的能力包括其所“思”的内容，孟子则是直接将其归结为“仁义礼智”。而“仁义礼智”作为人“思则得之”的产物，孟子又明确断定其对于人是“非由外铄我也，我固有之也”。这就成为其对以“四端”为内容之“思”的另一种说法。如果说孟子将“思”的能力直接归根于“天”，那么这里又是将“思”的内容直接归结于“人”，尤其是归结为“我固有之”。在这里，不仅“人”的生成，包括人之“思”及其“四端”的实现，其实都是一种实然发生的过程，而且也必须建立在宇宙生化的基础上。所以，当孟子断定“四端”对于人是一种“我固有之”的时候，实际上又是将其建立在实然的宇宙生化论包括人的自觉之“思”这种实践追求基础上的。

至于从人的耳目口鼻之“同耆”“同听”与“同美”来说明“心之所同然”，则无疑又是对“仁义礼智”“四端”之人伦普遍性的强调。所谓“义理之悦我心，犹刍豢之悦我口”，自然是对义理之内在性、普遍性的强调；至于“圣人先得我心之所同然”，则是对“四端”之人伦普遍性——所谓“凡圣同具之理”的强调。至此，孟子就从本体论、宇宙生化论包括人生实践论以及凡圣同一论之人伦普遍性的角度论证了“仁义礼智”“四端”对于人之内在本有的性质。而从超越的本体论到实然的宇宙生化论包括所谓人生实践论的统一，又表现了孟子对于性善论之超越而又内在之双向统一的论证。

三、“人禽之辨”与“羞恶之心”

上述论证属于对孟子世界之前提与基础性的论证。孟子人伦世界展开之更为重要的条件还表现在其对人伦文明所以成立之精神地基的确立与夯实上。因而，虽然上述论证也可以从理论上确保“四端”对于人的内在性，但这种内在性只是一种理论上的必然性，还没有进展到人生实践的领域。要从实践必然性的角度确保“四端”的内在性、普遍性及其呈现的当下性，那就必须让“四端”从人的实践生活中当下显现出来。

这就必须诉之于人的实践活动，并且也必须以理想性实验的方式来分析。

在现实生活中，理想的人首先应当是一个自在自为且能够时时自觉的人，当然，这并不排除有时或偶然的浑浑噩噩，但毕竟没有人愿意做一个浑浑噩噩而无所觉知的人。也就是说，所有的人无不将自在自为且时时自觉作为人生的追求目标或奋斗方向。那么，自在自为且时时自觉的人究竟应当立基于什么基础上呢？这就必须首先明确何谓“人禽之辨”。因为只有明确“人禽之辨”——从底线的角度区别于禽兽，才能确立人伦文明的精神地基。

“人禽之辨”源于孔子。当孔子困于陈蔡，既受楚狂接舆之嘲笑，又遭到长沮、桀溺之讽刺时，孔子当时的基本反省就是“鸟兽不可与同群，吾非斯人之徒与而谁与？”（《论语·微子》）这可以说是孔子在受到外部打击或挫折时的一种自省自问，牟宗三则将孔子的这一反省概括为“与人为徒”，其实也就是必须守护人区别于“鸟兽”——人之为人的精神底线。因为只有立基于这个基础，整个人伦文明才能建构起来，也才有所谓人伦文明之可言。

孟子的“人禽之辨”则主要是通过与告子的论辩展开的。告子先以杞柳表示人性，而以桮棬表示仁义，认为杞柳并不必然为桮棬，只有通过对杞柳的加工，然后才能做成桮棬；人性之于仁义的关系也是一样。对于告子的这一说法，孟子认为这其实是把仁义视为对人性进行戕害的结果，亦即所谓加工制作的产物（即人性本身并不包含仁义），因而他归结告子的看法说：“率天下而祸仁义者，必子之言夫！”（《孟子·告子上》）此后，告子又以“湍水”（人性）及其既可以“东流”也可以“西流”（为善为恶之不同表现）的现象来说明仁义与人性的关系（意即人性全然取决于所谓“决诸”的引导），孟子则反驳以“水信无分于东西，无分于上下乎”，并以“人性之善也，犹水之就下也。人无有不善，水无有不下”（《孟子·告子上》）来说明人性与善之本然同一的关系。在关于这一案例的讨论中，孟子甚至还举出水之“搏而跃之，可使过颡；激而行之，可使在山”来说明“湍水”的各种反常表现，但其谓“其势则然也”就将水之各种反常表现统统归结为“势”的作用。这就从超越于各种反常表现的角度，再次证明“人之可使为不善，其性亦犹是也”。

在这种情况下，由于告子的两番比喻都遭到了孟子的反驳，所以告子就直陈自己对人性的看法：

> 告子曰：“生之谓性。”
> 孟子曰：“生之谓性也，犹白之谓白与?”
> 曰：“然。”
> “白羽之白也，犹白雪之白，白雪之白犹白玉之白欤?”
> 曰：“然。”
> “然则犬之性犹牛之性，牛之性犹人之性与?”……（《孟子·告子上》）

在这一轮对谈中，由于告子认为人性因生而有，因而凡是随生而来的因素就是性，所以孟子推导性地设问：“生之谓性也，犹白之谓白与?”由于这一设问得到了告子的明确肯定，所以孟子继续推导性地设问：“白羽之白也，犹白雪之白，白雪之白犹白玉之白欤?”由于此设问又得到了告子的明确肯定，因而孟子也就明确地反问道：“然则犬之性犹牛之性，牛之性犹人之性与?”显然，由于他们讨论的是人性问题，而现在所得出的结论却已经明确地指向犬牛与人的同一之性，这就超出了人性的范围，充其量也可以说是犬牛与人所共同具有的由生而来之性，因而也就不再是建立在人禽之别基础上并决定人之为人的人性了。

孟子、告子的这一对谈明确了“人禽之辨”必须建立在人性基础上。所以，在孟子的反问面前，告子不能不语塞，说明他也承认他们原本探讨的是人性问题。但由于人性比较抽象，而一定程度上的违逆人性或游离于基本规定之外的人性也并不能说就不是人了（起码还可以停留于人与动物之共同性的范围内）。因为人毕竟没有脱离动物界，因而仅仅以人与犬牛之共同性作为“人禽之辨”并不能突出人之为人的特征，正像“天之所与”并不代表人所独有的特征一样。

为了突出人之为人的特征，就必须从孟子所谓“天之所与”的领域进入“我固有之”的范围；而所谓“我固有之”也无疑是专门针对人所独有的特征而言的。那么，孟子“我固有之”都包含哪些内容呢？他说：

> 恻隐之心，人皆有之；羞恶之心，人皆有之；恭敬之心，人皆有之；是非之心，人皆有之。恻隐之心，仁也；羞恶之心，义也；恭敬之心，礼也；是非之心，智也。仁义礼智，非由外铄我也，我固有之也，弗思耳矣。（《孟子·告子上》）
>
> 仁，人心也；义，人路也。舍其路而弗由，放其心而不知求，哀哉！（《孟子·告子上》）

显然，所谓“仁义礼智，非由外铄我也，我固有之也”无疑是就人之为人的特征而言的。即使如此，孟子也没有将话说绝，其“弗思耳矣”也就明确承认，即使是人，其仁义礼智“四端”也未必能够时时处于彰显与自觉的状态，但孟子将其归结为“弗思”则大有深意，至少说明人伦文明就建立在人之“思”的基础上，故有“思则得之”一说。①

不过，我们这里也可以对孟子所谓“四端”进行一种拆解性分析，比如在“四端”所突出的仁义礼智中，最接近“人禽之辨”的应当是“羞恶之心”。因为在“四端”中，所谓“仁”“礼”“智”都具有正面建构的性质，只有表现“义”的“羞恶之心”才承担着人生底线的作用；而“义”本身又最接近于孔子智仁勇“三达德”之“勇”的性质。

在《孟子》一书中，作为“羞恶之心”的“义”首先就表现为一种无法接受，比如《孟子》所述且为赵岐所概括的公孙丑“问管晏之政，答以曾西之所羞也”，就属于“义”的范畴。而为孟子所例举的“乞人”所不屑接受的“嗟来之食”，也同样凸显了由“羞恶之心”所表现的“义”。至于孟子所高调表彰的“所恶有甚于死者，故患有所不辟也”（《孟子·告子上》），也就可以称为“大义凛然”。所以，孟子所概括的“生亦我所欲也，义亦我所欲也，二者不可得兼，舍生而取义也”（《孟子·告子上》），其实都是“羞恶之心”的表现。所以，对孟子来说，只有“羞恶之心”才现实地充当着人生底线，也可以说是“人禽之辨”的一种现实落实。就是说，所谓“人禽之辨”，首先落实在“羞恶之心”的当机抉择上。

这样看来，从“人禽之辨”到“羞恶之心”，既是一个宇宙生化论展开之禀气赋形的过程，同时也是一个通过人的“思则得之”从而具体发生之实践落实的过程。

四、“尽心则知性知天”

当孟子从“天之所与”到“我固有之”，又从“人禽之辨”到“羞恶之心”的角度

---

① 参见拙作《“思则得之”：儒家人文精神的确立与拓展》，《社会科学战线》2019年第10期。

完成对人伦文明之天人双重维度的精神奠基时，实际上也就是通过本体论与宇宙论的双向统一，完成了“善”（仁义）对于人伦文明的奠基。那么，其接下来的走向，就是如何从实践生活的角度来落实并兑现这种人伦文明了。

要从实践生活的角度确立人伦文明，人人所同具之道德“本心”必然成为孟子思想最基本的出发点，所以他说：“学问之道无他，求其放心而已矣。”（《孟子·告子上》）意即所谓道德本心也就是人伦文明建设之始；而这种道德本心又是人人所同具的，圣人之所以为圣人，也就在于圣人是“先得我心之所同然耳”（《孟子·告子上》）。在这里，孟子完全继承了墨子由“官无常贵，而民无终贱”所表达之人人平等的思想。但孟子之不同于墨子，又在于墨子的平等是要求现实生活中的平等，而孟子则认为所谓平等只能存在于人之为人的先天资格中；从现实生活的角度看，人与人之间的不平等则恰恰是一种最现实的存在。因为在孟子看来，“夫物之不齐，物之情也；或相倍蓰，或相什百，或相千万。子比而同之，是乱天下也”（《孟子·滕文公上》）。也就是说，从“物”到“人”，实际上都是一种千差万别的存在，因而人与人的平等，只能存在于其做人的资格中，而不可能是一种现实的存在。

正是从做人资格的平等与现实的不平等出发，孟子又强调“先知先觉”，认为“天之生此民也，使先知觉后知，使先觉觉后觉也”（《孟子·万章上》）。很明显，墨子人人平等的理想，也就被孟子仅仅落实在人人生而具有的做人资格上；即使如此，这个做人资格的落实与兑现，又必须通过个体之自觉努力才能实现。这就真正成为一种“天生人成”之学了。这样一来，对于个体而言，人生也就成为一种不断思索、不断抉择的过程。

当然，这既是一种实践追求的过程，比如孟子所说“尧舜之道，孝弟而已矣。子服尧之服，诵尧之言，行尧之行，是尧而已矣。子服桀之服，诵桀之言，行桀之行，是桀而已”（《孟子·告子下》），同时又是一个不断比较、鉴别与实践抉择的过程。而这种抉择，也都可以通过日常生活，从而还原为人生中的某种基本“常识”。比如他说：“体有贵贱，有小大。无以小害大，无以贱害贵。养其小体为小人，养其大体为大人。今有场师，舍其梧槚，养其樲棘，则为贱场师焉。养其一指而失其肩背，而不知也，则为狼疾人也。饮食之人，则人贱之矣，为其养小以失大也。”（《孟子·告子上》）像这种“大体”“小体”以及“梧槚”“樲棘”的并举就属于“常识”级别的比较，却代表着对不同人生价值的抉择。

这种抉择与追求的极致就是“性”与“命”，就是将自己的人生究竟归结于“性”还是“命”？或者说究竟是将自己的人生交给“性”还是“命”来主宰？对于这一问题，孟子明确指出：

> 口之于味也，目之于色也，耳之于声也，鼻之于臭也，四肢之于安佚也，性也，有命焉，君子不谓性也。仁之于父子也，义之于君臣也，礼之于宾主也，知之于贤者也，圣人之于天道也，命也，有性焉，君子不谓命也。（《孟子·尽心下》）

在这里，从“五官”之欲能否得到满足到“五常”之需能否得到对应与实现，实际上都是一个“性”与“命”之双向相关的问题，即其中既有“性”的因素，同时又包含“命”的因素。但孟子为什么一定要明确地将“五官”之欲能否得到满足归结为一个“命”的问题，而对于人的“五常”之需之能否得到对应与实现，则孟子又明确将其归结为一个“性”的因素呢？这就表现出孟子思想的深意，也是其关于人生价值抉择的结果。简括而言，这既是儒家君子对“大体”“小体”自觉抉择的结果，也是儒家人伦文明建设所必须凸显的因素。

明明是一个“性”与“命”双向相关的问题，为什么孟子却一定要对“大体”与“小体”、“五官”之欲与“五常”之需做出“性”与“命”之完全不同的归结呢？这就显现出儒家对于人伦文明的建构方向，同时也显现出儒家人伦文明之超越性的蕴含。比如，孟子指出：

> 广土众民，君子欲之，所乐不存焉；中天下而立，定四海之民，君子乐之，所性不存焉。君子所性，虽大行不加焉，虽穷居不损焉，分定故也。君子所性，仁、义、礼、智根于心，其生色也，睟然见于面，盎于背，施于四体，四体不言而喻……（《孟子·尽心上》）

在这里，所谓“君子所性”实际上就是君子所自我认定、自我抉择的人性；至于“大行不加”“穷居不损”，其实也就代表着人性的绝对性与永恒性，即其既不会因为“大行”而增加其价值，当然也不会因为“穷居”就减损其价值。至于“睟面盎背”“施于四体”等，则正是“君子所性”的“形色”表现。这种人性以及立基于这种人性的人伦文明，也显然是超越“中天下而立，定四海之民”的。

正因为儒家人伦文明的这一指向，所以君子既不会津津于其个体的“心宽体胖”，也不会陶醉于自己的“广土众民”。君子的追求，恰恰要在人伦社会中显现出一种天人合一的色彩。所以，对儒家君子而言，所有的人生追求，说到底不过是一种尽心知性的活动而已；而这种“尽心”“知性”的活动，同时也就是一种天人合一追求。《孟子·尽心上》曰：

> 尽其心者，知其性也。知其性，则知天矣。存其心，养其性，所以事天也。殀

寿不贰，修身以俟之，所以立命也。

从“尽心知性”到“存心养性”再到“修身以俟”，也就阶梯性地展现了儒家君子“天人合一”追求之不同层级；“修身以俟”也就完全成为儒家君子“天人合一”追求的具体表现了。

五、孟墨之同异

当我们以这种“点”“线”“面”的形式跳跃式地解读孟子的人伦世界及其所以形成之后，再回到墨家，并比较孟子究竟从墨家借鉴了什么、吸取了什么，从而成为儒家心性之学的开创者。这当然可以说是孟子与墨家之“同”。

首先，墨子之所以告别儒家而另创思想流派，主要是因为儒家的仁爱道德必须以“我”为本、从“我”出发，在墨家看来，这种仁爱观念必然会导致“亲疏尊卑之异”，而这一点正是当时人人“自爱”而“不相爱”的根本原因，也是人伦社会“乱”之所自起，因此墨子也就必须通过“背周道而用夏政”的方式来追求一种人与人、国与国之间的平等与相爱。就此而言，如果说孟子性善论之根据完全在于儒家的仁义道德，那么对他来说，这种仁义道德又完全是通过“天之所与”之本体论透视与“我固有之”之宇宙生化论生成，从而将其遍在性地赋予每一个个体；而孟子对“本心”“四端”的论述也完全是以突出遍在性之全称命题的方式展开的。这说明孟子确实继承了墨家关于人与人的平等思想，却是以人之先天资格的方式实现的。也就是说，孟子承认人与人的平等，但这种平等仅仅表现为一种做人资格上的平等，并不代表人与人在现实生活中就是完全平等的。就此而言，孟子无疑继承了墨家的平等思想，但却将其置于儒家天人合一之立体的思想构架中了。

其次，墨子出身社会下层的“百工”，而其早年作为“木工”对木材进行加工的“为方以矩，为圆以规，直以绳，正以县（悬），无巧工不巧工，皆以此五者为法”（《墨子·法仪》）的经历一定深深地影响了他，所以他就特别重视“法仪”、重视“尚同”。从“法仪”来看，其说到底不过是一种加工工具；而“尚同”，则又代表着一种标准意识；二者的统一，则既促成了墨家严密的组织纪律，同时也导致了“上之所是，必皆是之；所非，必皆非之”（《墨子·尚同上》）的绝对服从意识。

孟子无疑继承了墨子这种作为工具的“法仪”意识与作为标准的“尚同”观念。因为从孟子的经历来看，他是不可能有木工劳作经历的，但孟子对木工工具的运用似乎又非常娴熟。请看其如下说法：

离娄之明，公输子之巧，不以规矩，不能成方圆；师旷之聪，不以六律，不能正五音；尧舜之道，不以仁政，不能平治天下……圣人既竭目力焉，继之以规矩准绳，以为方圆平直，不可胜用也。既竭耳力焉，继之以六律，（以）正五音，不可胜用也；既竭心思焉，继之以不忍人之政，而仁覆天下矣。（《孟子·离娄下》）

大匠不为拙工改废绳墨，羿不为拙射变其彀率。君子引而不发，跃如也。中道而立，能者从之。（《孟子·尽心上》）

这无疑体现出孟子对墨家思想的继承，但孟子却并不要求每个人都必须达到像法仪一样的标准，而是坚持“既竭心思”又坚持“能者从之”。实际上，这就等于承认了人与人在自然禀赋上的不平等，同时又指明了人们努力的方向。这就将墨家以“法仪”为代表的标准意识与以“尚同”为标志的一致观念远远地推向了未来，从而将人与人在先天禀赋上的差别置于完全可以接受的范围。

所有这些，都可以看出孟、墨之间的同，那么其相互之异何在呢？应当说存在于其不同的思想架构之间。如前所述，墨子的全部思考都是从现实社会出发的，而其出发点也就在于如何“治乱”以“解救苦难”，但其思路却是一维的平面，比如他由“尚贤”“尚同”而“兼爱”，又由“兼爱” “非攻”而“天志”，这样一来，虽然他也运用了“天”的神性主宰义，但其“天志”说到底又不过是其“兼爱”主张的“天意化”而已。虽然墨子也认为“爱人利人，顺天之意，得天之赏者有之；憎人贼人，反天之意，得天之罚者亦有矣”（《墨子·天志中》），但“天志”说到底不过是达到其“兼爱”主张之一种手段或工具而已，所以墨子宣告说：“我有天志，譬若轮人之有规，匠人之有矩，轮匠执其规矩，以度天下之方圆。曰：中者是也，不中者非也。”（《墨子·天志上》）实际上，这仍然是“百工为方以矩，为圆以规，直以绳，正以县（悬）”之类的活动。所以，虽然墨子提出了如此纯正的救世主张，但却始终走不出其早年的木工经历和范围。墨家思想之专制独裁色彩，也就始终受到其早年生活经验的限制和影响。

如果从这个角度看，那么孟子虽然吸取了墨家的思想，但其思想却始终源于儒家的天人合一架构，加之其先天后天、本体论与宇宙论的不同视角，其思想成为一种广阔而又深远的立体世界；而其从做人精神之资格平等到人生禀气赋形之实际上的不平等，再到人生实践追求中的差异性，不仅足以囊括人的全部世界，而且其形而上与形而下、本体论与宇宙论以及差异性的认知视角与统一的天人合一追求，也就恰恰成为其对现实人生之立体性与多维度的一种积极拓展。正是从这个意义上说，孟子的心性之学才成为儒家人伦文明与精神世界的开辟者，成为儒家心性之学发展规范的确立者。

（作者单位：陕西师范大学哲学与政府管理学院）

关于儒学发展的几点思考

解光宇

习近平主席在纪念孔子诞辰2565周年国际学术研讨会上指出，“孔子创立的儒家学说以及在此基础上发展起来的儒家思想，对中华文明产生了深刻影响，是中国传统文化的重要组成部分。儒家思想同中华民族形成和发展过程中所产生的其他思想文化一道，记载了中华民族自古以来在建设家园的奋斗中开展的精神活动、进行的理性思维、创造的文化成果，反映了中华民族的精神追求，是中华民族生生不息、发展壮大的重要滋养”，“研究孔子、研究儒学，是认识中国人的民族特性、认识当今中国人精神世界历史来由的一个重要途径”；“儒家思想和中国历史上存在的其他学说都是与时迁移、应物变化的，都是顺应中国社会发展和时代前进的要求而不断发展更新的，因而具有长久的生命力”。① 习近平主席的讲话，深刻地阐明了孔子以及儒家学说在中国传统文化中的地位及其在中华文明发展史中的地位，同时给儒学研究提出了一项重要任务，那就是如何传承和发展儒学。

一、儒学与中华民族精神家园的建构

习近平总书记在全国宣传工作会议上提出“四个讲清楚”，即“要讲清楚每个国家和民族的历史传统、文化积淀，基本国情不同，其发展道路必然有着自己的特色；讲清楚中华文化积淀着中华民族最深沉的精神追求，是中华民族生生不息、发展壮大的丰厚滋养；讲清楚中华优秀传统文化是中华民族的突出优势，是我们最深厚的软实力；讲清楚中国特色社会主义植根于中华文化沃土、反映中国人民意愿、适应中国和时代发展的进步要求，有着深厚历史渊源和广泛基础”②。在这“四个讲清楚”中，特别是“讲清楚中华文化积淀着中华民族最深沉的精神追求，是中华民族生生不息、发展壮大的丰厚

① 参见习近平：《在纪念孔子诞辰2565周年国际学术研讨会暨国际儒学联合会第五届会员大会开幕会上的讲话》，《光明日报》2014年9月25日。

② 习近平：《在全国宣传思想工作会议上的讲话》，《人民日报》2013年8月19日。

滋养”，这说明了建构中华民族精神家园的重要性和紧迫性。

毫无疑问，中华民族的优秀传统文化就是我们的精神家园，而儒学的精华更是我们精神家园的重要组成部分。之所以说儒学的精华是我们精神家园的重要组成部分，这首先要从儒学的发生发展说起。众所周知，中国有几千年的文明史，儒学是伴随着中华文明的发展而发展的；中国传统文化博大精深，而儒学又是传统文化的主干。儒学发生、发展、演变的历史，体现了中华文明发展的历史；儒学史中的基本观点，都是对中华文明发展史的记载；学习和研究儒学，有助于加深对中国几千年文明史的理解，加深对传统文化的理解。儒学中的精华，对于中国现代的政治、经济、文化、伦理道德等领域的建设，都有很好的借鉴作用；对于个人的心性修养以及人生观的培养，都有很好的启迪作用。故儒学是建构中华民族精神家园的重要思想资源。

精神家园有一个重要特征，即具有精神追求和寄托、心灵慰藉的功能。每一个精神正常的人，都有精神活动、精神诉求、精神追求。个体的人是这样，整体的中华民族也是这样。如果无精神家园，精神追求就无目的，精神就无所寄托。而精神家园的重要功用，就是给人以精神寄托和慰藉，使整个民族有目标追求，故精神家园是个体的人和整体的民族精神生活中不可或缺的因素。

儒学自问世以来，以仁义忠孝、修齐治平、天下为公、世界大同为宗旨，并提出一系列名言警句，如自强不息、厚德载物、民为邦本、以德立人、敬德保民、民胞物与、天人合一、和为贵、“己所不欲，勿施于人”、与人为善、经世致用、与时俱进、仁者爱人、“乐以天下，忧以天下”、“居安思危”、“国家兴亡，匹夫有责”、讲信睦邻、协和万邦、“老吾老以及人之老，幼吾幼以及人之幼”、为政以德、制天命而用之、“为天地立心，为生民立命，为往圣继绝学，为万世开太平”等。这些名言警句振聋发聩，不仅是儒学的主旨，同时已成为中华民族精神家园的重要组成部分。

可以说，儒学伴随着中华民族几千年的文明史，为中华民族的安身立命、发展、繁荣以及中华民族的精神形成乃至个体精神的健全，做出了重要的贡献。在当今社会，儒学同样有其现代价值。弘扬儒学的精华，建设中华民族的精神家园，是当前儒学工作的重要任务。

二、儒学的发展

理论贵在发展和创新，这是一个学派的生命力所在。孔子创立了儒家学派，以“仁义”为核心范畴，以“克己复礼”为政治理念，维护周天子的权威，即维护中华民族的“大一统”。孟子之所以被誉为“亚圣”，其主要原因就在于对孔子思想的发展创新。由孔子的“仁”发展为“性善”及仁政，由孔子的“大一统”发展为“一天下”，并且在孔子思想基础上将儒家学说系统化，体现出其对儒学的创造性发展，因而，彰显出儒家学说的生命力。

荀子的学说创新性更为显著。战国时代，诸侯国林立，渴望天下一统的荀子，继承和发展孔孟思想。孔孟重礼，荀子在重礼的基础上同时重法，即礼法并重。孔孟重仁善，荀子认为“化性起伪”，只有重视教化才能恢复人之善性。孔孟对天的论述侧重于意志性、伦理性，荀子则侧重于自然性，即“天行有常”“制天命而用之”。荀子对儒学的创新性表现为时代性和科学性，故荀子将儒学又推向了一个新的高峰。

到了汉唐，儒学的发展相对缓慢，究其原因，主要是汉武帝采纳了董仲舒的建议，“罢黜百家，独尊儒术”，将儒学抬上统治阶级意识形态的宝座，视为绝对真理，因而窒息了儒学的生命力。尽管如此，也有一些创新，如董仲舒的天人感应，对于树立天子的权威、维护国家的统一具有一定的积极意义，并且“屈君而伸天”也是对民本思想的深化。

到了宋明，儒学有个大的发展，被称为“宋明新儒学”，并有心学与理学之分。二程对儒学有重大的创新，即提出“理”的概念，建立了理学体系，将“理”作为核心范畴加以发挥，正如二程所云：“‘天理’二字却是自家体贴出来。”①“理”涵盖了社会政治、人伦之理和自然规律之理，可以说是对历代儒家学说的高度概括。如对于人性问题，二程认为“性即理也”，故人性为善，即坚持孟子“人性善”；为什么有不善？因为与“理”对应的范畴是“气”，气有清有浊，禀其清者为善为贤，禀其浊者为不善为愚，这就科学地解决了历史上性善与性恶的矛盾；同时，强调对不善之人要加以教化，即“修道之谓教”，这又体现了儒家重视道德教育的传统。可见，二程的理学体系，特别是对“理”的诠释，体现了对传统儒学继承和发展的统一、坚持和创新的统一，故方能影响中国后封建社会几百年。同样，陆王心学也是对元典儒学的创新。

在新形势下儒学如何发展？

第一，将儒学的精华融入中华民族的核心价值观。中华民族有几千年的文明史，而儒学的发展是伴随着中华文明的发展而发展的，儒学的精华，已成为中华民族精神家园的重要组成部分。我们在建构社会主义核心价值观的同时，更要着眼于中华民族的未来，建构中华民族长远的价值观，使这种价值观成为中华民族永恒的理念。儒学中的“礼义廉耻，孝悌忠信”“天行健，君子以自强不息”“厚德载物”“己所不欲，勿施于人”“乐以天下，忧以天下”“国家兴亡，匹夫有责”“制天命而用之”等，都从不同侧面反映了中华民族精神。习近平总书记指出，培育和弘扬社会主义核心价值观必须立足中华优秀传统文化。要深入挖掘和阐发中华优秀传统文化的时代价值，使中华优秀传统文化成为涵养社会主义核心价值观的重要源泉。习近平总书记还对中华优秀传统文化进

① 《河南程氏外书》卷第十二，《二程集》，中华书局 1981 年版，第 424 页。

行了概括："讲仁爱、重民本、守诚信、崇正义、尚和合、求大同。"① 可以说这六个方面不仅是中华优秀传统文化的本质，而且是儒学的主要理念，因为儒学是中华传统文化的主干，儒学的主要理念则是中华优秀传统文化本质的体现。如何将这些优秀的价值观融入中华民族价值观中，则是我们新的研究课题。

第二，发展传统的儒学范畴，融入时代的内容。我们常说，哲学是时代的精华。作为传统文化主干的儒学，不能仅局限于传统，而要立足于当代，使其在新的时代条件下发挥积极的作用。当今时代，改革开放正进一步深入，全国人民为祖国的繁荣富强奋勇拼搏，精神面貌朝气蓬勃。如何将这种精神风貌反映到儒学中去呢？儒家固然有"天行健，君子以自强不息"等反映进取精神，但还要将时代的特征总结出来，抽象出来，将其理论化，融入学说中，使之成为人们的精神动力。同时，还要有超前意识，科学地预测社会发展的未来，提出带有指导性的理论，为社会发展提供重要的参考建议。

时代的内容是广泛的，不仅有社会发展方面，还有自然科学发展方面。哲学是对自然科学和社会科学的总结，儒学也不例外。儒学在整个发展历程中，同样重视对自然科学的研究和总结。如作为殷商派老儒的老子，重视天道观的研究，提出了以"道"为基点的"道生一、一生二、二生三、三生万物"的宇宙演化模式②；而周敦颐根据古代天文学中的太极研究成果，以及道教的无极图，提出了著名的"太极图说"，更清晰地阐述宇宙的生成与演化③。此外，在古代中医学、军事学、天文地理、水利等领域，都离不开儒者的身影。

当今时代，科技高速发展，"可上九天揽月，可下五洋捉鳖"，信息技术遍及地球每一寸土地，人类进入了一个从没有过的世界。作为新时代的儒者，不仅要参与科学研究，多出成果，为人类造福，还要及时总结科研成果，上升到儒家哲学高度去认识。同时，还要注意由科技的发展产生的新的社会问题，并提出切实可行的方案，加以预防和解决。

第三，在儒学的概念范畴上创新。传统的儒学概念范畴，都带有历史的特征，在一定的程度上，影响后人对儒学实质的理解。在对儒学概念范畴的创新过程中，如何实现与现代概念范畴的融会，是我们研究的新课题，这方面我们不妨借鉴对西方哲学概念范畴的诠释。这些年来，对于中西哲学有无融会贯通之处的讨论一直在进行着，部分学者认为中西哲学各有各的体系和表述方式，很难融会，更有甚者怀疑中国哲学的合法性。更多的学者则认为，人类思维以及认识水平有一致性，因而哲学同样有一致性。笔者非常赞成后一种说法，即中西哲学有共通性。如古希腊泰勒斯有"水是万物的始基"的命

---

① 转引自《光明日报》2014年7月22日《国学》版编者按。

② 参见解光宇：《也谈老子是殷商派老儒》，《孔子研究》2004年第4期。

③ 参见解光宇：《"太极"到"道"：对宇宙演化认识的飞跃》，《安徽大学学报》（哲学社会科学版）1997年第1期。

题，而先秦的管子有“水者何也？万物之本原也，诸生之宗室也”的论说；黑格尔有“理念”说，程朱有“理气”说；西方有宇宙起源的“星云说”，我国有老子的“道生一、一生二、二生三、三生万物”说，以及周敦颐的“太极图说”；等等。即是说，中西哲学有共通性是毫无疑问的。既然有共通性，我们在诠释传统儒学概念和范畴时，可借鉴对西方哲学概念和范畴的表述方式。这并不是顺着西方哲学路径走，因为对西方哲学的翻译和诠释，仍然是我们汉文字和语言，不过是表述的通俗化、现代化而已。这一点现代新儒家给我们提供了经验和教训。

三、儒学的普及

今天，我们要深化对孔子和儒家思想的研究，使其在新的时代条件下发挥积极的作用。那么，如何在新的时代条件下发挥积极的作用？除了上述儒学发展创新以外，还要做好儒学的普及工作。

第一，普及以《论语》为核心的白话读本。《论语》是孔子言论较集中的辑录，经过几千年的传承，已成为实实在在、地地道道的“圣经”，许多名言名句已成为中华民族的座右铭。为了使所有的民众都能听懂、读懂，还需要一本以现代白话文为主的《论语》读本，其主旨应该是深入浅出、通俗易懂、朗朗上口、便于传诵。《论语》中教化和劝人向善的话语比比皆是，如忠恕、和为贵、忠孝等。普及以《论语》为核心的儒家思想，发挥其劝人向善和教化的功能，使儒学大众化。

整个儒学史内容颇多，如涉及内在的心性修养，成贤成圣，即内圣的工夫。修得内圣工夫，还要为人民奉献、服务，即外王工夫。另外，儒学还涉及许多知识，除“内圣外王”的人生观以外，还有“天人合一”的自然观、“和为贵”的人际观、“性善论”的人本观、“大一统”的国家观等。当然，儒学的这些思想，要将之系统化、通俗化，让大众喜闻乐见，易于接受。这就给儒学工作者提出一项重要的任务，那就是编著一本普及性的《儒学原理》，将儒学基本观点深入浅出地介绍给大众。

第二，普及儒家传统的启蒙读物，如《弟子规》《三字经》等。儒家的启蒙读物，以三字、四字以及诗歌的形式宣传儒家思想，在我国古代社会，传播效果、教育效果极佳，值得肯定。当代，在尊重儒家传统启蒙读物的基础上，还要加以创新，即以儒家优秀思想文化为基础，纳入时代的内容，编写新的启蒙读物。保持儒学的创新性，儒家文化才有生命力。在这个领域里，骆承烈先生做了有益的探索，积累了丰富的经验，并出了许多成果，值得我们学习。

第三，恢复孔庙、文庙、夫子庙和书院。中国各地的孔庙、文庙、夫子庙和书院，虽然在“文化大革命”中破损惨重，但在改革开放之后，维修、恢复了不少。更有很多孔庙、文庙、夫子庙和书院，由文化文物部门管理，保存得很好。有了这样的场所，可以传播《论语》和儒家思想文化，有效地发挥教化的功能。所以文庙不仅要作为名胜加以建设和保护，更要发挥文庙固有的功能，即祭祀、读经教化的功能。比如，每年举行祭孔典礼，重要的学术文化活动可在文庙举行。日常可教授青少年读经和国学。儒家启蒙读物和经典可选择《三字经》《弟子规》《孝经》《千字文》《大学》《中庸》《论语》《孟子》等，国学可选择唐诗、宋词等，还可教授琴棋书画等。

为了发挥文庙和书院的作用，必须健全组织机构。建议各地成立儒学研究会或文庙研究会，有编制和经费。研究会主要职责一是维持文庙的正常运行，二是进行与其相关的学术研究。这样使得文庙不仅是教化的重要场所，有力地推动当地的精神文明建设，而且还是旅游文化风景线上的一颗璀璨的明珠。

第四，恢复祭孔仪式。改革开放以后，我国各地的拜祭炎黄以及孔子等活动悄然兴起，特别是以曲阜孔庙为中心的祭孔大典，已产生世界性的影响。浙江衢州南孔庙的祭孔典礼隔年举办，也形成了制度化。形式反映内容。祭孔仪式虽然是形式，但它深刻地反映了对儒学的信仰，同时也有利于儒学的普及。这些活动，不仅扩大儒学在海内外的影响，而且无疑增强中华民族的凝聚力。

（作者单位：孔子研究院）

中华文化资源与人类共同命运

Confucianism and Mohism Proposals as Contributions to Interstate Dialogue in Today's World Order—An Approach from Traditional Chinese Political Philosophy in the Field of International Relations

Milton Reyes Herrera 王栋 *

This chapter will explore Mozi's thought, especially his proposals about political and moral values. At the same time, this paper will promote a dialogue between Mohism and the perspectives from the Confucian matrix, to find similarities and differences, thus guiding the discussion to find how both thoughts can be complementary to the objective to propose and contribute to a better and more productive interstate dialogue in today's world order.

Approach to Master Mo Thinking

Master Mo, known as Mozi (墨子) as well as Mo Tzu, Micio, or by his original name Mo Di (墨翟), was born in the period of the one hundred schools of thought (zhuzi baijia 诸子百家). Until today the dates of his birth and death are discussed, and sinologists indicate different dates, such as 468-391 BCE (Herranz, 2005); or 479-381 BCE (Botton, 2010). The background of Master Mo has also different interpretations: for some scholars, he was an engineer and thinker, but others see him as a member of craftsmen brotherhoods or of military organizations.(Ibid.)

For scholars as Zhang (2013), Mozi's influence through the Mohism school (*Mojia* 墨家) was relevant to philosophical, social and religious aspects, so the school was one of the main thoughts that flourished during the Warring States era (475-221 BCE), an

* Higher Studies National Institute of Ecuador, IAEN /Pontifical Catholic University of Ecuador.

age when the master and his school were quite influential, until they lost their vitality after the Han; meanwhile others, as Yen (2015: 24), saw Mohism as a major school of thoughts equal to Confucianism in significance.

Mozi's thought is considered as one of the three important thoughts in the Warring States period of Ancient China①, together with Mencius, and Zhuangzi (庄子), or Master Zhuang (Dobson, 1967)②.

Although there are major philosophical works embodying the Mohist thought as a response to the increasing dominance of the Ru School / Confucianism (Rujia 儒家) (ibid.), there are also scholars and recent interpretations who propose that Mozi's thought has not a radical critical perspective③ on the Confucian matrix. Thus, within the debate with some Confucian ideas, it is possible to find some complementarities between the two thoughts (some of those are settled on the Han dynasty, and others are still explored by scholars).

For Mohism, the Confucian notion that education "should be based on the theory of acquired habits, adopts an even more radical position" (Yen, 2015: 25); despite Mohism's different tessiture with Confucians, the importance of education for Mozi shows us another coincidence about the importance of education over the punishment as central axis in Law. Yet another coincidence is that Mozi, like Confucius, created schools and promoted strong education for those who deserved to become officials in their states.

Education was very important for Mozi's followers, so later on, the strong hope of the Mohist would be to create an ideal political system and social environment to help all people form great characters. In the school of Mohism, "there were rigid organizations, set standpoints, strict student-master hierarchical structures, and uniform debating styles".(Yen, 2015: 25)

Mozi's thought is characterized as utilitarian, and Mohist ethics is considered as a form of consequentialism, according to:

a) The basic goods of Mohist consequentialism were the order, the wealth (or

---

① Mencius represents the Confucianism; Mozi, the utilitarianism; and Chuang Tzu, the transcendentalism (Dobson, 1967: 197).

② Even mass media refers sometimes to "the Mohists (as) occupying the second place in ancient listings" (Chinaknowledge.de, 2017).

③ Nevertheless, we can recognize that the *Mozi* (《墨子》) presents a moral vision and political doctrine quite different from the Confucian matrix (Zhang, 2013).

probably better defined as the welfare) and, at that time, the rise of population.

b) The morality of an action, statement, teaching, politics, judgment, etc., is determined by the consequences that it produces; also, where the idea of heaven and supernatural order does exist (here is a difference with the Confucian matrix):

> In the same way he proposed that the cooperation of political power and education has the potential to promote and implement unified and enduring values for human peace. Mozi's extreme optimism about civil education and his belief in acquired habits inspired many Confucianists. If Confucius advocated the importance of personal influence as "gentlemen scholars who can influence others like the grass would bend with the wind", the strong hope of the Mohist would be to create an ideal political system and social environment to help all the people form great characters. (Yen, 2015: 25)

Moreover, we can recognize that Mohism was engaged with a sense of rational debate, which covered a wide range of topics from politics, ethics and law, to economics, government and warfare (ibid.), amid a period full of wars and disorder. For this reason, along with other thinkers, Mozi's thought was engaged with the need to reflect on order and unity. The three schools mentioned were different from each other, but all try to deal with the same question: "How can the state be well governed, how can society be ordered?" (Dobson, 1967: 197) Likewise, for Herranz (2005: 3), both the Confucian and Mohist systems seek to cope with the age of disorder in which they live on by creating a political system based on morality.

Going back to the problem of order, according to Dobson (1967), for Mozi the answer to the problem of order in society was to start over, "in the pure light of reason [...] Divinity has a purpose, a will; and that will, and that purpose are conceived in love and passion. We must investigate the cause of disorder, because then we can cure its illnesses"(1967: 200). On the other hand, since both basic goods of Mohist consequentialism were order and wealth, the achievement of social goals for Mozi (although based on frugality and modesty), was one of the main concerns in the master's thought, so he proposes "the necessity of the unity of thought and action".(Ibiblio. org, n/d)

Finally, in this introduction, we can point some popular perceptions about master Mo, as his will for the best for the people, or that he did not worry about his own personal benefit, despite his own criticism to Mozi. This kind of perceptions were recognized by Mencius, who praised Mozi's attempts to contribute to society.

From now on, this paper will compare some important topics in Mozi and Confucian matrix thoughts, looking for complementarity in order to derive some reflections that can help improve the interstate relationships.

Mozi's Main Conceptions and a Comparative Approach to a Confucian Matrix

Concerning this theme, we will focus on some main conceptions about the relations between society and state; and also about the performance of the state at the material and administrative dimensions, both in domestic and in the interstate levels.

Universal love (兼爱): Inclusive Love and Care

This conception is probably the most well-known Mozi's proposal. But also it is where we can find some contradiction between Master Mo's thought and the Confucian matrix. Thus, the "love of family and loyalty to the clan, accepted by Confucianism, did not satisfy the Mohists, who proclaimed that the only valid love is jian ai (兼爱)" .(Botton, 2010: 92)

Unlike the Confucians, Mohists advocated an all-sided jian ai (兼爱), and not just one motivated by social relationships (China knowledge.de, 2017). On the other hand, for Mozi, "since all have the attention of heaven, it follows that all men are equal in the eyes of heaven. The sky rains the same on the fair and on the unfair persons. Heaven also manifests its love in everyone, regardless of personal distinctions". (Dobson, 1967: 200) Likewise:

> Mozi believed that "everyone is equal before heaven", and that people should seek to imitate heaven by engaging in the practice of collective love. This is often translated and popularized as "universal love", which is misleading as Mozi believed that the essential problem of human ethics was an excess of partiality in compassion, not a deficit in compassion as such. His aim was to re-evaluate behavior, not emotions or attitudes. (Craig, 2005: 689)

Thus, the logical consequence of this is "that two persons must love each other without distinction and with equal intensity" (Dobson, 1967: 200), not only in terms of feelings but also through concrete actions and behaviors.

The jian ai (兼爱) is also articulated to the idea of order of Mozi "since this is common sense of the common good. This leads Mozi to his two political axioms" (Ibid.: 199):

—The criterion of the common welfare (the greatest political axioms: the greater benefit of the greater number);

—And acceptance of common consent (the theory that the system that produces the greatest benefits for all must be accepted by all). (Ibid.)

Then we can deduce the relation with the conception of **meritocracy**, as in relations with the last ideas: "It follows from this, said Mozi, that only the most competent, regardless of class or family, were suitable servants of the community, and that their greatest rewards should be directed to them. (Ibid.)

At this point, one must also remember the implications of jian ai (兼爱) in the conception of **reciprocity**, a very important point in the Confucian matrix. Therefore:

> Mozi proposed the concept of universal love (jian ai 兼爱), stipulating that people should treat others as they treat themselves and love what other people love in the same way they do. Universality and equality are basic rules of morality, while self-interest and partiality are roots of harm. To practice jian ai (兼爱) requires actions that benefit other people, as "It is the works of the man of ren (人) to try to promote whatever brings welfare to the world and to eliminate whatever brings harm" (Mozi: Jian Ai). To treat others like treating oneself require extreme rationalism. The moral guide in everything is yi (义), paralleling utilitarianism, which can be proved through strictly reasoned arguments. (Yen, 2015: 24-25)

This seemed to contradict the Confucians (specially to later Mencius's approaches), since "Confucians had very precisely codified canons, they referred to the duties and affections that should govern to the respective members of the family and the orders of society" (Dobson, 1967: 200); nevertheless, we can deduce that Mozi did not make an extremist criticism①, since in his statements, for example, love for others, and for

① If it is true that Mencius criticizes the point of view of Mozi about order based on filial piety, but also we can agree with Thomas Radice, who concludes after comparing Mencius' descriptions of Mohism and descriptions of Mohism from other early Chinese texts, "that the image of the Mohists as ones who promoted a doctrine that contradicted filial piety was inaccurate, and obscured the complexities of filial piety in the Warring States period" (Radice, 2011: 139).

other parents still are filial piety[①]; love and attention for others is important for better society and state, but if others are not reciprocal, they cannot be forced to be reciprocal (then it is not compulsory to keep the same intensity of care, neither this means causing any conflict).

At the end of the last reflection, we can set that another important coincidence is the importance of reciprocity (a benevolent one) for both thinkers. This can be translated from family, or from individuals to the society, then to the rulers, and through them operate between states. But Mozi goes further, because he proposes love without distinctions (inside or outside the own land or society), the assimilation is his horizon. Therefore, distinctions could not be functional to order since they create the feeling of separation.

Finally, we can deduce that for Mozi the important fact was not debating for intellectual pleasure, but for pragmatic reasons; thus, he does not agree with the system of relations extracted or derived from the system of kinship relations (that can be deduced from the Confucian matrix). Mozi's doctrine based on jian ai (兼爱) "is contradictory with the hierarchy (although, on the other hand, his thought holds the hierarchy and its cusp, the emperor), as he argues: "If Confucian benevolence is directed first to those closest and, later to the most distant, this fact does not solve, but increases the cause of the war." (Herranz, 2005: 3)

If it is true that we can talk about hierarchy in both cases, we also need to remember that in the case of filial piety system there are also benign obligations in the Confucian matrix, related to protecting the weakest ones—in this case family, clan, society—but also it can extend to other populations within the system. This can be amplified from the "Chinese interstate system" in ancient China, to the current international or global system. A kind of protection to the weakest that is not contradictory in this level with Mozi's conceptions.

Against the War but not Radical Pacifism

It's widely known that Mozi hated the war and the suffering caused by the war, but the Master was not a radical pacifist (as well as Mencius and Xun Zi [荀子]—under the right of self-defense in modern language). Master Mo and his disciples usually traveled from state to state to try to convince their rulers to give up their efforts to conquest

---

① The Mohists propose that in the politics of universal love, in the same way that you treat the father of another as well as your own, so the other will treat your well (Herranz, 2005: 3) and everyone will be satisfied.

other pacific and smaller lands; but at the same time, he could help design and construct fortifications and to prepare dissuasive forces through small groups of warriors.

Mozi was opposed to aggressive warfare "but organized his disciples into a disciplined body capable of defending itself militarily" (Botton, 2010: 92-93), and capable to construct defensive fortifications. In that sense, we can infer some of his capabilities and beliefs:

—The moral drive for support to the weakest and smallest;

—The belief that the first step to stop a conflict was to convince the stronger rulers to stop their conquest plan through reasoning (dialogued dissuasion, dialogue using logic of military games, or directly playing games simulating the scenarios as if the conquest war was likely to happen);

—Very advanced notions on engineering and dissuasive military tactics.

In this point, we can notice a complementary perception between Mohism, and Confucian matrix, and specially with Mencius's perspective about peace and war:

—As a first point, we can remember that also in the Confucian matrix, one must help the weakest ones, and to avoid the suffering of being under a bad ruler in one's own land (which can be worse if a foreign ruler conquers and uses violence and tyranny to rule a different land);

—At the same time, we can enlarge that first issue, when we reviewed that Confucians proposed (another philosophical "context" according to Mozi) that the ruler must be virtuous, or otherwise he must be overthrown. Although not every war would be justified, the war is justified when it has gone against Dao (道) violently, causing great suffering.

Thus, in that case, war in the Confucian matrix, according to Yao (2004) and Bell (2009), could be justified under that modern idea of self-defense, or the idea to help the weakest ones. In the same sense, if a small territory is ruled by a capable and virtuous ruler who seeks to promote peace and humanity, and if that territory is attacked by an unjust would-be hegemon, then "the ruler of that territory can justifiably mobilize the people for military action"(Bell, 2009: 33).

In such cases, there could be the possibility of stablishing wars, which according to Bell (2009) in Mencius were characterized as "punitive expeditions"; in the same way, Wang (2013: 213) argues that "Mencius suggests that when the ruler of a state is morally depraved, a punitive expedition is permissible to rescue the people from the torments of water and fire". Despite what was written, a fair war can be only justified or "must be defined by moral virtues, and the means of engaging war must be ethically sound" (Yao, 2004: 97).

The war in the Confucian matrix is also articulated with the dimension of power, but taking into account that power is perceived not from its aspect of purely military force, but the ethical and moral strength, war "would be seen as a tool to fulfil the Heavenly Way in the human world (ti tian xing dao 替天行道). It is thus believed that since the Way of Heaven is manifested in human virtue and good character, victory or failure comes primarily from the moral force of an army and its leader, not its military power" (Ibid.: 93).

Nevertheless, victory would not only mean profit from the use of military force; there will also be the possibility of deployment of a non-violent war. This can be related to:

—The strategy in a conflict would be to achieve legitimacy by the force of ethical and moral principles, and by the need of not using violence in war;

—The availability to construct a force capacity powerful enough to persuade rivals to avoid a war guided by violent resources.

All which ties with the Confucian matrix perspective oriented to avoid every single act of injustice and those that can cause unnecessary suffering; thus, from Xun Zi 's (荀子) perspective: "A benevolent ruler would not perform even a single act that is unjust or that would result in the execution of even one innocent man, although he might gain the empire by doing so." (Ibid.: 98) Therefore, there would be a continuum of thought that precedes him, where his perspective on war is fundamentally non-violent, in that Confucians require that no innocent be killed in a war, or the justice of any legitimate defensive war could be lost.

As Mozi (墨子) believes to avoid the war, for the Confucian Xun Zi (荀子) war would only be the last of the options and possibilities, as Yao (2004) analyzes. Xun Zi (荀子) lists three ways to peace, security and prosperity: to strengthen the influence of moral virtues; to make use of friendship and trust; and to employ military force. In any case, war must be subject to ethical principles, as well as to avoid violence as part of it; while the first two paths continue to be current valuable proposals to generate cooperation processes between states.

State Administration and Meritocracy

The state administration according to Mozi's thought, in general, was based on efficiency, modesty and austerity.

At the level of efficiency, there are clear ideas about meritocracy, thus "the population ought always to obey its leaders, as its leaders ought always to follow the will of heaven. Mohism might be argued to have elements of meritocracy: Mozi contended that rulers should appoint officials by virtue of their ability instead of their family connections" (Ibiblio.org, n/d). Although this can be misunderstood as a strong criticism about Confucians, we need to remember that for the Confucian matrix, meritocracy in the state was a strong value; and yet it was not just about capabilities but also a moral obligation, as much to the officials as to the rulers.

Another good example of efficiency and meritocracy can be quoted when Mozi prevented the State of Qi (齐) from attacking the State of Lu (鲁): he taught that the defense of a city does not depend only on fortification, armament, and food supply; it was also important to keep close to the talented people and trust them.

About modesty and austerity, these conceptions are related with the economic administration oriented to the needs of the population but specially of the weakest ones. From that point of view, we can understand the Mohism's criticism to the excess of the devotion about rituals (li 礼), music, the ceremonies of funerals and the tribute to ancestors attributed to the Confucians. Mozi (墨子) avoided emphasis on ritual and music, as extravagant and expensive, which was not fair when states and the weakest are suffering poverty and hunger.

Mozi (墨子) and Mohist criticized the long periods of mourning for the death of fathers or other relatives, because such activities were expensive and unproductive (Herranz, 2005: 5); in a complicated age for production, having people without producing, for example food, would just cost suffering. Moreover, because for Mohists Confucians held the prodigy of rituals and the lavishness of burials for unnecessary luxury, Mohism proposed moderation in funerals (jie zang 节葬). (Chinaknowledge.de, 2017)

In the case of the tribute to ancestors, if it is true that:

—Mozi (墨子) venerated antiquity (shang xian 尚贤), as much as Confucians did (Chinaknowledge.de, 2017); and,

—both thoughts based their arguments "on the emperors of the legendary dynasties, that had held the world together and in order" (Herranz, 2005: 3).

Mozi (墨子) argues that it was necessary to respect the past, but giving a chance to the new, to the present. Then we can deduce that, for Mohism, rituals could be important, but also this thought proposed the need of recognizing the dynamism of society, which can bring innovations designed to solve the material problems of people, and through this to protect and improve the state order and society welfare.

Finally, we can point that, when resuming the criticism to the excesses attributed to the Confucian and their realization of li(礼), that "the Mohists declared themselves enemies of luxuries and social amenities and all ostentatious rites" (Botton, 2010: 92). This was a pragmatic material goal designed not just for moral values, but also for the utility of the order and unity of government and society, as well as for the common coexistence, all of which can be seen as basis for a harmonic chain.

Final Remarks: Contributions to Interstate Dialogue and the Field of International Relations

Once we briefly reviewed some of the Mozi and Confucian matrix approaches, this paper proposes some final reflections in order to rescue some elements for the interstate dialogue, and the field of international relations.

1. The concept of jian ai (兼爱): Inclusive love and care can help increase dialogue and the mutual comprehension between different cultures and different civilizational matrixes, since it is oriented by a sense that erases the differences between the idea of a self (*us*) and the others. Thinking the world as a whole means thinking international relations not as the relations between separated and conflictive political units. It could mean thinking a world as horizontal entities that also can reach harmony trough the contribution of the idea of keeping "authenticity" in the Confucian sense.

2. Order is necessary at the international level, and it is an ideal, but there are always possibilities that a state (governed by a group of interest of individual of "low moral qualities or xiao ren [小人]", in the Confucian matrix) aims at attacking other small states. In that case, self-defense (as ultimate resource) is completely legitimate; but it is also totally legitimate that other actor (state or group of states) could help stop the conflict, through persuasion or as ultimate resource using the war (violent or non-violent) to protect the weakest, in the same ethical sense as Mohism and Confucianism argued in their thoughts.

3. Because a common idea both in Confucianism and Mohism is that the most competent persons should rule for the good of the community; and because throughout Chinese history, the Confucian elite, recruited through a competency test, has ruled the country, the idea of an ethical and self-sacrificing elite (Dobson, 1967: 200) is still present in the Chinese ideal, but also this reality can be a contribution to the formation of international organizations, but also to the state bureaucracy. Countries with efficient elites, educated and with values will be less inclined to wage wars, many of which occur due to scarcity and ambition.

4. Ambition is an issue that cannot be remedied, but a good and efficient administration may contain the threats of ambitions and self-interests; but it also can alleviate and reduce the causes of conflicts that are generated from scarcity.

5. Reciprocity is very important for international relations and dialogue within the world order, but when others act with no reciprocity (specially when we expect that others act based on our values) the conflict is not necessary (as can be deduced by Mozi); even further, the idea of being example will be more useful to generate fair relations of reciprocity. Here it is worth remembering the role of being example for others as in the Confucian figure of Junzi (君子): this can be exercised as an official, but also as a political unit. This represents the possibility of persuading by example, avoiding imposition, one of the problems in the present world order scenario.

BIBLIOGRAPHY

Bell, D. (2009), "War, Peace, and China's Soft Power: A Confucian Approach", *Diogenes*, 221, pp. 26-40.

Botton, B. (2010), *China su Historia y Cultura Hasta* 1800. 2nd Ed., México: Colegio de México.

Craig, E. (2005), *The Shorter Routledge Encyclopedia of Philosophy*. 1st Ed., New York: Routledge Publishing.

Dobson W. A. C. H. (1967), "China, Pasado y Presente", *Estudios Orientales*, Vol. 2, No. 3 (5), pp. 187-212.

Herranz, M. (2005), Filosofía Política China Clásica, Historia y Pensamiento en China. Web Casa Asia (online): Available in: http://www. casaasia. es/pdf/3606110454AM1141639494244.pdf.

Radice, T. (2011), "Manufacturing Mohism in the Mencius", *Asian Philosophy*,

21: 2, pp. 139-152. Available in https://www. tandfonline. com/doi/abs/10. 1080/09552367.2011.563991.

Wang Y. (2013), "Explaining the Tribute System: Power, Confucianism, and War in Medieval East Asia", *Journal of East Asian Studies*, 13, pp. 207-232.

Yao X. (2004), "Conflict, Peace and Ethical Solutions: A Confucian Perspective on War", *Journal of East Asian Studies*, Vol. 4, No. 2, pp. 89-111.

Yen H. (2015), "Human Nature and Learning in Ancient China", IN S. Hsu, Y.-Y. Wu (eds.), *Education as Cultivation in Chinese Culture*, Education in the Asia-Pacific Region: Issues, Concerns and Prospects 26, DOI 10.1007/978-981-287-224-1_2.

Zhang, E. (2013), "The Common Good in Mohism: A Reconstruction of Mozi's Ethics of 'Inclusive Care' and 'Reciprocal Well-Being'", *Philosophical Studies in Contemporary Culture book series* (PSCC, Vol. 23). Available in https://link.springer.com/chapter/10.1007/978-94-007-7272-4_6.

COMPLEMENTARY BIBLIOGRAPHY

Chinaknowledge.de (2017), zhuzi baijia 诸子百家, the Hundred Schools of Thought. Available in http://www.chinaknowledge.de/Literature/Terms/baijia.html.

Mencius. (1996), *Mencius*. In The Four Books and Five Classics, Vol. 1, ed. XiaoMing Yang. Chengdu, China: Bashu Publishing House (as cited in Wang, 2013).

Ibiblio. org, (n/d), Hundred Schools of Thought. Available in https://www.ibiblio.org/chinesehistory/contents/02cul/c04s02.html.

Mohism, Confucianism and the Seven Fundamental Cosmic Communities of Life

Attila Grandpierre *

Mozi (470 BC-ca. 391 BC), one of the most important Chinese philosophers, differed from Confucianism in that Confucianism saw love for people as having gradations, gradually weakening from the family to distant acquaintances. Mozi, by contrast, was an advocate of universal love without discrimination to ensure social peace. Both views are based on substantial truth, but they seem to contradict each other, and it is not clear what is true of one and what of the other from this point of view. These two partial truths are illuminated by a comprehensive science which resolves also the apparent contradiction by the recognition that life, however universal, is also communal, and that there are indeed gradations of these communities, precisely those grades someof which were regularly emphasized by Mozi and Confucius. These natural grades are the cell, the individual, the family, the nation, humanity, the living world and the Living Universe. Each of the seven grades of life's organization deserves outstanding attention, appreciation and love. And because these seven grades of life are based on the universal life instinct of the Universe, both views are ultimately correct. This debate is of great importance in today's world, because the modern idea of the nation has eclipsed the ancient, overarching idea of the community of the nation, which favours cooperation between nations. Comprehensive science puts the concept of nation back into a cosmic context, enabling universal agreement and aligning our natural commitment to nations with our commitment to humanity. The comprehensive concept of nation illuminates the place and role of nations on the planet and in the cosmic order. In an age of planetary imperatives for long-term

* Budapest Centre for Long-Term Sustainability.

development, it seems inevitable that this overarching, unifying, healthy and cooperative concept of the nation will come to the fore.

Introduction: A Short Outline of Comprehencive Science

For a more complete understanding of Mohism and Confucianism, we propose here a comprehensive scientific approach revealing the significance of seven fundamental cosmic communities of life. The comprehensive science is based on the most promising version of theoretical biology that includes in itself, as one of its special branches, physics. Comprehensive science extends the explanatory structure of modern physics from the laws of nature to its first principles. First principles are at the end of the explanatory chain of nature. They explain the laws of nature in the same way as the laws of nature explain observable phenomena. All the fundamental laws of physics, as well as of biology and of psychology, can be derived from the first principles of physics, biology and psychology, respectively. In that way, comprehensive science improves modern science both by its explanatory depth and its scope. Comprehensive science is the unified science of matter, life and mind.① Life has a fundamentally communal nature. Cosmic life is manifested fundamentally at seven levels embedded into each other consecutively: cell, person, family, nation, humanity, the Earth (Gaia) and the Living Universe. The Universe is unified by the Principle of Life playing a similar role in the comprehensive worldview as ch'i (qi 气) in Chinese philosophy.

There are two kinds of things in the world: one given by Nature and the other given by humanity, natural and artificial. The one given by Nature is our primary reality, the one given by humanity is the secondary. Nature is the overarching reality to which we are fundamentally related. We received our life and human reason from Nature. Life and human reason are the two fundamental ingredients of human nature. We are fundamentally living beings, and, as human beings, we are to be reasonable beings. As living beings, we are emotional beings. As reasonable beings, we are intellectual beings. We are bond by an elementary power of Nature to life: the love of life, the love of universal life. Our commitment to be living and act according to our living nature is urged by an elementary power of Nature, by our vital instinct.

It is our vital instinct that urges us by an elementary power of Nature to think and

① Grandpierre 2012, 2021a, b, c.

act reasonably, according to our human nature. It is our vital instinct that is the source of our love of life. Our love of life is not only what we think of it consciously. Our love of life is, fundamentally, given by Nature, the Heaven, by the Living Universe itself. Our love of life is much stronger and much more profound than all what our conscious mind can grasp of it because it is the vital source of all what we think and feel. To be living commits living beings with the primary task to live life in a way according to the nature of life, towards well-being. To be living in the world commits living beings with the primary task to live, simultaneously, according to the nature of the world. To be reasonable beings, we human beings are committed to the primary task to discover and understand the best possibilities for our life.

Chinese philosophy has preserved the natural propensity of humanity to love, respect and understand life, as well as human nature and the world around us. By Nature, we mean the Universe as a whole, unified by the cosmic Principle of Life, the entity that bonds humanity to life by our love of life, arising from our vital instinct. The Universe is the unified whole of everything that exists. Therefore, the cosmic Principle of Life permeates and animates everything that exist, including us. Our vital instinct is the cosmic Principle of Life as manifested in our body, soul/heart and mind.

Life Exists in Communities Embedded into Each Other

It belongs to the nature of life to be realized in communities embedded into each other. Cellular life on the planet Earth is the manifestation of the elementary creative power of the cosmic evolution of life. Cells are almost perfect manifestations of life, in a rate that is amazing, surpassing the complexity, dynamism and organization of such extremely busy cities like Budapest or Beijing. Yet, in contrast to cities, cells work almost perfectly according to the nature of life. When cellular life developed on the Earth, it evolved for four billion years, and developed from the community of unicellular organisms into almost perfectly working superorganisms of cells. One species of these almost perfectly working cellular superorganisms became thinking and speaking beings: human beings.

Ancient humanity and its societies had been the organic continuation of the cosmic evolution of life. These societies develop naturally from families and families of families. When they grow very large, they were faced with a new task, the task of governing the society. Simplifying, human life is the interplay of three elements: (1) human nature within us, (2) the world—Heaven, Nature, Universe—embedding us into the Universe, and (3) the society we are living in. From these three elements, two are fixed by Nature, the third is to be selected by humanity. Accordingly, it is natural and plausible to create, develop and govern society in harmony with Nature and, at the same time, in harmony with human nature that is harmonious with Nature.

It seems the first historically crucial contribution of humanity to the world given by Nature is developing human societies. From that time on, the life of humanity became increasingly walking on two legs: the one given by Nature, and the other given by humanity. In modernity, one of these legs, the one given by Nature, had been "cut down" by killing more than 60% of all the species of the biosphere, eliciting the sixth wave of mass extinctions. The other of these two "legs", given by humanity, is also unhealthy. In western civilization, and among the industrializing countries, western civilization walks almost exclusively towards material values like wealth, money and power.

The Fundamental Type of any Civilization is Determined by Their Reigning Worldview

The basic character of civilizations corresponds to their reigning worldview. It is the worldview that gives us an image about the nature of the world and about what human nature is. In Western civilization the reigning materialistic worldview corresponds to a materialistic value system striving towards possession of material wealth, money and power. In the Chinese civilization the reigning organic worldview corresponds to values like good governance and balanced well-being of all people.

Mozi, Confucius and Good Government

It seems safe to state that the main aim of Mozi and Confucius is to formulate the most important ingredients needed for a good government that is formulated in the Su King, Hung Fan as the "eternal laws of human's cooperation". What is the best way, according to Mozi and Confucius, to their common ultimate goal, that is, good governance? For Mozi "the (good) conduct of government (is) directed at the well-being of the populace.① The core doctrine of Mohism, universal love, is "expressed in right and good conduct which is essential to the other components of Mozi's doctrinal system"②. In Confucianism, the ultimate objective is good governance and a stable,

① Johnston 2010, lxv.

② Ibid., liv.

well-ordered state. As Confucianism teaches, "Let the states of equilibrium and harmony exist in perfection, and a happy order will prevail throughout heaven and earth, and all things will be nourished and flourish".

One basic point of departure of Mozi from Confucius is Mozi's attack on Confucianists concerns: namely, the Confucian gradations in love of relatives. Indeed, Mozi wrote the following passage. "The Confucians say: 'In treating relatives as relatives, there are gradations. In respecting the worthy, there are gradations. They speak of the differences of near and distant, honored and lowly'. Their Rites states: 'Mourning for a father or mother is three years; for a wife or eldest son it is three years; for older and younger brothers of the father, younger and older brothers, and other sons it is one full year; for other family members it is five months.' If the calculation of the period of years and months is based on nearness and distance, then it should be long for near relatives and short for distant relatives"①.

What are the main reasons of Mohism for such a departure from Confucius? Mozi states it clearly: to avoid social conflicts. According to Mozi, the roots of all conflicts arise from lack of mutual love. If all people would love each other, if all nations would respect and love each other deeply and profoundly, then they were thinking before attacking the other. And if they were realizing that the most fundamental law of every living beings is universal love of life, then they, allegedly, would never attack each other. Therefore, universal love is a fundamentally important principle of all living beings, including communities of life, even if this law is not obligatory like the laws of physics. Indeed, knowing the truth of the principle of universal love offers a well-working basis for preparing our decisions, powerful motivations, propensities and inclinations. The fundamental principle of the universal love of life tells us that the best what we can do in almost all conditions is to think before act and avoid any conflicts.

According to the original, natural state of affairs, the first nations arising from the symbiosis of the indigenous people and their land's communities of life, built a natural society in harmony with Nature. Comprehensive science tells that all nations belong to a "superorganism" of nations: humanity. Mankind belongs to another superorganism, Gaia, that is, the living Earth. This cosmic superorganism belongs to the ultimate superorganism, the Living Universe. In the order of Nature, all nations belong together

① Johnston 2010, 39.1, 351; also 46.18.

and are destined, by Nature, to serve all the seven fundamental communities of life. In the last thousand years, the Earth suffers from brutal interventions, destroying biodiversity and the environment. Nations suffer from brutal interventions like wars, physical, mental and spiritual wars against human nature. Harmonious human nature is sacral because it is given Nature. If we examine the root of disorder, we found that in almost all cases it is rooted in a lack of deep mutual love and respect. As Mozi formulated it, "A sage, in taking the ordering of the world to be his business, must examine what disorder arises from. In his attempts, what does he discover disorder to arise from? It arises from lack of mutual love"①.

One of the main messages of Mozi is to consider "universal mutual love, interaction for mutual benefit"②, universal love without gradation, as the basis of good government. Mozi offers a cosmological ground to his view. "If the gentlemen of the world truly wish in their hearts to comply with the Way and benefit the people, they must start by examining the basis of benevolence and righteousness, and, in doing this, they cannot but comply with Heaven's intention"③. How to know that Heaven's intention is profound universal love? Mozi's answer: "Further, how I know that Heaven's love of the people is profound is this. I say it is through its creating the sun, moon, stars and planets in order to light the way for them. It fixed the four seasons-spring, autumn, winter and summer—to regulate them...④

Postmodern Comprehensive Science

I would like to call attention that today we have such new branches of sciences which transcend the modern scientific worldview regarding the nature of life. These new scientific achievements complete, substantiate and confirm Mozi's argument. For example, anthropic cosmology and astrobiology had shown that the Universe is bio-friendly.⑤ The value of physical constants, the form of physical laws, and the characteristics of the quantum vacuum are all fine-tuned towards the most favorable conditions of life ⑥. "Life is a cosmic imperative"; it is written into the laws of Nature—as it is formulated by the Nobel laureate biologist Christian de Duve (1996). Experimental data suggest that "in every

① 14.2, Johnston 2010, 131; see also 14.3.

② Ibid., xliii.

③ 27.5, ibid., 253.

④ 27.6, Johnston 2010, 253.

⑤ Davies 2006 .

⑥ Barrow and Tipler 1986.

phase of cosmic evolution from the origin of the elements to the appearance of protocells there is a discernible preferential movement toward the carbon-based living state" ①. Even in places where life is not present, the conditions in the entire universe are continuously changing towards becoming more favorable for complex life.

Moreover, James Lovelock has developed a very fruitful and far-reaching Gaia-theory stating that the Earth is a self-regulating system.② The self-regulation includes all the physical and chemical conditions relevant for life, regulating the conditions in a special manner setting up all these parameter values favorable for life. The theoretical biology of Ervin Bauer had shown that life has its own exact fundamental principle independent of physical laws. It tells that: "The living and only the living systems are never in equilibrium; they unceasingly invest work to the debit of their budget of free energy against the equilibration which might occur for the given initial conditions of the system on the basis of physico-chemical laws" ③.

Generalizing Bauer's biology, we had shown that physics can be mathematically derived from the general biology, the fundamental principle of which can be regarded as the principle of best life. ④ A common feature of all these new scientific achievements is that in all of these phenomena, a biologically favorable regulation, favorable for all living beings and communities of life, universally, occurs through continuous small-amplitude changes in the input data of the physical equations generated below the quantum level. For example, when we decide to bend our finger, our decision elicits biologically initiated changes by the biologically governed energy of our willpower within the boundaries of Heisenberg's quantum uncertainty principle. These quantum level changes are summed up and organized to elicit the physical causes necessary for the physical realization of our biological purpose, for example, to bend our finger. ⑤ All these new developments of science can be explained on the basis of the all-encompassing biological principle of the Universe. These scientific results show that the Universe is living, and its fundamental biological activity is directed towards developing favorable conditions for life.

---

① Kenyon 1974, pp. 211-212.

② Lovelock 1987.

③ Bauer 1967, p. 51.

④ Grandpierre 2007.

⑤ Grandpierre et al., 2013, 2014, 2018.

The Natural Values of Society are Family Values

Let us note that the family is the par excellence Nature-given community from which ancient societies naturally grown out. Family values are based on long-term happiness, nourishment and flourishing, and the general rule of behavior is based on unconditional love towards each member of the family. Therefore, family values are the Nature-given system of values. They are the Nature-given basis for the value system of societies originating as families of families. We found that these basic family values play a Nature-given, distinguished role for the value system of all societies.

Without realizing the Nature-given moral world order, in which family values play a distinguished role at all the seven fundamental communities of cosmic life, the doctrine universal love without distinction can be dangerous for the society. Definitely, there is a conflict between universal mutual love without distinction and the traditional Confucian philosophy of government based on family values. Indeed, Mencius defended family values against the apparent conclusion that universal love without distinctions is against the distinguished role of family values for good government.

Remarkably, a closer study of Mozi's work revealed that the conflict between universal love without gradations is only apparent. We carried out a statistical analysis of the most frequent concepts in Mozi's oeuvre and compared it to that of Confucius. We found that for both the key concepts are man, noble man, king, people, Heaven, family (parent, father, son) and ritual (good conduct of life). We found only slight differences between Mozi and Confucius in the exact ratio of occurrences of these terms. In Mozi's work, the word "Heaven" occurs a bit more frequently, and "ritual" a bit less frequently. We can realize that family and society values play a distinguished role in Mozi's system in a way very similar to Confucius's system. How to understand this apparent conflict with Mozi's claim for universal love without distinction?

Solution for the Apparent Conflict between Mozi's Universal Love and Confucianism on the Basis of Comprehensive Science

Our solution to this paradox is that, within the comprehensive scientific worldview①, universal love is meant in the context of all the seven fundamental levels of cosmic life simultaneously. This means that family values and social values may preserve

① Grandpierre 2012, 2020.

their distinguished role without contradicting with universal love. More concretely, universal love prevails between all living beings of the Universe as members of the same cosmic community; similarly, universal love prevails between all living beings of the Earth, between all members of humanity, between all members of a nation, between all members of the family, and between all the cells of our organism. Besides these forms of universal love of life within each level "horizontally", we have found also seven fundamental moral duties of humanity "vertically", corresponding to make our best to contribute for the best conditions of life, for all the seven communities of cosmic life simultaneously, through humanity's spirituality. These seven levels of life in the Cosmos are distinguished by Nature, indeed, by the nature of life, namely, by the communal nature of life and its natural order of descendance.

Comprehensive science proved that the Universe is living.① The Living Universe is based, governed and unified by the universal principle of best life, directed towards the best conditions of life. This cosmic principle of life can be formulated as the one urging all living beings to mobilize their best abilities, talents and resources towards realizing the best conditions for all life comprehensively, on a long-term basis, simultaneously at all the seven levels of life. It is the inexhaustible natural resource, vital energy, that endows living beings with the ability to surmount the power of physical conditions and make themselves able to harness the physical laws according to their vital purposes. We can identify the cosmic Life Principle with the eternal Way of Cosmic Life. The cosmic Life Principle is the Way of life's four billion years evolution on the Earth (Gaia). It is the Way of humanity, nations, families, persons and our cells. It is the ultimate principle of the Living Universe.②

Our finding offers a remarkable scientific evidence supporting the perennial views of Chinese philosophy. "All Chinese traditions converge on one essential point: they all hold that the universe represents an all-comprehensive Urge of Life, an all-pervading Vital Impetus, that never for a single instant cease to create and procreate and never in a single place ceases to overflow and interpenetrate", wrote the great Chinese philosopher, Thomé H. Fang.③"The great virtue of heaven and earth is called 'life-giving' "④. The

---

① Grandpierre 2012, 2018, 2021a,b.

② Ibid..

③ Fang 1980, p. 160.

④ Second part of the Great Appendix, I Ching; Xinping Zhuo 2018, *Religious Faith of the Chinese*, Springer Singapore, p. 201.

Living Universe, this cosmic living being includes our life in a similar manner that our life includes in itself the life of our cells. Life is an all-comprehensive phenomenon that is manifesting in a series of communities embedded consecutively into each other like Matryoshka-dolls, descending from the Living Universe to our cells. We are all connected by the most fundamental principle of the Universe.

The vital instinct urging us human beings to live our life according to the nature of life is identical with the vital instinct of the Universe. Since the life instinct of the Universe is all-encompassing, embracing and unifying the physical universe with the universe of emotions and the universe of thoughts, and it is present within us immanently, we can realize that the entire Living Universe is present "within" us. There is only one vital instinct in the Universe and this fundamental life instinct permeates every forms of life forms in the Universe, including us. We perceive this cosmic life instinct as our most personally given life instinct. Because our life instinct is the most fundamental basis of our life, it is perceivable only by our deepest emotions and deepest thoughts. We have to feel the most profound emotions and thoughts in order to live fully according to the nature of life. Good governance requires well-based fundamental system of decisions. Good decision system requires the profound and ontologically complete knowledge of reality. Such an ontologically complete scientific worldview is offered, for the first time in the history of science, by the comprehensive science.①

It is our Self is what decides. It is our fundamental system of decisions that is the basis, framework and compass of our self-identity. The eternal laws of good cooperation of human beings is given by the ontologically complete worldview supplying the value system favoring the best conditions for the natural communities of life, and by the vital urges that are to be mobilized by us to make life better. Besides endowing all living by life, the Life Principle also endows us by the *active* love of life, urging us to live with the full potential of life for making life better and better, for making our human nature better and better, perfectionating ourselves.

The explanatory chain of science explains the behavior of physical objects by the equations of physics.② Extending this explanatory chain to the deepest level of explanation, comprehensive science had shown that all the fundamental equations of physics can be derived from the ultimate principle of physics, the "axiom of physics",

---

① Grandpierre 2002, 2012, 2015, 2020.

② Davies 2004.

the Principle of Least Action. As we had shown, similar is the case in the science of life and mind. Reality has three levels, the level of phenomena, the level of the laws of Nature, and the level of the three fundamental principle. Reality has three fundamental realms corresponding to the trinity of matter, life/soul and mind, the physical, biological and psychological, manifested as the trinity of our body, soul and mind. Reality is fundamentally the cosmic life that is manifested, from the human viewpoint, on the seven levels of cosmic life's communities. The ontologically complete worldview has three levels of reality present at all the three realms and all the seven levels of cosmic life. This ultimate system of knowledge is much deeper and broader than the present scientific worldview originated in the West. It is based on a better, deeper and broader science. It is the continuation of the best traditions of physics but extending it into fundamentally to such realms into which science had never entered before, to obtain an ontologically complete scientific worldview required for building a healthy, ecological civilization.

This all-encompassing, comprehensive scientific worldview offers an interpretation that brings Mohism and Confucianism into harmony. We propose to consider universal love as the universal love of the all-embracing, cosmic life. It is the Life Principle that gives the eternal laws of the world as well as the eternal laws of moral behavior. Moral principles assume universal acceptability. Such universal values can be given only by the Living Universe. We are all personally interested to live life in the best way possible according to the nature of life.

Mozi obtained a profound insight into the nature of the Life Principle, corresponding to the universal love of life. Comprehensive, postmodern science offers scientific evidence to substantiate and interpret Mozi's universal love. Confucius obtained another fundamental insight of the Life Principle, our contribution to the betterment of our human nature. Living life according to Nature requires us to make our best to perfectionate ourselves and be beneficial and righteous regarding others, appreciating all life. Postmodern comprehensive science offers a series of evidence, shedding more light on these ancient Chinese ideas.

BIBLIOGRAPHY

Bauer, E. (1967), Theoretical Biology, AkadémiaiKiadó, Budapest, Hungary (in Hungarian).

Davies, P. (2004), "When Time Began", *New Scientist*, 2004, October 9.

Davies, P. (2006), *The Goldilocks Enigma: Why Is the Universe Just Right for Life?* Allen Lane, Penguin Books.

Duve, C. (1996), *Vital Dust: Life as a Cosmic Imperative*, New York: Basic Books.

Fang, T. H. (1980), *The Chinese View of Life: The Philosophy of Comprehensive Harmony*, Linking Publishing Co. Ktd.

Grandpierre, A.(2002a), *Az Élő Világegyetem könyve* (The Book of the Living Universe, in Hungarian). Válasz Könyvkiadó, Budapest.

Grandpierre, A. (2007), "Biological Extension of the Action Principle: Endpoint Determination beyond the Quantum Level and the Ultimate Physical Roots of Consciousness", *Neuro Quantology* 5, http://www.grandpierre.hu/site/wp-content/uploads/2012/09/neuro.pdf.

Grandpierre, A. (2012), Azelo Vilagegyetem konyve-2012 (*The Book of the Living Universe*. 2nd, thoroughly rewritten version, in Hungarian.) Titokfejto Konyvkiado.

Grandpierre, A. (2015), Héliosz. A Napés az élet új nézőpontból (Helios. The Sun and Life from a New Viewpoint. In Hungarian). Titokfejtő Könyvkiadó.

Grandpierre, A. (2018), *The Fundamental Biological Activity of the Universe*. In: Eco-Phenomenology: Life, Human Life, Post-Human Life in the Harmony of the Cosmos. Smith, W. S., Smith, J. S., Verducci, D. (eds.) Analecta Husserliana Vol. 121, http://www.grandpierre.hu/site/wp-content/uploads/2018/10/Grandpierre-2018-The-Fundamental-Biological-Activity-of-the-Universe.pdf.

Grandpierre, A. (2020), *The Ancient History and the Current Rise of the Silk Road*. The role of Hungarians in Eurasia (to be published in English and Chinese).

Grandpierre, A. (2021a), "Generalization of Quantum Theory into Biology" (to appear in *Intuiting Life*, ed. Spyridon Koutroufinis).

—(2021b), "Extending Whiteheadian Organic Cosmology to the Comprehensive Science of Nature" (to appear as Chapter 2 in *Process Cosmology: Toward a Wider Science and a Deeper Philosophy*, ed. Andrew M. Davis).

—(2021c), "The Ancient History of the Silk Road—The role of Hungarians in Eurasia", on the basis of 12 disciplines (Titokfejto Publishers; in English; to be published in Chinese).

Grandpierre, A., Chopra, D., Doraiswamy, M., Tanzi, R. and Kafatos, M. (2013), "A Multidisciplinary Approach to Mind and Consciousness", *Neuro Quantology* 11 (4), http://www.neuroquantology.com/index.php/journal/article/view/703.

Grandpierre, A., Chopra, D. and Kafatos, M. (2014), "The Universal Principle of Biology: Determinism, Quantum Physics and Spontaneity", *Neuro Quantology* 12.

Johnston, I. (2010), *The Mozi. A Complete Translation*, translated and annotated by Ian Johnston, The Chinese University Press.

Kenyon, D. H. (1974), *Prefigured Ordering and Protoselection in the Origin of Life*, In: The Origin of Life and Evolutionary Biochemistry, Dose, K., Fox, S. W., Deborin, G. A., Pavlovskaya, T. E., (eds.) Springer US.

Lovelock, J. (1987), "Gaia. A New View of Life on Earth", more references can be found here: http://www.grandpierre.hu/site/English/.

Principles of Good Governance in the 21st Century with a Look at the Thought of Confucius and Muhammad

Ahmad Reza Towhidi *

Introduction

Today, despite the ratification of international instruments and the activities of many peace activists, we are still witnessing an increase in war and violence around the world. Perhaps it would be better to focus once again on the concept of peace and its solutions and use the guidelines of the divine schools such as Islam or the teachings of Confucius to achieve world peace. One of the most important and comprehensive legal systems in the world is the teachings of Islam①. So the Qur'an②

* Associate Professorat Department of International Law, Faculty of Law, University of Qom, Iran.

① Islam means submission to the will of God and obedience to His law. Everything and every phenomenon in the world other than man is administered totally by God-made laws. Man possesses the qualities of intelligence and choice, thus he is invited to submit to the good will of God and obey His law, i.e., become a Muslim that it is the best safeguard for man's peace and harmony. Islam dates back to the age of Adam and its message has been conveyed to man by God's prophets and messengers, including Abrahim, Moses, Jesus and Muhammad.Islam's message has been restored and enforced in the last stage of the religious evolution by God's last prophet and messenger, Muhammad.The word Allah in the Arabic language means God, or more accurately, The One and Only Eternal God, Creator of the Universe, Lord of all lords, King of all kings, Most Compassionate, Most Merciful.(http://www.barghouti.com/islam/meaning.html)

② The Qur'an is the central religious text, or scripture, of Islam. Muslims hold it to be the final revelation from God to all humanity, specifically the original Arabic version. The prophet Muhammad (peace be upon him) was ummi (in Muslim tradition, illiterate), and thus had never read any scriptures. Nevertheless, during the seventh century CE, from the age of 40 until his death, he received and "recited" the contents. ("Recitation" is the literal meaning of Quran, sometimes spelled Koran) Muslims believe that the current written Arabic version of the Qur'an is exactly identical to what was revealed to Muhammad (also spelled "Mohammed"), and that from his first revelation in the Cave of Hira to the last 23 years later, the Divine message was conveyed through the angel Gabriel.

and the hadith①, are primary and revered sources of the law in Islam.

The ritual that Muhammad Messenger of God introduced as one of the goals of his mission was to establish justice and moral excellence of the people. In relation to peace, Islam has a common view with other religions and moral schools, and in the Islamic view, peace means reconciliation and calming the society. And about 140 verses of the Qur'an are about peace, and in Islamic teachings, detailed theories are expressed in the field of establishing peace and security in the world. Imam Ali② said: "The comfort of the warriors, and your peace of mind, and the security of the country will be ensured in peace."③

The concept of peace and security at the level of world governments through the countries of the Far East seems to be growing, and a little hesitation and reflection on them will take us to the land of China. Where the emergence of great thinkers and extensive cultures and civilizations throughout history and ages. Confucius was one of the first theorists whose precise theories still hold a special place and excellence at the international level, which can be adapted from his idea in implementing the concept of peace and security on a global scale and governance.

Security

One of the greatest human aspirations has long been the need to create a safe and conflict-free environment in both national society and large global communities. In order to fulfill this wish on the international page, the idea of creating an effective institution to regulate the relations between countries and prevent conflicts and the peaceful settlement of disputes between them has been one of the preoccupations of human beings in the new era. Initially, with the formation of operating, technical and service organizations with a limited scope of action, the process of creating and forming international organizations in order to provide security and communication and the need for more cooperation, the scope and type of activity of international organizations expanded. Until after World War I in 1920 under the Treaty of Versailles, a global

---

① A hadith (Arabic: حَدِيْث pronounced: "ha-deeth") is the narration of an event from the life of Muhammad, the prophet of Islam.

② The first Imam and successor of Muhammad, the Messenger of God.

③ فَإِنَّ فِي الصُّلْحِ دَعَةً لِجُنُودِكَ وَرَاحَةً مِنْ هُمُومِكَ وَأَمْناً لِبِلَادِكَ. (Letter written to his governor Malik Ashtar)(Nahj al-Balaghah, Mohammad Dashti, letter 53, paragraph 133, p. 424)

organization called the League of Nations was created. Although from the point of view of the founders of the League of Nations, the main purpose of establishing this comprehensive international institution was to establish and maintain peace and security in the world, but despite some weaknesses and shortcomings (some political and legal structural failures such as non-global scope in the executive system, and especially the non-prohibition of war, etc.), it practically provided the ground for its dissolution, and finally, in 1946, the United Nations replaced the League of Nations.

Article 1 of the Charter of the United Nations considers the protection of international peace and security as one of the goals of the Organization in the shadow of institutional cooperation.

However, in designing the main structure of the United Nations and its composition, they sought to maintain the status quo and not to create the desired status. Their slogan was the supremacy of peace and justice. Because decisions based on the power approach were necessary to lay the foundation for the structure of the future international system, they had the freedom to design and shape the structure in a way that protected their interests. This approach resulted in the global distribution of power being played only by the actors who at that time had the highest military-political-economic power to lead the new international system after World War II. Therefore, the main responsibility for maintaining peace was entrusted to the UN Security Council, in which the five great powers became both permanent members and had the special right of veto.

Considering the belligerence and the taste for violence, there is no doubt that peace is pursued in practice not for everyone but for some. In such a horizon, justice cannot be investigated from the interior while maintaining the existing fair international structure as well as the unjust structure existing between states and nations. How to reconcile peace with justice, without the UN being transformed properly.

One of the harms of world peace on this issue is the dependence of the concept and example of peace on the changing interests of the power-based international system. Another point is that the world peace management system has never understood respect for cultures and religions. Today, peace is a commodity that powerful actors since the formation of the Congress of Vienna in 1815 have systematically seen as a conduit for the captivity of the identities and cultures of nations and have made various treaties to divide the world and their spheres of influence. Since the formation of the United Nations, international structures have been based on the same ideas of peace which has derived from Western culture.

It can be said that terrorism, war and conflict, poverty and disease, economic and financial instability, as well as scientific apartheid, originated from the hegemonic management of the world. Social necessity has been done, but due to some problems, it has not been able to satisfactorily meet their intended purpose.

Peace①

In Islam, there is an evolutionary process to achieve peace and justice. The first stage is inner peace. At this stage, the people of the society should pay attention to themselves and strengthen their piety. Jihad with the soul② is the starting point of this movement. In fact, the believer must end the battle between the desires and aspirations between his physical and spiritual forces and his carnal and spiritual desires, and reach inner peace so that these forces can be connected with each other and shape the evolution and development of his human personality. At the same time, the individual prepares for the ideal collective movement. As God Almighty says in the Qur'an (verse 103 of Al-Imran): "And hold fast, all together, by the rope which Allah (stretches out for you), and be not divided among yourselves; and remember with gratitude Allah."

Thus, peace within man is the effective and constructive foundation of society. But the second stage of peace in Islam is social peace in the Islamic society and land. As a person prepares for the path of inner peace, the ground for social bonding and unity with others is provided for him. The divine command to Muslims is to create brotherhood and peace among the believers. As Allah says in verse 1 of Surah Anfal: "amend that which is between."

---

① The contents of this section are based on the behavioral and theological attitudes of Muhammad (the Messenger of God) or the concepts contained in the Qur'an.

② Jihad of the soul or the Great Jihad is a term in Islamic ethics derived from religious traditions, which means trying to refine morals and the soul and any kind of struggle and opposition to the reprehensible desires of the soul. The Qur'an emphasizes jihad against the self, and in the minds of Islamic thinkers, jihad against the self is at a higher level than confronting foreign enemies (jihad). The result of jihad with the soul; It is good character which means moderation of the power of intellect and perfect wisdom, as well as moderation of the power of anger and lust, and obedience of the intellect and sharia, both of which are achieved through struggle and austerity and forcing the soul on actions that require the desired mood. Of course, it is achieved by setting an example for well-behaved people and accompanying them (See: Majlisi, Mohammad Baqir, Bihar Al-Anwar, 1403 AH, Vol. 74, Islamic Publications, p.24).

In this way, Muslims are freed from the bondage of selfishness, discrimination, oppression and undesirable traits and become a reformer. And that in their society, they should practice religious brotherhood and try to resolve seditions and disputes by creating an atmosphere of peace and friendship.

The third stage of peace is about peace with non-Muslims. One of the principles governing Islamic society is peaceful coexistence with non-Muslims. Islam, contrary to what some non-Muslim thinkers and some false propagandists have claimed, is the religion of peace and tranquility. As there is no verse in the Qur'an that has forced people to accept Islam through war. From the Islamic point of view, war has a defensive purpose and nature and is prescribed to defend or prevent aggression and the spread of further destruction and bloodshed. Peace and peaceful coexistence with non-Muslims is based on the verses of the hadiths and the method of Muhammad, the Messenger of God, and is based on the principle of human dignity. Non-Muslims have inherent respect and dignity because they share humanity with Muslims, although they differ in religion. In fact, Islam gives originality to peace and it is confirmed by the life of Muhammad, the Messenger of God of Islam. Just as he is a peaceful example of Islam in the face of the heads of governments and kings of Iran, Rome and other lands and the use of correspondence and letters to other kings. Therefore, according to Islam, peace and peaceful coexistence of human beings with different beliefs is a value and goal. Therefore, establishing peace and calling for world and peaceful peace based on monotheism, justice and piety is the ultimate goal of Islam and its followers. It will pave the way for the world today to emerge from the current war and its many conflicts. The sixty-first verse of Surah Anfal is known as the verse of peace or the verse of peace.① This verse, which is after the verses of Jihad and in connection with some other verses such as 190 to 193 of Surah Al-Baqarah and 90 of Surah An-Nisa', shows that Islam did not make war the principle and seeks peace as much as possible.②

Therefore, if the spiritual force of faith does not control the individual, peace will be impossible, and according to Islam, the universe has not been created in vain, and all its components and elements have been created for a specific purpose, and the creation of

---

① **معرفت** محمدهادی ، **التمهید** فی علوم القرآن، قم: موسسه فرهنگی انتشاراتی **التمهید**، 1428ق. جلد دوم، ص355 (Marefat, Mohammad Hadi, *Al-Tamheed Fi Uloom Al-Quran*, Qom: Al-Tamheed Publishing Cultural Institute, 1428 AH., Vol.II, p.355.)

② قرشی بنایی، علی اکبر، احسن الحدیث، ۱۳۷۵ش، انتشارات بنیاد بعثت، ج۴، ص۱۶۰ (To English: Ghorashi Banai, Ali Akbar, Ahsan Al-Hadith, 1375 AH., Besat Foundation Publications, Vol.4, p.160.)

heaven and earth is nature. And all its components have been for the sake of man and service to him. Until man has been towards absolute perfection and transcendence, that is, following the commands of God (Allah).

Muhammad, the Messenger of God, was compassionate and kind to all, and his mercy and compassion were not reserved for Muslims; rather, he had a loving and friendly demeanor that included all members of society. He always advised interaction, solidarity, and cooperation, and avoiding enmity, discord, and dispersal.①

And the Qur'an has given numerous instructions for humanity and its problems in every age, time and place. As Allah has said in the Qur'an: "O people, We have created you from a male and a female, and made the tribes that you may know one another."

Thus, it can be seen that the Qur'an, as a general law forever and everywhere, proclaims the mission of Muhammad, the Messenger of God, as the ambassador of peace and friendship and the establishment of brotherhood. Here, the Qur'an mentions as a duty that a Muslim has a religious responsibility to prevent strife and bloodshed among Muslims and to take responsibility for this.

The Holy Qur'an, while calling for reflection, moral dignity, peaceful life, and unity, has prevented strife, which leads to the weakness of Islam.

In a brief look at the biography of the Messenger of God, we find that categories such as brotherhood and the institutionalization of the culture of peace and friendship, form a large part of his social life and have expressed numerous narrations and hadiths in this regard: "Together they are like the foundations of something that cannot be separated from one another."

In a brief look at the Practical method of the Messenger of God, we find that categories such as brotherhood and the institutionalization of the culture of peace and friendship, form a large part of his social life and have expressed numerous narrations and hadiths in this regard: "Together they are like the foundations of something that cannot be separated from one another."

Muhammad, the Messenger of God, sought to establish peace, friendship and peaceful coexistence. Therefore, verse 4 of the Qur'an is mentioned in Surah Anfal:

① Allah (the Lord and God Almighty) praises the kindness and patience of the Prophet (PBUH) in this way: So by mercy from Allah, [O Muhammad], you were lenient with them. And if you had been rude [in speech] and harsh in heart, they would have disbanded from about you. So pardon them and ask forgiveness for them and consult them in the matter. And when you have decided, then rely upon Allah. Indeed, Allah loves those who rely [upon Him] (SURAH AL-IMRAN AYAT 159 [3:159 QURAN]).

"Fear God and make amends between yourselves and obey God and His Messenger." Therefore, it can be seen that in this school, reforming bilateral relations and creating understanding and eliminating misunderstandings and enmities and turning it into intimacy and friendship is one of the most important Islamic programs and in Islamic teachings this issue has been given so much importance that as one it has been introduced as one of the best worships.

Another good and pleasing attribute of Muhammad①, the Messenger of God, in governing, which had a great effect on creating an atmosphere of peace and reconciliation, was forgiveness, compassion and mercy.

Therefore, the very good deeds of Muhammad, the Messenger of God, did not deviate from it under any circumstances. "If you had been fierce and cruel, they would have been scattered on your behalf."② Therefore, the secret of Muhammad's Messenger's success as a ruler should be considered in the matter of how to interact with others.

In another verse, the Holy Qur'an says about the Messenger of God: "There has certainly come to you a Messenger from among yourselves. Grievous to him is what you suffer; [he is] concerned over you [i.e., your guidance] and to the believers is kind and merciful."③

Stopping violence is another advice of Muhammad, the Messenger of God, peace be upon him. Violence evokes a sense of resentment in the hearts and ignites the fire of revenge. The use of violence not only has no effect on solving social problems, but often exacerbates them.

Muhammad, the Messenger of God, preached equality. He calls for equality and brotherhood. He abolished all racial and class privileges and was a model in the attributes of fatwa, forgiveness and mercy. There was no trace of resentment or revenge in him. He forgave everywhere and forgave everyone; even his enemies were not deprived of this vast mercy. The Prophet (peace and blessings of Allaah be upon him) conquered humanity with his excellent qualities, and according to Will Durant, he is the

---

① For further study on the behavioral characteristics of Muhammad's messenger and prophet from God, see: Mohammad Mehdi Kariminia, Messenger of Kindness in Sira and Speech, *Persian Journal of Knowledge*, 2006, No.108.

② «وَلَوْ كُنتَ فَظًّا غَلِيظَ الْقَلْبِ لَانفَضُّوا مِنْ حَوْلِكَ» (سورهی آل عمران آیهی ١٥٩) .

③ «لَقَدْ جَاءَكُمْ رَسُولٌ مِّنْ أَنفُسِكُمْ عَزِيزٌ عَلَيْهِ مَا عَنِتُّمْ حَرِيصٌ عَلَيْكُم بِالْمُؤْمِنِينَ رَءُوفٌ رَّحِيمٌ» (سورهی توبه آیهی ١٢٨) .

only reformer who has been able to fulfill all his desires in society, as well as his outstanding virtues and qualities, faith in his call and mission: "Relying on the affirmations of the truth, striving to spread the invitation, stability and perseverance, courage and sacrifice."

Regarding His Prophet Muhammad, Allah says in the Qur'an: "And We have not sent you, [O Muhammad], except as a mercy to the worlds."①

And Muhammad, the Messenger of God, peace and blessings of God be upon him, said: "I have been sent for mercy."②

The Great Sage Confucius

Confucius can be considered as the first great jurist and philosopher who has proposed relatively strong and clear hypotheses and theories about government, law and politics among the Eastern countries. These theories are in the same lands. Other Asians have left a profound impact on the social affairs and public opinion of that era and other eras, the traces of which still remain in most cases. Confucianism was founded by the wise Chinese politician Confucius, who, despite of popular acceptance, soon flourished and was replaced by Buddhism. Of course, today we see that Chinese society has relied on these concepts to improve diplomatic and political relations and its soft power, and has created a tremendous growth in the field of international relations, which can be said to be a combination of Confucius's teachings. Modern ethics and politics and some religious issues.

He was a patriotic, free, peace-loving and pacifist man and in his writings he studied various legal and social issues including government and politics and believed in the principle of equality and human equality.

According to Confucius, the people are the real and worthy source of political power, because any government that loses the faith of the people will sooner or later fall. He considered the basis of the government's headline to be based on three principles: "People's sincerity and belief in the rulers and the government apparatus, providing the minimum livelihood for all people, military equipment."

He also believed that these three factors would strengthen and condemn the rule of the rulers, and that the absence of any of these three principles would shake the survival

① «وَما أرْسَلْناكَ إلاّ رَحْمَةً لِلْعالَمينَ».

② «إنَّما بُعِثْتُ رَحْمَةً».

of the government. He believed that the day would come when the world would be full of goodness and peace. World peace and the unity of the world will come true and at that time the whole universe will become an ideal state. He believes that whenever we create a sense of benevolence, righteousness and goodness in a person, he builds good and ideal families and communities, and then we can have a government without global flaws. Although he lived 2500 years ago, he had theories and beliefs that are of interest to many people today.

China and Attention to Meritocracy

The teachings of Confucius are complex and have changed greatly over the centuries, but one fundamental principle remains, and that any social status and reputation should be based on merit. According to Confucius, being the best in society① comes only from being the best at the ability to do work, skill, and morality. Descent and family affiliation cannot make a person suitable for leading a society. Merit is obtained from education and training. In the following centuries, when Confucianism becomes the political and religious philosophy of the Chinese government, Confucian texts will become the first means of recognizing these merits.②

Confucius seems to have basically believed that "a good government is needed for any reform of human nature." The reason for this is that whatever the prevailing temperament, it first affects the men of the government. In this way, they reach the veins and blood of the people and flow like blood.

According to Confucius, it is the duty of the government to place people in the right place in society with proper and universal education③ and to hire them in the right seasons, thus preventing the occurrence of crime and chaos in society. But if the government fails to do so, it has no right to punish the people. Because corruption is not inherent in human beings.④ Rather, it stems from a lack of proper public education and a lack of correction of titles by the unwise ruler. From the Han period onwards, when Confucianism became the state religion, recruitment exams institutionalized the social hierarchical order in society.

Therefore, one of the factors influencing China's growing power in recent decades is

---

① (*Political-Economic Journal*, No.209-210, 2004, p.105) مجله ی سیاسی اقتصادی، شماره ی 209-210، 1383، ص105

② جهانی شدن و حکمت کنفوسیوس، نوشته ی لیوجیاگری، ترجمه ی لی دونگ لین، مجله ی چشم انداز، آذر 1383، شماره ی 12، ص 38.

③ *Confucian Analects*, trans. by James Legge, in the Chinese, Vol.L, Hong Kong1975, Avalects, pp. 12-17.

④ *Shu King*, trans. by Janes Legge, in the sarved books of the Easted. By Max Miier, Vol.3 Delhi, 1996, p. 234.

China's attention to the role of soft power in the globalization strategy. In other words, soft power reflects the national and cultural influence in the field of international relations and culture as a tool. China is new in the field of Confucian thinking that influences China's foreign policy. Peace and security issues although seemingly simple and basic concepts, however, we see today that many diplomatic relations are based on them.

Globalization and the Wisdom of Confucius

I believe that the followers of Confucius have a great and profound analysis of human life and relations, and that the wisdom of Confucius has a great impact on today's globalization. Some of which are as follows: The wisdom of Confucius must be used to create universal moral standards. Therefore, in order to solve the common problems in the process of globalization, human beings must guarantee the moral standards acceptable to all cultures and societies. In this regard, the international community adopted the Universal Declaration of Human Rights in 1948 after World War II. We believe that Confucius' thought includes several important ideas for establishing the moral standard of the world, such as "the idea of benevolence", "what you do not like for yourself is permissible for others" and "benevolence is philanthropy". Compassion includes the thoughts of equality of all human beings, regardless of gender, language, social status, or political or religious beliefs. In this regard, we can refer to an incident that about 1400 years ago, the Commander of the Faithful, Ali ibn Abi Talib, in response to an old man who reached him from a distance and asked, "Teach me what God has taught you." He says: Whatever you like for yourself, please the people, and treat the people as you would like them to treat you. ① It is known as "the act by which we become heavenly"②.

These ideas are in line with the human principles enshrined in the Universal Declaration of Human Rights. Confucius's benevolence includes respect for all living things. "The concepts of the Confucian world religion are necessary to build a modern world society, and the integration of these basic concepts into traditional Chinese society can serve as a provider of a new world order based on harmony and synergy."

---

① من لا يحضره الفقيه، ج4، ص 381-382.

② الكافى، ج2، ص146؛ وسائل الشيعة، ج15، ص287.

The Relationship between Justice and Benefit

In some of Confucius' views, one can understand the concept that justice should be instead of benefit. In fact, after paying attention to justice, the benefit should be considered. Sung Xi has opposed the concept of justice alongside benefit, and advocates paying attention to justice before benefit. "He who benefits after justice is proud, he who benefits before justice is a disgrace. Justice is the measure of internal and external esoteric morality", says Sean Xie.

Justice and benefit mean that the relationship between the public interest of society is higher than personal interest, and for the public interest of society, personal interests must be sacrificed.① This idea clearly shows the relationship between duty and salary, when duties are higher than rights. This idea is one of the important features of Confucius' thoughts and Eastern culture in general. As a developing country, China should understand the relationship between globalization and localization in the process of globalization from the wisdom of Confucius, and while participating in the process of globalization by spreading the spirit of Confucius based on maintaining national dignity and justice in the interests of the country. And defend its independence.②

The noble and great ruler observes the concept of justice in all his works. The spirit of wisdom dominates the people of his nation, big and small, aristocratic and popular. The virtues that can be enumerated in relation to people as follows:

1. Pay attention to children.
2. Respect the father by the son.
3. Obedience and respect for the older brother.
4. Good behavior of a woman with her husband.
5. The good behavior of the ruler with his subjects and finally the interest and sincerity of the ministers and agents in performing their duties.
6. The ruler must treat the good mood among the people because he is an example to others. It must fulfill its nine multiplicities.
7. To act in a good mood in front of ordinary people.
8. Respect worthy people.
9. Make friends with relatives.

---

① جهانی شدن و حکمت کنفوسیوس، نوشته ی لیوجیا گری، ترجمه ی لی دونگ لین، مجله ی چشم انداز، آذر 1383،شماره ی 12، ص 12.

② همان.

10. Praise the ministers of his province.

11. Treat government employees well.

12. To consider public interests as his personal interests.

13. Encourage professions and industries.

14. Pay attention to the citizens of other governments who live in his territory.

15. To provide comfort to the commanders of the empire.①

It seems that significant parts of these points that were made by great and educated people such as Confucius and Muhammad Rasoolullah centuries ago, are concepts that are considered today as the new human rights in good governance in the Millennium Development Goals.②

Divine Deposit

Confucius says that the government is a divine deposit that has been delegated to the ruler from heaven, and this delegation is never eternal, because whenever the ruler does not act according to the law of morality and goodness, this right and deposit is taken away from him. The survival of the ruler is dependent on the will of God, and the will of God is the will of the nation. If a ruler pays attention to his nation, then God will love that ruler and strengthen the foundations of his rule. But the society that Confucius proposes is a class society, because he wants such a society that everyone should be in their place. According to him, people are diverse. Some are rich and some are smart, some are good-natured and some are bad-tempered. Confucian justice requires that we make everyone our own in society.③

Confucius says: "Every moral order and law must be originated from the human conscience and human existence. The conscience must be affirmed by the experiences of the human race and the general public. A successful social system must be based on religion. Successful rulers and individuals when ceremonies, they practice religion and give commands. This strengthens the social relations between them, and leads to the

---

① آثار جاویدان، پنج کتاب کنفوسیوس، نویسنده: حسن شحانه سعنان، مترجم: موسوی غروی،محمدباقر، آذر 1359، سال دوم، شماره ی 7، ص 684 (Immortal Works, Five Books of Confucius, Author: Hassan Shehaneh Saanan, Translator: Mousavi Gharavi, Mohammad Baqer, December 1980, Second Year, No. 7, p. 684)

② *Transforming Our World: The 2030 Agenda for Sustainable Development.*

③ آثار جاویدان، پنج کتاب کنفوسیوس، همان ، ص 689.

decision of friendship and love between people. They trust each other more. God, the Creator of this world, does not accept backwardness." They continue to move in a regular way. Everything in the world comes and goes without our intervention and under regular laws. All these phenomena are examples of divine law.

Of course, the Confucian Way as a philosophical teaching is transmitted as more than a seriesof traditional texts. As Tu Weiming has argued, Confucianism is something like a part of traditional East Asian cultural DNA. While modern people, who would never define themselves as Confucian or know about the origins of many of their values, do continue the sensibility of the Confucian Way through inculcating admiration for education, hard work and respect for family and the elderly. While other East Asian traditions also teach about these sorts of life principles, goals, and values, these virtues certainly were and are part of the Confucian Way.①

Conclusion

What is certain is that human beings have always sought peace, security, justice and peace throughout the past centuries. All its efforts show that it has always strived to achieve this important goal. At present, one of the most important and fundamental goals of the International Organization is to establish peace and justice in the shadow of security and tranquility, and it has been thinking of establishing a new order in the world according to the thinking of the leaders of the world's superpowers. But we see every day that the peace and tranquility that the great governments of the world breathe has not been able to keep the people of the world in line with it, because it has suffered serious damage. Thus, these failures show that the great governments have not succeeded in establishing peace and security, and their ideas have not been able to bring real peace to people around the world. Because dissatisfaction with the great powers in different parts of the world refers to this issue. Now, in spite of many efforts, human beings have not been able to see real peace and tranquility in front of their eyes as befits the people of the world, regardless of color, race, language, nationality or ethnicity, far from ethnic, racial and religious discrimination. Think of other global theories for world peace and security. One of the theories that was put forward many years ago by the last

① John H. Berthrong, "Globalizing Confucianism: The Rudao (儒道)", *Journal of East-West Thought*, https://www.cpp.edu/~jet/Documents/JET/Jet12/Berthrong39-86.

divine religion of the world is Islamic theories for establishing real peace and justice on a global scale. Undoubtedly, the religion of Islam, which was introduced by the Prophet of Mercy, the last messenger of God, and then it was well understood by the Shiite Imams. The lifestyle of the infallible Shiite Imams is the time when these theories remain at the level of theories and have the ability to be implemented for all the people of the world. Which refers to the practical feasibility and universal implementation of this great Abrahamic religion. In addition to these cases, the foresight of the religion of Islam and especially Shiism in establishing places of peace and security, reveals the plan and foresight of this religion to everyone. This religion not only has the ability to establish peace and security for all at the time of its advent, but also for the aftermath and the distant future. It expresses the best and most accurate patterns that are obvious to all and include only a certain category of the people of the world. It encompasses every human being with every color and race. On the other hand, in addition to the rise of Islam, there have been thinkers throughout the ages whose goal has been to establish peace and tranquility through establishment, justice, meritocracy, etc. It is China that has been able to put forward profound ideas for establishing a world order based on justice and peace. Confucius's views have long been the basis of strong government thinking in China. A lawyer who has been able to plan how to establish peace, security and tranquility on a global scale. When there was no such thing as a global organization outside the world, this wise man was able to implement these principles to some extent in Chinese society. Despite the passage of many centuries, his theories in China are usable and have gained many followers. China has always been one of the greatest powers of the East with its large population and great power, and now it can implement theories at the international level. Although there are differences between Islamic rules and Confucian ideas in other areas, we see that in the context of the concept of peace and security and the establishment of a government that can achieve the real peace that human beings want today. It is the effort of all the world organizations, which, of course, have not succeeded in implementing it.

In Search of Confucius in American Founding

Patrick Mendis *

Introduction: In Search of the Celestial Empire

The United States of America is a creation, whereas China is an evolving civilizational state. Long before the thirteen colonies became a republic in 1776, British colonists searched for their way to China through America. The available evidence suggests that a trade relationship with "China had been a major objective of English adventure" since the middle of the sixteenth century when the Muscovy (or Russian) Company attempted to find a northeast passage around the Scandinavian peninsula to trade with Cathay—Marco Polo's fabulous Middle Kingdom or the Celestial Empire in the orient.①

Under strict orders from the Virginia Company of London, a group of colonists led by Admiral Sir John Smith arrived at the James River delta in 1607 to seek "a shortcut to

---

* "National Chengchi University", Taiwan, China. Dr.Patrick Mendis, a recipient of the International Confucius Award, is a distinguished visiting professor of global affairs at the National Chengchi University and a senior fellow of the Taiwan Center for Security Studies in Taipei. He is a former Rajawali senior fellow of the Kennedy School of Government at Harvard University and a commissioner of the National Commission for UNESCO at the U. S. Department of State. Professor Mendis also served as an associate-in-research at the Fairbank Center for Chinese Studies at Harvard University and a distinguished visiting professor of Sino-American relations at the Yenching Academy of Peking University. He is the author of *Peaceful War: How the Chinese Dream and American Destiny Create a Pacific New World Order*, which was published in Mandarin Chinese in Beijing. This article is developed from this book.

① Wesley F. Craven, *The Virginia Company of London: 1606-1624*, Baltimore, MD: Genealogical Publishing, 2009, p. 9.

China".[①]The Virginia charter provided explicit instructions to navigate through the river "toward the North-West" so that the colonists "shall soonest find the other sea [the Pacific]" in "the hope that a successful search for a passage to China might be based" in the Jamestown settlement.[②]The 340-mile James River was the navigational "holy grail" for British colonialists in search of gold, silver, and other minerals to trade with China.[③]

In his refreshing book *The River Where America Began*, Bob Deans writes that the nation's "vast inland waterway" would provide "the elusive northwest passage to China ... [as] the long-sought shortcut to Asian wealth".[④]By traversing upstream to the source of the river, the colonists hoped to reach the Middle Kingdom. The corporate mission was clear—even with his "decisive and stern leadership" in the New World, Admiral Sir Smith "lacked the authority to override the Virginia Company's incessant press" to find a shortcut.[⑤]Yet, not so surprisingly, the "misguided belief that the James River could lead the colonists" to China eventually landed them in Powhatan's Indian kingdom.[⑥] Instead of finding China across the Pacific, the failed mission left America with the heroic and partly mythical tale of Pocahontas and John Smith—as well as thirteen colonies on the Atlantic seaboard.

The Power of Legendary Middle Kingdom

In the ensuing colonial years up until the American Revolution, America was fascinated by China's wealth and attracted to its ancient history of legendary emperors, concubines, and foreign way of life. Much of Europe and North America had been informed of China through the popularized fictional narratives of Venetian traveler Marco Polo's epic journey to meet with the Emperor Kublai Khan (1215-1294) of the Yuan Dynasty, the Italian Jesuit priest Matteo Ricci's historic work with the Wanli Emperor (1563-1620) of the Ming Dynasty, and a French Jesuit historian, Jean-Baptiste Du Halde. In his book *General History of China* (1741), the historian characterized

---

① Bob Deans, *The River Where America Began: A Journey Along the James*, Lanham, MD: Rowman & Littlefield Publishers, 2007, p. 65.

② Craven, 10.

③ Craven, 10.

④ Deans, p. 39.

⑤ Deans, p. 94.

⑥ Ibid..

China as "the largest and most beautiful Kingdom yet known ... compared with our own civilized Nations" among all countries.① The Middle Kingdom's influence was so remarkable that American colonial life was saturated with Chinese tea, silk, porcelain, wallpapers, Chinese Chippendale furniture, and other products—an attempt to emulate Chinese affluence.

Noting "modern America's cultural debts to China", Martin Wilbur confirms that Chinese goods certainly enriched "American life in many, many ways".② The influence of Chinese culture in Puritan society was so enormous that tea drinking became a well-established colonial custom for social and political intercourse. A tea drinker and a Founding Father, Benjamin Franklin estimated at the second half of the eighteen century that "a million of Americans drink tea twice a day" either in the morning at home, socially in the afternoon, or in the evening after dinner.③By the early 1770s, Americans consumed more than one billion cups of tea annually—close to two cups per person each day.④

Like Benjamin Franklin, George Washington held affection for Chinese tea as well as porcelain, importing a number of collections of the latter.⑤To overcome dependence on British imports, Dr. Benjamin Rush, another Founding Father, attempted to set up "a china manufactory" for "the service of America" in Philadelphia.⑥ Expressing his happiness on the "good progress made" in the new American china manufactory, Benjamin Franklin wrote from London that he was "pleased" and wished its "success most heartily."⑦

At the same time, Washington—a farmer and surveyor in his pastime—was keeping

① Jean-Baptiste Du Halde, *General History of China: Containing a Geographical, Historical, Chronological and Physical Description of the Empire of China*, London: J. Watts, 1741, p. 2.

② C. Martin Wilbur, "Modern America's Cultural Debts to China", in *Issues and Studies: A Journal of China Studies and International Affairs*, Institute of International Relations, Taiwan, Vol. 22, No.1, January 1986, 127.

③ Benjamin Franklin, Preface to Declaration of the Boston Town Meeting, Printed in *The Votes and Proceedings of the Freeholders and Other Inhabitants of the Town of Boston*, London, 1773, pp. i-vi. See Franklin Papers, http://franklinpapers.org/franklin/framedVolumes.jsp, accessed February 22, 2017.

④ Eric Jay Dolin, *When America First Met China: An Exotic History of Tea, Drugs, and Money*, New York: W. W. Norton, 2012, p. 58.

⑤ Susan Gray Detweiler, *George Washington's Chinaware*, New York: Harry N. Abrams Publishers, 1982.

⑥ Alice Cooney Frelinghuysen, *American Porcelain, 1770-1920*, New York: Metropolitan Museum of Art, 1989, p. 8. Also see Benjamin Rush's letter to Thomas Bradford on April 15, 1768, in L. H. Butterfield (ed.), *Letters of Benjamin Rush*, Princeton, NJ: Princeton University Press, 1951, Vol. 1, p. 54.

⑦ Benjamin Franklin's letter to Deborah Franklin on January 28, 1772, in *The Works of Benjamin Franklin*, in Benjamin Franklin, Jared Sparks (ed.), Vol. 7, London: Benjamin Franklin Stevens, 1882, p. 561.

detailed records of his efforts to grow flowers from "Chinese seeds" that were given to him at his Mount Vernon estate.① Gardening interests combined with entrepreneurial activities and drinking habits made America one of the largest consumers and biggest importers of Chinese goods. During these years, Americans were tantalized by anything Chinese. From the mid-seventeenth century until the eve of the Boston Tea Party, the British East India Company supplied nearly all of these Chinese products (mostly tea) to the colonists.

Confucian Genes in American Civilization

While serving as aide-de-camp to General George Washington in 1777, Alexander Hamilton reflected on the "enticing suite of goods" coming from China; the future secretary of the Treasury then strategized a trade and manufacturing plan for the new nation that took advantage of Chinese commercial enterprises in addition to European trade links.② In general, the open-minded Founding Fathers were relentlessly curious about other cultures as well as innovative ideas for American progress. Thomas Jefferson, for example, was evidently inspired by the illuminating trade objective of the Virginia Company (and its quest for a shortcut to China), later launching the Lewis and Clark Expedition that similarly aimed to find a direct waterway to the West coast and the Pacific Ocean "for the purpose of commerce" in the area of the Louisiana Purchase and the Pacific Northwest.③

Navigating through the tributary systems of Ohio, Missouri, Columbia and other rivers, the explorers reached the Pacific Ocean. The flourishing trans-Atlantic trade of the eastern seaboard was poised to expand westward into the Pacific. Hamilton's commercial and trade strategy for the development of the young nation was then complemented by Jefferson's vision of westward expansion to make America an "Empire of Liberty". Idealist Jefferson and realist Hamilton envisioned a uniquely American strategy for reaching out to the Middle Kingdom just as the nascent United States was severing its relationship with the United Kingdom. Their joint efforts to establish a "trade-for-peace" plan was anchored on the trade foundations of the Sino-American

---

① John C. Fitzpatrick (ed.), *The Diaries of George Washington, 1748-1799*, New York: Published for the Mount Vernon Ladies' Association of the Union by Houghton Mifflin Company, 1925, Vol. 4, pp. 392-393.

② Dolin, p. 64.

③ U.S. Congress, *Congressional Record: Proceedings and Debates of the 105th Congress Second Session*, Vol. 144, Part 15, September 22-26, 1998, Washington, D.C.: Government Printing Office, 1998.

experience—an experience that benefitted both the ancient nation and colonial America.

Among the founding generation, "Thomas Jefferson was an expert on China and its classical literature".① When Jefferson was the American envoy to France, James Madison wrote to his trusted friend for the latest publications on China.② The European-minded Jefferson was also an admirer of porcelain and even imported the Chippendale furniture that was so fashionable in colonial America.③ A lover of earthly landscape, the famous Virginian also studied Chinese gardening and architectural design for use at his Monticello home.④ Surveying his plot, he admired a garden "where objects are intended only to adorn"⑤; even the railings below the dome of his house and surrounding walkways were a blend of Roman and Chinese design.⑥ For worldly Jefferson, it was natural to combine the best of both occidental and oriental civilizations to help create a new culture for Americans.

In his book *The Dragon and Eagle: The Presence of China in the American Enlightenment*, Owen Aldridge uncovers other examples of this extraordinary influence in the new republic.⑦ Apart from the Chinese culture of opulence, colonists were also influenced by the Celestial Empire's "soft-power" of Confucian moral philosophy. Thomas Paine, a man of words and the author of *Common Sense*, informed colonial America that the Chinese were "a people of mild manners and of good morals"⑧. Benjamin Franklin commented that the "Chinese are regarded as an ancient and highly civilized nation" from which Americans might learn in the formation of their own civilization.⑨ The founding generation was obviously attracted to the useful economic, social and moral attributes of Confucian China, which offered up a sense of personal

---

① Dave Wang, "Thomas Jefferson's Incorporating Positive Elements from Chinese Civilization", *Virginia Review of Asian Studies*, p. 143. http://www.virginiareviewofasianstudies.com/wp-content/uploads/2012/11/8.-wang-china-jefferson.doc, accessed January 16, 2017.

② James Madison, Letters from Madison to Jefferson, April 27, 1785, *Letters and Other Writings of James Madison*, Philadelphia: 1867, I, p. 146.

③ Susan R. Stein, *The Worlds of Thomas Jefferson at Monticello*, New York: Harry N. Abrams Publishers in association with the Thomas Jefferson Memorial Foundation, 1993.

④ Douglass Lea, "Thomas Jefferson: Master Gardener", *Mother Earth News*, Feb-Mar 1999, Issue 172, p. 104.

⑤ Marie Kimball, *Jefferson: The Road to Glory, 1743-1776*, New York: Coward-McCann, 1943, p. 164.

⑥ Wang, *op. cit.*

⑦ Owen Aldridge, *The Dragon and Eagle: The Presence of China in the American Enlightenment*, Detroit, MI: Wayne State University Press, 1993.

⑧ Thomas Paine, Philip S. Foner (ed.), *Completed Writings of Thomas Paine*, Vol. 2, New York: Garden City Press, 1945, p. 737.

⑨ Aldridge, p. 67.

happiness and societal peace as they set about the development of the young nation and its culture.

Populating the Confucian Ethos in America

More than any other Founding Father, Benjamin Franklin left an enduring imprint on American culture. This imprint emanated from Confucius (551-479 BCE), whose moral philosophy was the guiding principle of Franklin's life. In a society of largely Protestants, where God's grace counted supreme, Franklin's idea of "moral perfection" had "nothing to do with Christianity".① In his letter to Reverend George Whitefield on July 6, 1749, Franklin—a well-known deist—wrote:

> I am glad to hear that you have frequent opportunities of preaching among the great. If you can gain them to a good and exemplary life, changes will follow in the manners of the lower ranks; ... On this principle Confucius, the famous eastern reformer, proceeded. When he saw his country [China] sunk in vice, and wickedness of all kinds triumphant, he applied himself first to the grandees; and having by his doctrine won them to the cause of virtue, the commons followed in multitudes. The mode has a wonderful influence on mankind.②

The American disciple of Confucius promoted Chinese moral philosophy in his own weekly newspaper, *Pennsylvania Gazette*. In 1737, Franklin explained to readers "what Confucius proposed to the princes": moral governance "according to this [Confucian] model" for a "happy and flourishing empire".③ To cultivate industriousness in America, Franklin vigorously promoted awareness of morality, especially among younger colonists, and published Confucian virtues in his widely-read *Poor Richard Almanack*. In his classic essay *The Way to Wealth*, Franklin advised tradesmen and colonial planters that they should further improve their industrious life with frugality as the means of

① Jay Tolson, "The Many Faces of Benjamin Franklin", *U.S. News and World Reports*, June 23, 2003, Vol. 134, Issue 22, http://www.usnews.com/usnews/culture/articles/030623/23ben.htm, accessed, February 17, 2017.

② Peter Charles Hoffer, *When Benjamin Franklin Met the Reverend Whitefield: Enlightenment, Revival, and the Power of the Printed Word*, Baltimore, MD: Johns Hopkins University Press, 2011, p.97.

③ Benjamin Franklin, "The Morals of Confucius", *Pennsylvania Gazette*, February 28 to March 7, 1737, p. 56. The Confucian philosophy was first introduced to the English-speaking world in 1706. Its complete title was *The Morals of Confucius: A Chinese Philosopher, Who Flourished Above Five Hundred Years Before the Coming of Our LORD and Savior Jesus Christ*, London: South Entrance into the Royal Exchange, 1706.

*creating wealth and keeping it.*①

Among his many proverbial statements, Dr. Dave Wang, an American scholar on Sino-U.S. relations at St. Johns University in New York, identified Franklin's thirteen virtues as deriving from "The Morals of Confucius", the first English-language translation of *The Analects* by Confucius.② On industry, Franklin wrote, "Lose no time; be always employed in something useful; cut off all unnecessary actions".③ On frugality, he offered a more philosophical but practical maxim: "For age and want, save while you may; no morning sun lasts a whole day."④This "systematic approach to virtue that emphasized a gradual, bit-by-bit approach toward perfection" was, as Franklin explained later in life, the cause for his happy and lengthy livelihood.⑤ Franklin's biographer Walter Isaacson concluded that "Franklin's unwavering faith in the wisdom of the common citizen and his instinctive appreciation for the possibilities of democracy helped to forge an American national identity based on the virtues and values of its middle-class" rather than the elitist values pushed by Thomas Jefferson and John Adams.⑥It was natural for Franklin, who had arrived in Philadelphia as a penniless teenager, to introduce Confucian ethics to his many readers.

This same pragmatism was on display when Franklin famously questioned the selection of a bald eagle as the national symbol for the new republic:

> I wish the bald eagle had not been chosen as the representative of our country; he is a bird of bad moral character, he does not get his living honestly; you may have seen him perched on some dead trees, where, too lazy to fish for himself, he watches the labor of the fishing-hawk ... The turkey is in comparison a much more respectable bird, and a true original native of America ... He is a bird of courage,

---

① Franklin did not cite the sources of his ideas but Confucian ideals were represented in Benjamin Franklin, *The Way to Wealth* (Carlisle, MA: Applewood Books, 1986). This classic was originally published in 1758 .

② Dave Wang, "Thomas Jefferson's Incorporating Positive Elements from Chinese Civilization", *Virginia Review of Asian Studies*, 144 . http://www.virginiareviewofasianstudies.com/wp-content/uploads/ 2012/11/8. -wang-china-jefferson.doc, accessed January 23, 2017 .

③ Benjamin Franklin, *The Way to Wealth*, New York: Leavitt, Trow and Company, 1848, p. 7 .

④ Ibid..

⑤ J. A. Leo Lemay, *The Life of Benjamin Franklin, Printer and Publisher, 1730-1747*, Philadelphia: University of Pennsylvania Press, 2006, Vol. 2, p. 207.

⑥ Walter Isaacson, *Benjamin Franklin: An American Life*, New York: Simon and Schuster, 2004, p. 596.

and would not hesitate to attack a grenadier of the British guards.①

In his essay *Information to Those Who Would Remove to America*, Franklin further expressed his keen preference for hardworking middle-class values that would yield "a general happy mediocrity" in America's national character.② His egalitarian conviction for greater societal happiness could not have resulted without the knowledge of Confucian morality—for him, a source of inspiration and innovation.

Fascinated by the transformative power of ancient philosophy, Franklin further demonstrated the relevance of—and his admiration for—China through his American Philosophical Society in Philadelphia. Its secretary Charles Thomson (later secretary of the Continental Congress) linked the two countries, noting that Philadelphia "lies in the 40th degree of north latitude of very same as Peking [Beijing] in China", and that the comparable "soil and climate" would help the city to "thrive in a degree equal to our warmest expectations".③ Thomson went on to say, "This country may be improved beyond" what "might have been expected" if we could be "so fortunate as to introduce the industry of the Chinese, their arts of living and improvements in husbandry, as well as their native plants, America might in time become as populous as China, which is allowed to contain more inhabitants than any other country, of the same extent, in the world".④

At that time, the Chinese population was approximately 300 million; the American colonies had only slightly more than two million. America's confidence in materializing Chinese standards was clearly reflected in the philosophical society's observations summarizing the industrial zeal of Chinese people, the high standard of living, the sophistication of agriculture, and the copious population. During the same time period, the Jesuit priest's book *General History of China* was popular among literary circles as both Franklin and Jefferson had personal copies. The author, who had spent thirty-two years in China (ten of which in Beijing where he was superior of the Jesuits House),

① Benjamin Franklin, William Temple Franklin (ed.), *The Works of Benjamin Franklin*, Philadelphia, MD: William Duane, 1817, Vol. 6, pp. 126-127.

② Benjamin Franklin, Jared Sparks (ed.), *The Works of Benjamin Franklin*, Boston: Whittemore, Niles, and Hall, 1856, Vol. 2, pp. 467-468.

③ American Philosophical Society, *Transactions of the American Philosophical Society*, Vol.1, Philadelphia, PA: Aitken and Son, 1789, p. xix.

④ Ibid..

began his preface with "China is the most remarkable of all countries yet known".[①] The credibility and authenticity infusing this volume were key to the influence it had in America's colonial society.

This was no surprise as even readers in Europe were influenced by the work. Voltaire, Franklin's contemporary in France, wrote in his *Philosophical Dictionary* (1764) that China "had invented nearly all the arts almost before we were in possession even of any of them ... in our pretended universal histories".[②] Acting more like a Confucian visionary in America, Franklin considered China a role model and hoped that "America would in time come to possess much likeness in the wealth of its industries to China."[③] Likewise, the American Philosophical Society members also expected that an industrious America would eventually develop a civilization with comparable skills for personal improvements and strategies for wealth creation.

The "Revolutionary" Tea Culture

As in ancient China, tea culture advanced American civilization. Silversmiths—like famous Paul Revere—worked extra hours to provide tea-crazed colonials with teaspoons, teapots, and other silverware. Demand for Chinese products created greater competition between Europe and the New World and the British Empire in general was greatly affected by Chinese goods, primarily tea. The popular drink not only connected with colonial people and delighted American culture, but also served as "the stage for revolution" and the new nation's "first commercial venture with the Middle Kingdom" (as the *Empress of China* left New York harbor on George Washington's birthday, February 22, 1874, for Guangzhou, formerly Canton).[④] The desire for Chinese goods and the associated cultural ethos of ancient Confucian society undoubtedly influenced "the budding development of a uniquely American identity" although "the average American colonist knew almost nothing about China itself—an imperial, exotic empire that remained shrouded in myth".[⑤] Only a few intellectuals (like Franklin and Jefferson)

---

① Du Halde, Preface.

② M. De Voltaire, *A Philosophical Dictionary*, London: W. Dugdale, 1843, Vol. 2, 12.

③ Dr. Ellis Paxson Oberholzer, the second-longest served president after Benjamin Franklin at the American Philosophical Society in Philadelphia, wrote in "Franklin's Philosophical Society," *The Popular Science Monthly*, Vol. 60, March 1902, p. 432.

④ Dolin, p. 55.

⑤ Dolin, p. 61.

and wealthy merchants (like the Revolutionary War financier Robert Morris and John Hancock) had a general understanding of the fascinating distant empire and its linkages to the Boston Tea Party.

Chinese tea was the brewing element of the American Revolutionary War. When the powerful British East India Company, which monopolized international trade, finally began to decline as tea sales (almost 90 percent of the company's profit) plummeted in the 1760s, the company turned to London to minimize the losses. British Parliament's response was to impose taxes on the colonies by passing the Townshend Acts (1767) and the Tea Act (1773), which outraged America. Realizing that America was just a wheel in the ruthless corporate monopoly of the British mercantile empire, liberty-seeking Patriots responded angrily by destroying tea—the Boston Tea Party. To teach "the British tyrants, plunders, and oppressors", the actions of Patriots clearly stated that "their love of liberty exceeded their love of tea".①This statement was not directed at the Chinese, whose demand for silver in exchange for tea and other imports had adversely impacted the East India Company.

In fact, the lack of silver in company reserves and the widening trade deficit between China and Britain was the underlying cause for the American Revolution. Initially, one possible solution was to get "the Chinese more interested in accepting British manufactures in place of silver".②Since there was no central banking system, merchants used silver in business transactions. The Chinese were adamant about silver, however. When the British government dispatched Lord George Macartney to China to negotiate a trading arrangement with the Emperor Qianlong in 1793, his message to King George III was clear and direct: "Our Celestial Empire possesses all things in prolific abundance and lacks no product within its own borders. There was therefore no need to import the manufactures of outside barbarians in exchange for our own produce."③With the Chinese declining to accept alternative means of payment, the East India Company had little choice; British Parliament imposed those taxes on the colonies—and the stage was set for the Revolutionary War as well as increased volumes of opium export to China (to reverse the flow of silver). America ended up with

① Dolin, p. 71.

② Dolin, p. 117.

③ Quoting Grant Hardy, Anne Kinney, *The Establishment of the Han Empire and Imperial China*, Westport, CT: Greenwood Publishing, 2005, p. 99.

independence and freedom; China succumbed to two Opium Wars and a century of humiliation.

The Return of Confucian Nature?

The ethos of culture and history influence the way in which nations seek to reconcile the duality of human nature in governing national affairs. The Chinese, who have arguably produced more literary works on the theory and practice of governance than most other civilizations, believed that Confucius had developed "the perfect" political and social system in which man could (should) be civilized by education and discipline to pursue a life path that was "truly virtuous".① For the Chinese, virtue was the driving force of a healthy society; thus, the cornerstone of the entire system of governance was the virtuous ruler. When Confucius was asked about such government, for example, the sage replied:

> To govern means to rectify. If you [the ruler] lead on the people with correctness, who will dare not to be correct? ... Let your evinced desires be for what is good, and the people will be good. The relation between superiors and inferiors is like that between the wind and the grass. The grass must bend, when the wind blows across it.②

Although this and other lofty Confucian passages have certainly influenced China's perennial culture, they were less powerful and practical like the teachings of the Catholic Church; for example, a cornerstone institution of Western civilization still preaches ineffectively to Christian followers about birth-control practices and natural family planning. (Many Christian people in these Catholic nations like Italy, Ireland, and even the Philippines would hardly follow the Vatican teachings, but they would like to profess their faith in the Roman Catholic Church and identify as Catholics.)

Moreover, Confucius overestimated the human strength that might emerge from self-discipline absent external assistance, and hardly recognized the duality of various

---

① Confucius used these words to describe the "perfect" and "virtuous" aspects of human nature that could (and should) be cultivated by moral education and ethical behavior. See Confucius, James Legge (trans.), *The Confucian Analects: The Great Learning and the Doctrine of the Mean*, New York: Cosimo Inc., 2009, passim.

② Confucius, James Legge (trans.), *The Confucian Analects: The Great Learning and the Doctrine of the Mean*, New York: Cosimo Inc., 2009, pp. 104-105.

elements in the constitution and nature of human behavior. In all reality, virtue does not naturally come to rulers at will; hence, the philosopher essentially legitimized instances in which corrupted virtue and disinterested (or "benevolent") rule might lead to "despotism".① The innate human passions inherited by the rulers and subjects alike were secondary to Confucius as "Heaven, protecting the inferior people, has constituted for them rulers and teachers, who should be able to be assisting God, extending favor and producing tranquility throughout all parts of the kingdom".②

Such traditional wisdom has been weakened by myriad historical examples of supreme—yet corrupt and oppressive—leaders. To some extent, this Confucian order was valid for ancient times when so-called virtuous rulers failed to administer the Mandate of Heaven (God) and overlooked the people's welfare; such emperors would cede the title of the Son of Heaven, resulting inevitably (and justly) in overthrow. The maintenance of "respect" for and from the people—an outcome of a virtuous life—has had political currency throughout the history of the Chinese system of governance.③

Balancing the Power by Equal Power

At the founding of the new republic, James Madison—father of the United States Constitution—proposed a scheme to contain human passions while protecting unity from divisive interests. Madison's idea of the separation of powers by function and personnel resulted in three institutions and services of government: Congress (the Legislature) passes, the president (the Executive) enforces, and the courts (the Judiciary) interpret the laws that govern all.

Commenting on his proposal for a republican structure where the majority rules while protecting the rights of the minority, Madison famously reminded his compatriots in the *Federalist Papers*, "If men were angels, no government would be necessary. If angels were to govern men, neither external nor internal controls on government would be necessary".④ The Madisonian notion has always been more realistic and practical in

---

① This word is accurately used in his commentary by Dr. James Legge of Oxford University in Confucius, see James Legge (trans.), pp. 105-106.

② Quoting Shu-ching in Confucius, James Legge (trans.), p. 106.

③ Ibid..

④ James Madison, "The Structure of the Government Must Furnish the Proper Checks and Balances between the Different Departments", in *Federalist Paper* No. 51, *Independent Journal*, February 6, 1788. See http://www.constitution.org/fed/federa51.htm, accessed January 20, 2017.

governance than the flawed but essential Confucian proposition of virtuous rulers.

Alongside the other founding visionaries, Madison (acting like an ancient Greek philosopher-in-practice) laid out the intellectual rationale for competitive governing structures, such as the checks-and-balances among the three equal branches of government, saying, "Ambition must be made to counteract ambition".① Ambition, the lower common denominator of human nature (expressed in Hamiltonian commercial instincts), acts as the ordering agent of America's republican governance; yet the most aspirational human quality is still represented by Jeffersonian inspirations of freedom and democracy.

Civilized competition emerging from ambition must be governed by rules that are established through more "virtuous" cooperation as Confucius advocated. Such a mechanism must be devised to find *Ordo ad Chaos* ("order out of chaos") and direct competition towards Mars-like ends tempered by Venus-like cooperation for innovation and human progress. This was envisioned as an ideal government, best suited to human nature in preventing tyranny and safeguarding individual liberty, as French philosopher Baron de Montesquieu outlined in his famous book *The Spirit of the Laws* (1748).②

The alternative—uncontrolled Ares-type competition without rules—leads to uncivilized warlike behavior and corruption within and among people, institutions, and nations. For the United States, this moment was realized in the staggeringly destructive Civil War between the southern Confederate and the northern Union states (a war that remains the deadliest conflict in American history).③ On the eve of this defining national episode, Abraham Lincoln famously remarked on the incongruity of wholly competitive elements, saying, "A house divided against itself cannot stand." He continued, "I believe this government cannot endure permanently half *slave* and half *free*" (*sic*).④ For some white southerners even today, the Civil War was about the right to secede from the Union to preserve

① James Madison, "The Structure of the Government Must Furnish the Proper Checks and Balances between the Different Departments", in *Federalist Paper* No. 51, *Independent Journal*, February 6, 1788. See http://www.constitution.org/fed/federa51.htm, accessed January 20, 2017.

② James Madison and other Founding Fathers were influenced by French philosopher, Baron de Montesquieu, who wrote the famous book, *The Spirit of the Laws* (1748), which advocated the separation of power but the cooperation is needed to govern. See Charles de Secondat Montesquieu, Daniel Wallace Carrithers (ed.), *The Spirit of the Laws*, Berkeley, CA: University of California Press, 1977.

③ Drew Gilpin Faust, *This Republic of Suffering: Death and the American Civil War*, New York: Random House, 2008.

④ Doris Kearns Goodwin, *Team of Rivals: The Political Genius of Abraham Lincoln*, New York: Simon and Schuster, 2005, p. 198.

slavery (not nationalize it) as a state right. Many white southerners from former Confederate states have historically characterized the Civil War as "The War for Southern Independence" or "the War of Northern Aggression".① But apart from southern or northern viewpoints, a fact remained clear on the eve of the war: one competitor would subsume the other in the conflict, and the nation would either perish entirely or become all free.

Memories of war and the aftermath of defeat still endure in the subconscious of southerners—both African-American and white—as cultural sensibilities hinge on the experience of slavery, war, emancipation, and reconstruction. Through destructive forces, a perverse cooperation (i.e., the passing of the Fourteenth Amendment of the United States Constitution granting citizenship and protection to freed slaves) emerged in an illustration of the less perfect attributes of human nature. This has, for example, been shown in the perceived excesses of both the Reconstruction years and the Jim Crow era that followed. The cooperative and competitive dynamism of the Civil Rights era and Supreme Court rulings eventually established a new national unity, one that better accorded with the enduring vision of the Founding Fathers in the American house of democracy.

American Inspiration for the Modern China

Inspired by President Abraham Lincoln's quest to unite a divided nation, the founding father of the modern China, Dr. Sun Yat-sen, based his founding principles for the new Chinese government on the concept presented in the U.S. president's Gettysburg Address. Dr. Sun credited Lincoln for his "Three Principles of the People," drawn from the American Civil War's most famous speech: "Government of the people, by the people, and for the people."②This political ideology was developed during his experience in the United States, of which Dr. Sun wrote, "the U.S.'s wealth and power have not come only from the independence and self-government of the original states, but rather from the progress in unified government which followed the federation of the states."③

Dr. Sun—who became the president of the provisional government of the Republic of China in Nanjing ("Southern capital") as opposed to the other provisional government

① Hugh Tulloch, *The Debate on the American Civil War Era*, Manchester, U.K.: Manchester University Press, 1999, p. 104.

② Lyon Sharman, *Sun Yat-sen: His Life and Its Meaning, A Critical Biography*, Stanford, CA: Stanford University Press, 1968, p. 271.

③ Sun Yat-sen, Pasquale M. D'elia (trans.), *The Triple Demism of Sun Yat-sen*, New York: The Franciscan press, 1931, p. 373.

in Beijing ("Northern capital")—had become convinced that a unified China would come about through a military conquest from his base in the south. The revolt against Beijing's Yuan Shikai, who proclaimed himself "Emperor of China," failed.① Dr. Sun began a policy of vigorous cooperation with the Communist Party of China (CPC) but competitive impulses among factious groups, including the Chinese Nationalist Party (Kuomintang, KMT), drove China into a civil war of its own. As President Lincoln understood, Dr. Sun also realized that the power of cooperation exemplified in the American experience is vital in preserving national unity, stability, and peace.

In Search of a Shared Vision

In a world of international affairs, the balance between cooperative and competitive instincts has established creative tensions between the poles of human nature. These tensions are illustrated in the histories of America and China, and England's involvement with each. When every nation develops "an overriding loyalty to mankind", as Civil Rights leader Dr. Martin Luther King, Jr. wrote, it is easier to "preserve the best in their individual societies".② America's enlightened Founding Fathers seemed to have adopted a similar vision of grandeur for the success of the commercial republic that seemingly mirrored the ideal Confucian theory of social order—the Grand Union—in *The Book of Rites* (Li Ji), in which Confucius (551-479 BCE) said:

> When the grand course was pursued, a public and common spirit ruled all under the sky (tian-xia-wei-gong), they chose men of talents, virtue, and ability; their words were sincere, and what they cultivated was harmony. Thus men did not love their parents only, nor treat as children only their own sons. A competent vision was secured for the aged till their death, employment for the able-bodied, and the means of growing up for the young. They showed kindness and compassion to widows, orphans, childless men, and those who were disabled by disease, so that they were all sufficiently supported. Males had their proper work, and females had their homes. They accumulated articles of value, disliking that they should be thrown away upon the ground, but not wishing to keep them for their own

① Suisheng Zhao, *Power by Design: Constitution-Making in Nationalist China*, Honolulu, HI: University of Hawaii Press, p. 23.

② Dr. Martin Luther King, Jr.'s speech at the Riverside Church in New York City on April 4, 1967.

gratification. They labored with their strength, disliking that it should not be exerted, but not exerting it only with a view to their own advantage. In this way selfish schemings were repressed and found no development. Robbers, filchers, and rebellious traitors did not show themselves, and hence the outer doors remained open, and were not shut. This was what we call the Grand Unity.①

This benevolent Confucian concept of "tian-xia-wei-gong" can also be interpreted as "making the world under heaven impartial and common to all".②This clearly resonates with what Thomas Jefferson wrote in the U.S. Declaration of Independence "that all men are created equal" in his vision of establishing an Empire of Liberty through commercial intercourse.③Thus, when such human energy is channeled toward higher aspirations—to honor a deity, or to bring people in closer proximity to the divine by overcoming human flaws through exercising the virtues of cooperation and the spirits of competition—the result is often innovative, as early Sino-American trade-for-peace relations demonstrated until the Opium Wars.

The idea of a virtuous society as Confucius envisioned was often cross-referenced by American Founding Fathers. Benjamin Franklin concluded that "only a virtuous people are capable of freedom".④Alexander Hamilton reminded us that "the voice of the people has been said to be the voice of God; and, however generally this maxim has been quoted and believed, it is not true in fact. The people are turbulent and changing; they seldom judge or determine right".⑤Their collective efforts to adopt the knowledge and wisdom imparted by the world's oldest and still surviving civilization-state to the youngest one must be reflected upon as we—especially the younger generation of new leaders—try to govern national affairs and manage international relations for a more peaceful world.

---

① See James Legge (trans.), *The Book of Rites* (Li Ji), "Li Yun", Section 1, New York: University Books, 1967, Book VII, pp. 364-365.

② Ruichang Wang, "The Rise of Political Confucianism in Contemporary China", in Ruiping Fan (ed.), *The Renaissance of Confucianism in Contemporary China*, London: Springer Science, 2011, p. 35.

③ Thomas Jefferson, *The Works of Thomas Jefferson: Correspondence* 1771-1779, the Summary View, and the Declaration of Independence, *New York: Cosimo Books*, 2009, Vol II, p. 200.

④ Benjamin Franklin, Albert Henry Smyth (ed.), *The Writings of Benjamin Franklin*, New York: The Macmillan Company, 1907, Vol. 9, p. 569.

⑤ Alexander Hamilton, Harold Syrett (ed.), *The Papers of Alexander Hamilton*, Vol. 1-26, New York: Columbia University Press, 1962, p. 200.

The Dao of Daoism: Philosophy of Encounter

Vladimir Maliavin *

Daoism is considered an abstruse and mysterious, sometimes even mystifying teaching. The Daoist patriarch Laozi very early acquired the reputation of an obscure thinker. Actually, this definition stems from the self-appraisal of the *Dao De Jing*'s author—who was, I believe, Laozi himself. Not once *Dao De Jing*'s writer mentions—either with apparent disappointment, or sarcastic humor—the inability of his contemporaries to understand him. Why should Laozi complain about the communication problem instead of writing in "clear and simple words"? The answer is he is a thinker of the "meeting of minds" (xin hui 心会), "spiritual encounter" (shen yu 神遇), to use classical Daoist expressions. These are events that Daoist sages were striving for and valued above everything else.

Encounter is something that we are anticipating and remembering all our lives. Hence encounter interrupts daily routine, it cannot be physically perceived nor intellectually defined. It can only be intuitively grasped as a hidden thread of our experience that changes our life into destiny.

Daoists are writing about something that has no reference in this world of things and thus their writing cannot be immediately comprehended in terms of any "common sense" or positivist knowledge. They create their own language, a sort of a "idiolect" addressed to those who *trust* them. They are not willing to create technical terms which could falsely point to something "substantial". So, they stick to the natural language but use it in such a way that the words spontaneously, even uncannily deviate from their ordinary meanings, disavow themselves or rather embody by their very ambiguity the metaphorical shift (to use J. Kristeva's memorable expression) that makes every

* Higher School of Economics, Moscow, Russia.

meaning possible. Laozi's style presents the sacrifice of language, his concepts are emptying themselves, exploding from inherent contradictions that constitute them (a brilliant exposition of this idea is given by Zhuangzi 庄子). They acquire meaning precisely when they lose it and thus hint at the ultimate reality that is the Way of life itself, i.e. continuous, endless, omnipresent and yet not localized Change. A subtle, maybe too subtle, strategy indeed! And these improvised transformations of language are the marks of Encounter.

How can this goal be achieved? This issue has not been seriously explored in scholarly literature nor can it be easily explicated in the perspective of Western philosophy. There is a simple way to confirm this essentially *hidden* transformation: to use terms that already by their semantics to deny or transcend themselves. Such are the key Daoist notions like "forgetfulness", "void", "concealment" etc. The forgetfulness, in order to be really what it is, must forget itself; the void must empty itself and become... fullness; the concealment must conceal itself and be absolutely obvious etc.

A good illustration of this "double concealment" (chong xuan 重玄) strategy of the Taoist writers is the *Dao De Jing*'s 27th chapter. To save the space I omit its famous initial paradoxes which represent Laozi's elusive style at its best: the good traveler leaves no traces, the skillful sealers do not seal anything, those skillful in making ties do not use ropes but their knots cannot be undone etc. These paradoxes, as brilliant as they are by themselves, actually introduce the main theme of the chapter that cannot be immediately, or perhaps even in the long run, defined. I'll comment on them later. Here are the subsequent lines of the chapter in the recent translation of R. Ames and D. Hall. It incorporates in parts Mawangdui (马王堆) versions:

> It is for this reason that the sages in being really good at turning others to account
> Have no need to reject anyone,
> And in dealing with property
> Have no need to reject anything.
> This is what is called following their natural acuity.
> Thus able persons are teachers of the able
> While the inept provide them with raw materials.
> While perhaps wise enough,

Those who fail to honor their teachers and to be sparing with their raw materials

Have gotten themselves utterly lost.

This is what is called being subtle and getting to the essentials①.

This strange passage in reality points to some kind of spiritual itinerary. On the surface we can see a radical, even illogical break from the introductory aphorisms. The message of the subsequent lines is that the wise preserve an inner and essentially complimentary, helping connection with the ignorant, i.e. the wisdom and the opinions of the common people do not really contradict each other. We can say that for Laozi (老子) nature and spirit merge at their very limits. There is no need to bother about spiritual cultivation and insight: the latter can always happen anytime and anywhere because life itself is potentially spiritual. Can't we see here the root of that *benign indifference* of Chinese Dao (道) teachers which so often seems to foreigners an irrational arrogance? Evidently the communion in "natural acuity"② has essentially moral nature and further along we read about the kind (also meaning able but in this case essentially intelligent) people who "do not reject" the ignorant while the latter serve as a resource (the word means "wealth" seems even more appropriate here) for the wise. Why resource or, better say, means "wealth"? Because people have in common precisely that which they do not possess, some absolute other, a non-knowledge; they are united in non-being. Chinese term shan (善) here means both "good" and "able": the wise know how to *support* common people and hence can get support from them. The ignorant are what they are because their mind is not opened unto the depth of Being's alterity. The wisdom is the capacity "to compliment every existence" or, we can say, provide the space for everybody to enjoy one's living and, moreover, grow spiritually through non-having. Seeing everything in the perspective of wholeness, i. e. (w) hole-ness, provides the opportunity to practice a "tacit illumination", i. e. a genuine encounter, which encompasses or rather precedes, anticipates every perspective on the world

---

① Tao Te Ching, *A Philosophical Translation*, Translated and with commentary by Roger T. Ames and David L. Hall. New York: Ballantine Books, 2003, p. 119.

② The term xi ming (袭明) is of course much richer in meaning, represented by different characters in the Mawangdui texts and is translated differently in Western literature, for example: "hiding the light" (J. Legge), "following the light" (Wing Tsit-chan), "inherent light" (Wu Yi), "being clothed in Clarity" (M. LaFargue), "repandre à son tour la Lumière" (C. Larre) etc.

(compare the statement that the "best tailoring" does not create divisions in the next chapter; see also the concept of "subtle" or "anticipating" illumination in ch.36).① This is *Dao De Jing*'s, perhaps, most specific theme: in order to keep on living—"to substantiate everybody's life"—we must return to the pristine datum of existence, the very beginning of time. Precisely this capacity to carry on in the flow of life's changes is defined as "the good" or "being able" in the commentary to the "Book of Changes".

The kind of ambiguous reasoning described above reaches new depth in the final lines of the chapter. The commentators are sharply divided in their views on the meaning of "great knowledge" here. Most of them, including R. Ames and D. Hall, see here a criticism of those who think they know (a popular theme in the *Dao De Jing*). Yet some Daoist or pro-Daoist authors like Emperor Tang Xuan-zong or the Daoist of the Song period Baiyu Chan (白玉蟾) believe that Laozi (老子) takes one further step and denies all conventional wisdom, even that of "the able". He points to some great wisdom that surpasses any moral judgment or understanding. This truth cannot be defined or even imagined. Among Western translators this view is accepted by Chad Hansen who believes that Laozi finally denies the distinction between the wise and the ignorant. Then we can come to the "essence of subtlety":

"Don't value their instructor,
don't love their stuff"
Even the wise are greatly puzzled
Call this "the necessary mystery."

So, people live by the great truth that remains unnoticed and even unimaginable. We come back to initial aphorisms: the essence of doing is non-doing yet this is precisely what makes possible any action. Everything is supported and justified by its opposite, while non-being (wu 物) is the condition of every existence. And we with all our ideas and opinions are supported by the unknown kindness and order as reliable as they are inaccessible to our minds. People are related to each other through the "dark unity" (xuan tong 玄同): the more they are different, the more they are alike. Laozi's wisdom

① Wu Cheng glosses the able as "those who realize earlier" and ignorant as "those who realize later". (吴澄:《道德真经注》,《丛书集成续编》,[台北]新文丰出版有限公司 1984 年版,第 262 页) I'll comment on the meaning of this distinction later.

cancels itself and hence is essentially ironic. Yet the very act of transcending (forgetting, concealing, leaving behind etc.) is absolutely necessary and requires long and thorough cultivation. This circular or rather spiral-like (because it includes internal rupture and ascension of spirit) movement of argumentation, let me note in passing, is quite typical for the *Dao De Jing*. It accounts for a fragmentary and a logical, as it were, style of the Daoist scripture that irritates many Western scholars. Needless to say, it reproduces the encompassing nature of the Encounter's "dark illumination".

A good illustration of this type of thinking is provided by the fundamental Laozi's concept of "Thusness", "That which is so of itself" (zi ran 自然). This concept surpasses the metaphysical oppositions between transcendence and immanence, universal and particular which has been the basis of the European thought since Antiquity. Taoist *zi ran* means simultaneously the most general principle of existence and the singularity of each moment. It is related, no doubt, to the expression "transcending everything by itself" (chao ran 超然) and "standing in solitude" (du li 独立) found in the *Dao De Jing*. Yet it is also closely connected to the notions of "multiplicity of subtleties" (zhong miao 众妙), "infinite variety" (zhong fu 众甫) expressing the ontology of multitude and singularity. So, the concept of zi ran (自然) justifies perfectly both the unity and the multiplicity of being. By doing this, it does not establish any privileged way of representing reality and thus does not imply any violence to things, any attempt to correct the world.

Sung scholar Fan Yingyuan commenting on the expression "essence of subtlety" in the 27th chapter remarks that it is related to the notion of "centrality" (zhong 中)①—another key term in Laozi's teaching. The concept of centrality illustrates perfectly the union of essence and medium, focus and rupture. Such is Laozi's sublety: it is for ever perpetuating oneself and always existing in-between, entre-acte, an inexhaustible reserve of world changes. The centrality always includes its opposite, it is as identical to itself to be degree as it is different from itself, it is both universal and singular. So, it is an obvious corollary to the concept of thusness and the spiral-like ascension of thought discovered in Laozi's aphorisms. In Chinese tradition it is coupled with the idea of harmony (he 和), a balanced, well-measured expression of inner stability which can be understood only as an inward drive to the undefined focus.

---

① 范应元:《老子道德经古本集注》,《丛书集成续编》,(台北)新文丰出版有限公司 1988 年版,第 715 页。

This is what Laozi's Way of Encounter means: the "minutest gap", a hairbreadth scission which makes possible the creation of the world through the continuity of being's "suchness" with its endless renovation or, better say, eternal recurrence. Centrality always refers to the differential relations of virtual forces: it is an insipient event, a truth "to come", a reliable promise. In Western thought the memory of this uncreated reality of creative process has been virtually obliterated in traditional metaphysics. Daoist thought has preserved a profound understanding of this fundamental layer of experience primary because its freedom of self-cultivation was not obscured or limited by various ideological demands. It is the reality which is named in the *Dao De Jing* by such terms as "small" (xiao 小), "minute" "indiscernible" (wei 微), "subtle", "miraculous" (miao 妙), "one" (yi 一) and, finally, "confidence" (xin 信). The supreme position of the latter concept makes clear that the "primal matter" for the Daoists is neither some kind of substance or essence, nor some intelligent reality but relation and co-relation of things. This explains also the paramount importance attached by the Daoists to tradition as an act of transmission, passing over that which precedes existence itself quite understandingly in "dark illumination". It is something which exists "before our birth", experienced "with utter sincerity in unconditional thusness"(寂然诚诚) and "secretly stamped at every moment of centrality" (中中密印). The way can only be transmitted, never possessed; it is the essence of co-relation and communicability.

Why is the Way "small", "subtle" and "minute"? Because the super-sensitivity granted by the consciousness's openness to the insipient event as the (w)holeness of the world belongs to the micro-world of original perceptions, *petits perceptions* to use Leibniz's expression which constitute the original matrix of experience. It is not nothingness but a plethora of existence, the plenitude of life, the limit of variability, a "movement in the void" whose most direct manifestation is the immanence of the corporeal presence and its spontaneous kinesthetic unity. It is described in the ancient "Song on the Transmission of Mystery" (授密歌), which is one of the fundamental texts in the Taijiquan tradition, in the following words:

> No forms, no images, the whole body is suspended in the void①.
>
> 无形无象，全身透空。

① 《太极拳谱》,人民体育出版社 1995 年版,第 236 页。《太极内功揭秘》,(台北)大展出版社有限公司 2005 年版,第 48 页。

Such is the essence of "subtle transformation": it is confirmed by its own self-dissolvement, self-emptying. The absence of forms and images is rich with the invisible semen of things. It is the condition of experience and the source of life which anticipate all things. It is not an actual, but, strictly speaking, a virtual reality located, according to the classical formula, "between presence and absence". In this vortex of Dao myriads of symbolic, would-be worlds come into being and pass away before they acquire visible form. And this "Dao axis" embodies the pure affection which is the driving force of all transformations of life, an affection which constitutes the non-objectified presence of Will (yi 意). The Will, being a self-determining reality and a radical finiteness, constitutes the "subtle principle" (miao li 妙理) of everything, the inner limit and the power of transformation in every existence.

Let me remind that the deepest level of Daoist experience—and, notably, the first step in the Daoist apprenticeship—is an unconditional "confidence" in the workings of Dao and the teacher who is representing them. These workings require confidence or trust because they are related to the pre-reflective depth of consciousness and can be expressed only symbolically.

The continuum of "spiritual transformations" which prior to the division between subject and object must be conceived as a pure interaction, co-respondance without separate agents, an omnipresent medium and limit of everything. This reality requires an extremely heightened sensitivity inextricably tied to the fullness of the self-liberated corporeal presence in the world or, better say, one's active participation in what M. Merleau-Ponty used to call "the flesh of the world". The capacity of our body to react to external influences even before they become the facts of consciousness has been occasionally noticed by Western philosophers, among them Spinoza who spoke of the "body's reason" and Nietzsche who made even more favorable comments on the "great wisdom of the body". But perhaps the most radical theory of this "immanent illumination" of life has been formulated by the French phenomenologist M. Henry who proposes to renounce the idea of the phenomenological distance altogether and speaks of knowledge "which does not only co-exist with my first passive apprehension, but which is one with this apprehension"①. For M. Henry life is sensibility nourished by the primordial self-affection which contains the principle of the absolute self-knowledge.

① Henry, M., *Philosophy and the Phenomenology of the Body*, The Hague: Martinus Nijhof, 1975, p. 165.

This definition has much in common with Laozi's concept of illumination as the basis of self-knowledge. Moreover, Daoism provides us with the systematically explored experience of our primordial and impeccably intact being-in-the world.

The goal of Daoist cultivation, no matter how fantastic it may seem to the superficial observer, is the return to the original, perfectly natural fullness of one's existence which amounts also to the pure spirituality. It is the effortless effort, the way of releasing oneself into the seamless web of primordial existence and thus passing from one's individual Ego to one's "primordial image" antecedent to the world of things. This perfect naturalness, or "original nature" (ben xing 本性) coincides with "spiritual illumination" (shen ming 神明). So, forgetting oneself takes us to the extraordinary level of awareness. Why? Precisely because this plenitude of Being is the principle of self-differentiating, boundless dispersion that discloses the presence (always absent) of the uncreated Chaos and the pause, the break that constitutes every rhythm.

Consequently, it points to all interconnections within the living wholeness, the "one body" of the world. Who perceives here? An unknown but absolutely real "highest ancestor" common to all people, "subject = x" as J. Deleuze would say, who encompasses everything but disappears as soon as reflective distance appear. This continuum of the One, i.e. constant and all-pervading, transformation (yi hua 一化) is the circuit of self-affection, the interpenetration of Being's virtual and actual aspects. Participating in this vortex of the Way is in fact restoring, or rather "inheriting", the source of every existence. Therefore, it grants the ability to foresee the coming events, to recall the future. This means also that the man of Dao acts contrary to the visible tendencies, he dwells at the edge of things and is being, as it were, permanently lost for the world. He goes a "reverse path" according to the Daoist dictum: "Those who go a reverse path will be Immortals. Those who follow suit will be ordinary people".

What is the nature of the primordial co-relatedness which is centrality in essence and harmony in its effects? It is, as I have mentioned already, a sort of differential relation between virtual durations for we deal here not with objects (and subjects for that matter) but the projections, the vectors of movement. Moreover, "centrality" presupposes perfect mutual adjustment of forces, though it establishes also their hierarchy (an essential point accounting, among other things, for the specific combination of liberal attitudes and authoritarian rule in modern China). It is the most sensitive person who "realizes earlier" (let us recall Wu Cheng's comment) or, as Laozi himself put it, "gets ready before others". Hence the sage is naturally a ruler. No transcendental ideal or model of existence are suggested here. Spiritual sensitivity makes one to be aware of the immanent source of life's dynamism, which is called in Daoist literature "the mother of stillness and movement", "the profound impulse" (xuan ji 玄机), "heavenly impulse" (tian ji 天机) etc. of universal transformations. This impulse is precisely "without forms and images" yet it is all-embracing generates all things. Taijiquan (太极拳) master, Li Yaxuan (李雅轩), defines the skill of this martial art as the ability

> To follow spontaneously the impulse and respond to changes.①
> 随机应变

I find a rough Western correlate to this way of thinking in Jilles Deleuze's concept of the fold which is described as the relatedness of actualization (the spirit) and realization (the body), a relatedness that actualization cannot fully realize and realization cannot fully actualize. The "heavenly impulse" is precisely the force of actualizing the virtual and providing virtual depth to the actual. The "crack of being", the abysmal reserve of things left out in this interaction correspond, as Deleuze himself notes, to the circuit of Dao that stands for the ultimate reality in Chinese thought.②

We can add now that living in the fold or in the virtual mode of the fleeting moment of real time means sinking ever deeply in the dynamic of existence which comprises both virtual and actual aspects. This mode of living grants the experience of one's "genuineness". Why? Because it comes from the internal self-affection and does not require the external recognition—one more decisive break with the classical Western tradition.

On the way from the seemingly real self (individual) to the real non-self (the awakened self) one passes through two main stages: first one should "forget oneself" and then self-forgetting should also be forgotten just like dispersal must also be dispersed and the will itself must be un-willed. The truth of this Daoist un-doing transcends all images and concepts, even the concept of pure, or empty interaction. It is a movement back to the "original" (ben yuan 本源) Mind or Spirit which transcends though does not in the least deny the "knowing" or "reflective" (shi 识) Mind. Some modern Daoist masters describe it as three stages of spiritual cultivation: the first stage

---

① 李雅轩:《杨式太极拳诠真》,(台北)逸文出版社 2003 年版,第 122 页。

② Deleuze, J., *The Fold: Leibniz and the Baroque*. Minneapolis: University of Indiana Press, 1993, p. 125.

is to make thoughts non-existent (wu 无), the second to concentrate on the falsity (jia 假) of all images and, finally, one must reach centrality of mind, i.e. to grasp non-presence and non-absence of all things. It is essentially the path of fixating a non-fixation. The transition to the highest level of enlightenment through the unreserved "following the impulse" is described in the saying of Taijiquan masters which is known to me only in oral transmission:

> With intention you are efficacious.
> Without intention you are miraculous.
> 有意则灵，无意则妙。

Phenomenologically this dictum is surprisingly close to the conclusion of the *Dao De Jing*'s 27th chapter analyzed above. It says in fact that the supreme achievement means leaving behind even one's own concentration. It is the absolute void which precedes and makes possible the operational, qualitative and differential void of pure co-relatedness. Or vice versa: recovering natural sensitivity reveals the miracle of life. Living by Taiji means exactly dwelling at the intersection of forms and formless, at the level of "semen of things" where, according to Laozi, we can contemplate simultaneously the appearance of all things and their return to the root. Above all we anticipate, foresee the coming events. It is the "would-be" mode of existence in which things "spring from the void" and go through transformations before they get a fixed form; it is something existing "between presence and absence".

If Daoist insight surpasses reflection, what is its locus in human practice and consciousness? It is what can be called a pure or absolute perception which precedes even material bodies. There is a whisper, as Russian poet O. Mandelstam observed, that exists before lips. And there is a touch which knows neither object nor subject. It is the touch par excellence. Indeed, under conditions of informational civilization the faculty of perception has acquired a great importance to the extent that it is likely to overshadow the intellectual reflection that has furnished the basis for identities in the modern world. Does not digital technology disclose to us those extremely flexible, ephemeral, full of dynamism elements of micro-mages that we encounter at the level of primal perception? Does it not invite us to develop capacity to deal with the flow of images directly, to be existentially involved in the world of media, i.e. permanent mediation and relatedness?

In previous times these images constituted the contents of prophetic dreams and spiritual visions of a few chosen persons. Now they are accessible to the general public and by giving priority to the material presence of image stimulate the development of our perceptive abilities and, in a wider sense, spiritual sensitivity. Precisely these qualities we admire in the heroes of today's digital capitalism: businessmen, managers, brokers, showmen etc. Moreover, this new identity project based on perception opens a prospect of a new safe haven for the subjectivity: the sphere of perception which precedes reflectivity. This brings the social values of the information age even closer to the Daoist ideal of a sage who guides the world while remaining unnoticed by it.

Can't we call it a providential twist of history if technological innovations generally assessed as detrimental to human spirituality turn out to be the means of recovery of that desperately wanted spirituality along new lines? We are not yet ready to say what kind of identity can be nurtured by relying on pure affect and thus "forgetting", un-doing our reflective ego. Affect is ambiguous because it discloses the non-availability of the world for the critical thinking. We can say only that this will be an identity of the Great Self whose very essence is a promise to come, a New Man as anonymous as he is real, and as trustworthy as he is improbable. In practice we will observe most likely the merging of reflection and perception, the dynamic balance of reflective identity and the perceptive capacity culminating in the awareness of one's opening to the "flesh" of the world. This is precisely what is meant by the Daoist maxim: "Respond to others, be so of itself". This is the highest human truth: to be with others is to be Oneself.

Let me note also that the common ground of identity and perception is to be provided by the loss of their respective metaphysical foundations. It requires the surpassing of subject/object dichotomy and, as G. Vattimo put it, "the weakening of Being". A remarkable fact is that the reliance on perception implies the "acceleration in the void" beyond historical objectivity predicted by J. Baudrillard and many other contemporaries. No doubt, this destiny has much in common with the Daoist reality as pure interaction "suspended in the void".

The deadlock of our times, the totalizing drive to self-identity which inevitably betrays and finally negates itself is to be overcome not by confronting traditional metaphysical thinking but by the most sensitive perception of powers that are at work behind its dazzling imagery. The imperative of our time is the creation of the "civilization of awakening" based on the internal truth (and proof) of existence.